Edmund White

# Und das schöne Zimmer ist leer

Edmund White

# Und das schöne Zimmer ist leer

Roman

Aus dem Amerikanischen
von Benjamin Schwarz

verlegt bei Kindler

Die Wiedergabe des Zitats aus Franz Kafkas »Briefe an Milena«,
Erweiterte Neuausgabe, Frankfurt/Main 1986, S. 40,
erfolgt mit freundlicher Genehmigung
des Fischer Taschenbuch Verlags

CIP-Titelaufnahme der Deutschen Bibliothek

**White, Edmund:**
Und das schöne Zimmer ist leer / Edmund White
Aus dem Amerikanischen von Benjamin Schwarz –
München: Kindler, 1991
ISBN 3- 463- 40109-6

Titel der Originalausgabe: The Beautiful Room Is Empty
Originalverlag: Knopf, New York


Umschlaggestaltung: Graupner & Partner, München
Umschlagfoto: Karin Starosta, Göttingen
Umbruch: Ventura Publisher im Verlag
Druck und Bindearbeiten: Mohndruck, Gütersloh
Printed in Germany
ISBN 3-463-40109-6

2 4 5 3 1

Für Stanley Redfern

»Ah! Man muß sinnlich sein, um Mensch zu sein?«
»Sicher, Madame. Das Mitgefühl wohnt in den Eingeweiden, wie das Gefühl auf der Haut.«

*Anatole France,* Die rote Lilie

Manchmal habe ich den Eindruck, wir hätten ein Zimmer mit 2 gegenüberliegenden Türen und jeder hält die Klinke seiner Tür und ein Wimpernzucken des einen, schon ist der andere hinter seiner Tür und nun braucht der erste nur noch gar ein Wort zu sagen dann hat der zweite schon gewiß die Tür hinter sich geschlossen und ist nicht mehr zu sehn. Er wird ja die Tür wieder öffnen, denn es ist ein Zimmer, das man vielleicht nicht verlassen kann. Wäre nur der Erste nicht genau so wie der Zweite, wäre er ruhig, sähe er scheinbar lieber gar nicht hin zum zweiten, brächte er das Zimmer langsam in Ordnung als sei es ein Zimmer wie jedes andere, statt dessen tut er genau das gleiche bei seiner Tür, manchmal sind sogar beide hinter den Türen und das schöne Zimmer ist leer.

*Franz Kafka*
in einem Brief an Milena Jesenská

# EINS

Ich begegnete Maria in meinem vorletzten Jahr auf der Prep School, der Vorbereitungsschule zum College. Sie studierte Malerei an der Kunsthochschule, die gleich gegenüber von meiner Schule, Eton, auf der anderen Straßenseite lag, und sie war sieben Jahre älter als ich, aber sie schien den Altersunterschied kaum wahrzunehmen. Ich sehe sie jetzt noch vor mir, wie sie in schwarzen Hosen und einem weißen, mit Farbe bespritzten Herrenoberhemd forsch daherkommt, die Haare hinter die Ohren gestrichen, und in das schwache Wintersonnenlicht blinzelt. Sie trägt weiße, ebenfalls mit Farbe bekleckste Turnschuhe, eine Matrosenjacke und kein Make-up, allerdings sind ihre Brauen leicht gezupft. Sie sieht richtig sauber geschrubbt und deutsch aus, aber auch ein bißchen apart; das Aparte hängt an ihr wie der Geruch von Gitanes an Wolle. Ist es der unsentimentale Trotz in ihren Augen oder einfach nur das zurückgestrichene Haar, wie bei einem ungezogenen High-School-Girl, was ihr diese gefährliche Ausstrahlung verleiht?

Es ist furchtbar kalt, Schnee liegt erregend in der Luft wie die Aussicht auf Weihnachten, wir eilen die Treppe zu den Ausstellungsräumen der Hochschule hinauf, und von ihrer kleinen, blau verfrorenen Hand baumelt eine Zigarette nur zur Verzierung herab; sie weiß nämlich nicht, wie man inhaliert.

Es muß Sonntag sein, denn zwei Damen mittleren Alters sind zu einem Tagesausflug aus der großen, häßlichen Stadt in der Nähe herübergekommen und posieren, in alte Pelze gemummelt, auf der Treppe für einen Mann, der in einen Automantel gehüllt ist. Er macht den Damen Zeichen, näher zusammenzurücken, jetzt fordert er sie auf zu lächeln, nun stellt er das Objektiv scharf und will gerade auf den Auslöser drücken – als Maria zwischen ihn und sein Motiv rauscht und mir zumurmelt: »Kümmer dich nicht um diesen Typen! Glaub mir, er ist nicht gerade ein Künstler.«

Ich erinnere mich an diesen Moment, weil er so gar nicht zu Maria paßte. In den fünfziger Jahren gab es im amerikanischen Mittelwesten nur ganz wenige Kulturhyänen, die abstrakten Expressionisten wurden immer noch belauert, und diese Damen und der Fotograf wollten gerade in die Hochschule, um sich die Studentenausstellung anzusehen und sich zweifellos darüber auszuschütten vor Lachen. »Ist das ein Riesenrad? Eine Nase? Oder hat da jemand einfach nur auf die Leinwand gereihert?« würden sie fragen. Die echten Spaßvögel würden überlegen, ob das Gemälde nicht irrtümlich verkehrt herum aufgehängt worden sei.

Alles war einfacher, klarer damals. Auf der einen Seite gab es die Maler, ein paar belächelte, arme, dürre Knaben, und auf der anderen die Banausen, die betuchte Mehrheit. Natürlich fühlten die Maler sich berechtigt, auf das einzudreschen, was sie die »Buhr-schwa-sie« nannten, aber Maria verabscheute jede Art von Grausamkeit, besonders anderen Frauen und Tieren gegenüber. Ein bißchen später, nur ein, zwei Jahre später, und sie hätte diesen Sonntagsfotografen bestimmt nicht beleidigt. Sie hätte gesagt: »Wer weiß, vielleicht ist er ein verkapptes Genie. Schließlich war Rousseau auch bloß ein Sonntagsmaler.« Sie meinte, irgend so etwas wie eine zweite amerikanische Revolution müsse ausbrechen, um den Wohlstand gleichmäßig zu verteilen, aber sie betete darum, daß sie unblutig sei.

Ein bärtiger Bildhauer von einpaarundzwanzig Jahren namens Ivan, der brav große bronzene Insekten modellierte und goß, obwohl er das Leben als Künstler der Herstellung von Kunst weit vorzog, hatte mich beim Eton-Friseur entdeckt. Die Kunsthochschule lag direkt neben der Jungenschule, aber die Schüler und Lehrer der beiden Institute verkehrten nie miteinander; allerdings arbeiteten einige der ärmeren Künstler in der Küche von Eton. Der Friseurladen, die Küche, die Samstagabendfilme, wenn alle auf Klappstühlen auf dem Basketballfeld in der Jungenturnhalle saßen – das waren die einzigen Orte, an denen die beiden Populationen hätten miteinander sprechen können, aber sie taten es nie.

Ich schon. Ich redete mit Ivan. Ich weiß nicht, was ich sagte, aber er lud mich in sein Atelier ein. Aus irgendeinem Grund hielt er mich für frühreif; vielleicht flog er bloß auf mein Bestreben, mich von Zwängen zu befreien. Durch ihn lernte ich andere Maler und Bildhauer kennen, darunter Maria.

An den langen Winternachmittagen, wenn der Himmel kalt und silbrig wie Fischschuppen wurde, saß ich dann in den Malerateliers, roch den Espresso, der in vernickelten Töpfchen auf Kochplatten eindickte, und versuchte in ihrem Werk zu finden, was sie darin versteckt hatten. Zuerst bemühte ich mich, etwas zu sehen, zu erraten, was von all der cremig-dicken Farbe, dem Schleier verspritzter Tropfen verdeckt wurde, aber ich kam sehr schnell dahinter, wie bourgeois meine Interpretationen – oder Interpretationen überhaupt – den Künstlern erschienen. Ich lernte auch, »Maler« statt »Künstler« zu sagen.

Ich war so darauf aus zu gefallen (eine Fortsetzung des High-School-Dranges, beliebt zu sein), daß ich nach nur wenigen raschen Beobachtungen, wie die Maler gegenseitig auf ihre Arbeiten reagierten, ihre Technik raus hatte. Auch ich saß von da ab auf einem hohen Holzschemel, der selbst scheckig von Farbspritzern war, und guckte und guckte, ohne ein Wort zu sagen. Das war der ganze Trick: nichts sagen, nichts zu erkennen geben. Ein altersschwaches Radio murmelte vor sich hin. Der Geruch von Ölfarbe und Terpentin (denn Acryl kannte man noch nicht) brannte mir in den Augen und brachte meine Nase zum Laufen. Fenster ragten auf einer Seite vom Boden bis zur Decke auf, und durch sie konnte ich draußen die silberumrandeten grauen Wolken sehen. Sie brodelten und stiegen hernieder wie eine Gottheit, die gleich einen willfährigen Schäfer entführen wird.

Ich schaute und schaute auf das Gemälde und versuchte herauszubekommen, was da eigentlich zu sehen sein sollte. War da eine Art Schachproblem, ein Bilderrätsel zu lösen, oder handelte es sich um ein Fadenspiel aus Spannungen (ich hörte jemanden von »Schubkraft« und »Zugkraft« sprechen)? Oder war ich zu »intellektuell« (ein Fehler, wie ich bemerkt hatte)? Sollte ich das Gemälde als ein geistiges Röntgenbild betrachten, als einen flüchtigen Einblick in unbewußte Ekstasen oder Agonien des Malers? Oder war es so was Ähnliches wie ein Fußballfeld, auf dem gegnerische Gedanken- und Gefühlsmannschaften sich ein Gefecht geliefert und von ihrer ganzen Aktion diesen morastigen Nachklang zurückgelassen hatten (denn man sprach von »Aktionsmalerei«)?

Auch die Maler selber waren sich nicht ganz sicher, wird mir jetzt klar. Schließlich waren sie Studenten an einer provinziellen Schule und hatten nichts, worüber sie sich erregen konnten, abgesehen von gelegentlichen Besuchen in New York und dem intensiven Studium modisch unergründlicher Kunstzeitschriften, in denen das derzeit gefeierte Genie jedermann mit grimmigen Sprüchen einschüchterte (»Wenn sich ein Bulle in meiner Arena niederlassen möchte, soll er doch!« hatte eine hagere, junge Kunstwitwe, selbst Malerin, unbekümmert erklärt).

Einer von den Malstudenten, die ich kennenlernte, verglich seine Arbeiten mit Jazz, und ich sah mir pflichtschuldig seine Bilder an, während ich dem neuesten Bop lauschte, diesen kühlen blauen Blitzen und stieläugigen Schmettertönen, gedämpften Balladen oder clownesken Turnübungen. Ein anderer, ein lächelnd-ironischer Mann, der Marias Liebhaber zu sein schien, sagte: »Es ist ein Tanz. Ich meine, weißt du, es ist, wenn, weißt du, der Maler sich auf die Staffelei zu bewegt, irgendwie, und das ist die wahre Malerei, verstehst du, irgendwie so.«

Ganz gleich, was jemand sagte oder mir zeigte, ich nickte nur weise. Wenn ich eine Meinung zu äußern wagte, ersetzte ich meine mir angeborene Schlagfertigkeit durch ein langsames, unsicheres Suchen nach simplen, wenn auch verblümten Worten. Nach Worten zu suchen galt als Beweis für Ehrlichkeit.

Doch mir verschaffte die Begegnung mit diesen Männern und Frauen und ihren Bemühungen, sich verständlich zu machen, mit ihrer selbstbewußten Armut und ihrer geselligen Einsamkeit einen Einblick in eine Welt der Boheme, in der die Menschen Ziele verfolgten, die mein Vater verachtet hätte, würde er jemals davon erfahren haben. Nach der Passivität meiner Kindheit – dem wohlhabenden Mittelwesten voller neuer Cadillacs, schwarzer Dienstmädchen und weinloser Sechs-Uhr-Dinners – war es die blanke Unverschämtheit dieser Maler, die die ganze Nacht aufblieben und Leinwände straff wie Trommelfelle spannten, dann mit Pinseln, Stiften und Kohle beackerten, um schließlich den ganzen Schlamassel mit Lappen wegzuwischen –, was mein furchtsames Herz erbeben ließ.

Ihre eigene Selbstgefälligkeit bezeichneten mein Vater und seine Freunde als gesunden Menschenverstand. Sie arbeiteten viele Stunden, sparten ihr Geld, kümmerten sich um ihre eigenen Dinge und statteten ihre großen Häuser mit Spannteppichen und schweren Nullacht-fünfzehn-Möbeln aus. Das bloße Gewicht ihrer Eßzimmerschränke und Frühstücke, ihrer wollenen Anzüge und handgestrickten Ideen hielt sie sicher am Boden fest. Und dagegen nun diese Kids, ebenfalls Leute aus dem Mittelwesten, die ihre Milchfarmen in Wisconsin oder die Mühlenstädte in Indiana mitsamt ihren guten Chancen auf vielversprechende Jobs verlassen hatten, um hierherzukommen, sich über französische Romane den Kopf zu zerbrechen, gregorianischen Gesängen zu lauschen, sich die Haare selber zu schneiden, niedrige Arbeiten zu verrichten und die ganze Nacht an grauenvollen, kindlichen Gemälden herumzuklecksen.

Während des ersten Winters in Michigan kannte ich Maria kaum. Sie kroch langsam auf mich zu wie die Sonne, zunächst nur eine Silberfärbung auf einem zugefrorenen Teich, ein schwacher Lichtschimmer, der durch

Eiszapfen drang, doch schließlich ein Flecken Blau, aus grauer Wolke hervorgebrochen.

Ivan, der Bildhauer, der mich entdeckt hatte, gab mir ein merkwürdiges surrealistisches Buch zu lesen, *Die Gesänge des Maldoror* des Comte de Lautréamont. Ich weiß noch, ich war außerordentlich beeindruckt von der biographischen Notiz, in der stand, daß der Autor ganz und gar kein Comte gewesen sei, sondern ein mittelloser Uruguayer, der 1870 im Alter von vierundzwanzig Jahren in Paris Selbstmord beging. Ich saß in Ivans Atelier und las ihm aus diesem verwirrenden Buch vor, zum Beispiel von einem langen, sprechenden Haar vom Kopf einer Hure oder von einem Mann, der sich im Meer mit einem Hai gepaart hatte. Ich erinnere mich an einen Satz, der lautete: »Ich bin wie ein Hund mit seiner Liebe zum Unendlichen.«

Ivan hatte einen buschigen, schwarzen Bart, aber Unterarme und Brust waren babyglatt. Er war klein, untersetzt, freundlich. Selbst bei größter Kälte trug er nichts weiter als eine blaue Jeansjacke, einen roten Wollschal und einen Lederhut – keine Mütze, sondern einen richtigen Hut aus wasserfleckigem Leder. Er rauchte süßen, billigen Tabak in einer Pfeife, die S-förmig geschwungen war wie das Abflußrohr unter einem Spülbecken. Er liebte Rotwein aus Vierliterflaschen, und er trank ihn aus Pappbechern. Und er liebte *Maldoror* – und zwar derart, daß er kein Bedürfnis verspürte, es mit einem anderen Buch zu versuchen. Es war sein Buch, so wie die Bibel das Buch seines Vaters war. Ich las ihm laut daraus vor, und er schlürfte Wein aus seinem Becher und lachte, wobei er große, weiße, mit Tabakflecken umrandete Zähne zeigte; besonders gute Stellen brachten ihn dazu, auf den Armlehnen seines Stuhles herumzutrommeln, zu zischen und mit einer so blutrünstigen Freude herumzuhüpfen, wie sie eher bei Ringkampfbegeisterten als bei Lesern üblich ist. Über Frauen redete er nie – ich kam allerdings zu dem Schluß, daß er mit mehreren ein fröhliches Sexualleben führte.

Durch ihn lernte ich Paul kennen, mein erstes Genie. Er war eine lange Vogelscheuche, aus der Stroh hervorquoll, die bleichen, ungleichen Büschel seiner Haare. Seine Brillengläser waren rund, schwarz – eine Anarchistenbrille –, aber seine Augen waren die eines Nihilisten ohne Programm. Er war der beste Maler an der Hochschule. Alle, auch die Lehrer, erkannten ängstlich seine Überlegenheit an, und dieses Anderssein umschwebte ihn; nur Paul war es gleichgültig. Wenn ich sage, er war ein Nihilist, meine ich, nur innerlich; nach außen achtete er peinlich auf jedes Detail, besonders, wenn es um jemand anderen ging. Er war mit der Welt so wenig vertraut, daß jedes ihrer Rituale (sich die Hand geben, eine Jacke zuknöpfen, einen Schritt machen) seine volle Konzentration erforderte. Er zeigte an anderen Menschen ein eingehendes Interesse, versuchte zu verstehen, was sie machten, und die Wirkung war seltsam, geradezu komisch, denn seine Intelligenz war so groß, daß er allem, was er mit ihrer Hilfe betrachtete, zusätzliche Ernsthaftigkeit und Genialität verlieh – oft mehr, als tatsächlich dagewesen war, so daß, wenn er behutsam über Ivans Bronzeinsekten sprach, diese auf der Evolutionsleiter eine Sprosse nach oben kletterten. Ivan grinste dann und nickte und trommelte vor Vergnügen auf den Armlehnen herum. Da Ivan glaubte, die beste Kunst sei die am wenigsten bewußte, beunruhigte es ihn nicht, daß er nie irgendeine der Absichten im Sinn gehabt hatte, die Paul ihm zuschrieb.

Ich erinnere mich, daß ich Paul in seinem Atelier an einem kalten Wintertag besuchte, der nur für einen Augenblick hell geworden war, ehe er wieder verblaßte, wie jemand im Tiefschlaf, der sich nur auf die andere Seite dreht. Die Straße vor dem Atelier war mit Autos gesäumt, die unter Schnee begraben waren. Jede Fensterscheibe des Ateliers war entlang des Rahmens mit Eis bezogen. Paul lief in dem kleinen Raum umher und machte mit derselben gedankenverlorenen Achtsamkeit, die er auf alles verwandte, Kaffee für mich. Er war nicht sehr groß, aber die Wirkung war die von Gulliver unter den Liliputanern. Auch moralisch, weil er den Eindruck machte, allen überlegen zu sein. Nicht, daß er arrogant gewesen wäre. Im Gegenteil, allein schon seine Geduld und Bescheidenheit zeugten von der Aufmerksamkeit, die er den seltsamen Erwartungen anderer entgegenbringen mußte. Wir saßen beide da und schauten und schauten uns sein neuestes Gemälde an, das ich, wie ich mir eingestand, als Schwindel betrachtet haben würde, wenn ich es einen Monat zuvor gesehen hätte, ehe ich Paul und seinen Ruf kannte, ehe ich seine Kraft zu spüren bekam. Jetzt war sein Bild für mich heroisch, ein aussichtsloser Krieg, der von diesem zaghaftesten aller Männer geführt wurde. Ivan schlug vor, jemand sollte Pauls Bilder stehlen, weil er, um Geld zu sparen, unablässig ein Meisterwerk über das andere malte und sein gesamtes Œuvre auf einer einzigen dicken Leinwand zu finden war. Paul lachte über Ivan und sagte: »Es sind Studentenarbeiten. Ich bin bloß ein Student.«

In diesem Alter (ich muß siebzehn gewesen sein) hatte ich keine Möglichkeit, diese Begegnung zu beurteilen oder abzubrechen. Ich konnte nicht sagen, wie ich es gemeinerweise vielleicht später hätte tun können: »Er ist ein energischer, aber undisziplinierter abstrakter Maler, der ein bißchen provinziell ist.« Ich war so jung, daß ich die Erfolge einer ganzen Schule diesem einen unwichtigen Mitglied zuschrieb. Und ich mochte ihn, weil ich das Gefühl hatte, daß er mich mochte, wie zurückhaltend auch immer. Vielleicht war seine Zurückhaltung genau das, worauf ich mich verließ. Ich brachte ihm ein paar von den Gedichten, die ich gerade geschrieben hatte, oder vielmehr meine Versübersetzung des vierten Buches der *Aeneis*, die wir im Lateinunterricht durchnahmen, und Paul sagte, meine Fassung klinge wie Milton.

»Ist es gut?« fragte ich.

»Sehr gut«, sagte er. »Es ist so stark und reich und extravagant.«

Jeden Nachmittag zwischen drei und fünf, wenn die anderen Jungen entweder Sport trieben oder im Arbeitsraum saßen, flitzte ich über die Academy Row zur Kunsthochschule hinüber. Möglicherweise verletzte ich damit eine Regel, doch war eine solche niemals festgelegt worden, weil kein Schüler jemals zuvor Lust gehabt hatte, gegen sie zu verstoßen. Ich mußte Jackett und Krawatte tragen, wie die Prep School es vorschrieb, aber die unbürgerlichen Maler in ihren Overalls und Arbeitshemden verziehen mir das; sie betrachteten mich als Gefangenen eines bourgeoisen Systems, dem ich bald entfliehen würde.

An Samstagabenden, wenn die Jungenschule, die Mädchenschule und die Kunsthochschule in der Turnhalle zu einem Film zusammenkamen, ging ich gemeinsam mit den anderen Jungen hinein – doch dann trennte ich mich sofort von ihnen und saß in meinem Brooks-Brothers-Anzug mitten unter all den Bärten und bäuerlichen Schals. Ich saß dort und wurde rot, weil ich fürchtete, ich könnte meine Prep-School-Freunde verlieren – ich war ein ängstlicher, zurückhaltender Junge.

Zehn Jahre später wurde die Kunst in Amerika zu einem nationalen Zeitvertreib und ein Museumsbesuch eine billige Wochenendverabredung, eine Art Sonntagsausflug ohne Wagen, aber damals, in der Mitte der fünfziger Jahre, waren meine Maler alles andere als willkommen.

Es war eine Zeit und ein Ort, wo es wenig Kulturleben und keine Meinungsverschiedenheiten gab, weder im Äußeren noch im Glauben oder im Verhalten. Es gab sehr wenige ausländische Filme, keine amüsanten Geschichten in den Zeitungen über die Hemmungslosigkeiten der Avantgarde. Alle aßen dasselbe, trugen dieselben Kleider, und man entschied sich, entweder Demokrat oder Republikaner zu sein. Die drei abscheulichsten Verbrechen, die die Menschheit kannte, waren Kommunismus, Heroinabhängigkeit und Homosexualität. Jungen trieben Sport, Mädchen bereiteten ihre Aussteuer vor, und Eltern und Kinder lasen gleichermaßen die Comic strips in der Zeitung und kicherten über dieselben Dinge. Natürlich gab es die motorradfahrenden, lärmenden, schuleschwänzenden »Rowdys«, aber auf unserer Schule gab es so was nicht.

Mir erschien es wie ein großes, graues Land voller Familien auf einer ermüdenden Urlaubsreise, die alle in ein übergroßes Auto gepfercht waren und über die Strecke, die sie zurücklegten, und die nächste Pinkelpause, die sie einlegen würden, redeten, ein Land, in dem niemand so wie ich war – oder, schlimmer noch, in dem es nicht in Frage kam, über das Ich und seine Unzufriedenheit zu sprechen, über Alleinsein, Selbsthaß und den brennenden Wunsch nach Sex und Macht.

Und trotzdem gab es hier diese Maler, Töpfer und Bildhauer. Nicht bloß einzelne, wie den seltsamen, gequälten Kauz, den ich früher gekannte hatte, den gezierten Streber, den spindeldürren Orgelschüler, der sich zum Üben in die Kapelle schlich, den Schwächling, der nach der Penne herumlungerte, um irgendwas Hübsches für seine Großmutter zu basteln – nein, hier hatten sich die irren Typen zu einer Bande vereinigt, sie reichten den gemeinsamen Weinbecher in der flackernden Dunkelheit des Kinos von einem zum anderen weiter, sie prusteten verächtlich, wenn der Held auf der Leinwand schwor, Amerika und alles, wofür es eintrete, zu verteidigen.

Sie schienen sich das Recht auf Überspanntheit dadurch erkauft zu haben, daß sie sehr hart arbeiteten. Das war die amerikanische Seite an ihnen. Sie trugen eine Schicht Pullover über der anderen, mit Schaffell gefütterte Stiefel, Hüte und Kopftücher, fingerlose Handschuhe, und sie stampften mit den Füßen gegen die Kälte an, wenn sie bis spät in die Nacht hinein arbeiteten. Der Wind drang durch klappernde Oberlichter herein, und die Kälte kroch von den Steinfußböden hoch; selbst am Mittag konnte es der Himmel an Helligkeit nie mit den summenden Neonröhren über ihnen aufnehmen, während ihre Lehmbottiche Kristalle ansetzten und die Nägel, die sie in Bretter trieben, Kälte in ihre nackten Finger ätzte – aber sie arbeiteten immer weiter und weiter und starrten auf diese riesigen Alptraum-Torten, mit deren Glasierung sie nie fertig wurden.

Ich hatte keine Verabredung mit Ivan oder Paul. Trotz des eisigen Winterwinds trug ich nichts weiter als Khakihosen und ein Sportjackett. Ich flitzte über die Academy Row auf die andere Seite hinüber, wobei ich stilistisch

Jahrhunderte übersprang, als ich die neugotischen Zinnen der Jungenschule verließ und mich dem schmucklosen Dreißiger-Jahre-Modernismus der Kunsthochschule zuwandte.

Keine Autos kamen die Straße herunter. Alles war totenstill. Regen hatte den Schnee mit Pockennarben bedeckt, ehe der harte Frost der vergangenen Nacht einsetzte.

Im Ateliergebäude klopften die Heizkörper langsam und beständig vor sich hin. In jeder Zelle war jemand an der Arbeit. Hier und da sengte sich der Duft von Zigaretten oder Kaffee durch den allgemeinen Geruch nach Ölfarbe. Eine Atmosphäre, in der intellektuelle und manuelle Arbeit, enttäuschte, aber hoffnungsfrohe Einsamkeit vorherrschten – etwas Ernstes, nicht zu Tadelndes.

Das war der Tag, an dem ich zum erstenmal einen Blick auf Maria warf. Ich wußte noch nicht, wer sie war. Ich guckte einfach in das Atelier und sah sie dort, wie sie, den Pinsel in der Hand, mit geschlossenen Augen langsam im Raum herumtanzte. Im Radio wurde der Walzer aus *Der Rosenkavalier* gespielt.

Paul begrüßte mich mit seiner marsmenschähnlichen Annäherung an ein Lächeln, doch ohne mir die Hand zu geben.

»Störe ich dich?« fragte ich.

»Nein«, sagte er und neigte den Kopf zur Seite, als überprüfe er die Richtigkeit seiner Antwort.

Und damit war's getan. Er zeigte auf einen Regisseurstuhl mit Stofflehne. Ich schlüpfte hinein. Er drückte mir eine Tasse Kaffee in die kalten Hände. Dann setzte er sich wieder auf seinen hohen Schemel, und beide schauten und schauten wir uns sein Gemälde an.

Man sagt, Malerei ist eine Kunst des Augenblicks, nicht der Zeit, aber für mich breitete sich die Betrachtung von Pauls Werken massiv über die Zeit aus. Was will er mir sagen? Welche Worte von mir würden ihn freuen, ihm sogar helfen? Sollte ich besser nichts sagen? Das waren die eigentlich interessanten Fragen, die sich mit meiner oberflächlicheren, aber ziemlich echten Neugier auf seine Arbeit abwechselten.

Dann warf ich verstohlen einen Blick auf ihn, auf sein mächtiges Kinn, das von seiner Hand hochgestemmt wurde, als erfordere allein dessen Gewicht eine Stütze, auf seine beschmierte Brille, auf den winzigen Gischt aus blondem Haar an seinem Adamsapfel, den der Rasierapparat schon mehrere Tage übergangen hatte. Ich versuchte mir vorzustellen, wie ich diese trockenen Lippen küssen, meine Arme um diesen langen, hageren Körper schlingen würde, aber es gelang mir nicht, diese spezielle Filmschleife durch den Projektor zu fädeln. Während ich mich halbwegs bewußt und langsam auf mein Verlangen nach Männern zu bewegte, klammerte ich mich gleichzeitig an mein offizielles Ziel, diese Begierden zu ersticken. Ich wollte ein Heterosexueller sein und nichts anderes – vielleicht mit einer Freundin aus der Boheme? Zurück zu Pauls Bild und seinen Lippenstiftfarben, die von Kohleschraffuren durchstochen wurden, Schauplatz eines noch nicht begangenen Verbrechens.

Ich fürchtete, Paul schriebe mir Beobachtungsgaben zu, die nicht vorhanden waren. Wir lauschten einer alten, zerkratzten Plattenaufnahme von einer Solosuite für Cello von Bach. Die Musik, so karg, so leidenschaftlich, schien jeden Moment in Sprache ausbrechen zu wollen. Sie schnitt mit äußerster Präzision in die dicken, weichen Falten der Zeit, die uns beinahe unter sich begruben.

In diesem Atelier mit dem bläulichen Licht, das vom spätnachmittäglichen Schnee reflektiert wurde, und dem Geräusch der Stimmen vor der Tür, die sich mühelos wie über Wasser fortpflanzten, verspürte ich eine neue Form von Behaglichkeit. Paul saß blinzelnd und denkend neben mir, ein Vogel auf langen, dünnen Beinen, der sich seine eigenen grellbunt-vergeistigten Gemälde betrachtete. Ein Jahr zuvor hatte ich buddhistischer Mönch werden wollen, jetzt aber dachte ich, lieber wäre ich irgend so etwas wie ein Künstler. Ich überlegte, was Paul wohl denke. War er emsig dabei, Lösungen zu unterbreiten und abzulehnen, oder starrte er in die Leere der Unentschlossenheit, aus Angst, mit der Arbeit weiterzumachen? Ich wußte es nicht, weil er nicht gern redete.

Seine Schweigepausen sahen denen meines Vaters genügend ähnlich, um mich mit dunklen Vorahnungen zu erfüllen. Aber er selbst war völlig anders – so dünn, wie mein Vater fett, so rücksichtsvoll, wie mein Vater tyrannisch, so offen für neue Ideen, wie mein Vater unzugänglich war.

Auf der Preßspanwand, die seine Zelle von der nächsten teilte, hatte Paul mit Reißzwecken Sachen befestigt, die ihn vielleicht inspirieren würden: die Reproduktion einer Zeichnung von Arshile Gorky aus *Time*; ein *National-Geographic*-Foto von neonbunten Fischen, die durch braune Korallenriffe flitzten; eine Bleistiftskizze, die er auf ein Papierplatzdeckchen aus einem Howard Johnson's gekritzelt hatte.

Ich warf einen Blick auf meine Uhr und sah, daß ich zum nächsten Klingeln eiligst zur Schule zurück mußte

– ich war zum Mittagessen als Servierer eingeteilt. »Wie herrlich es sein muß, wenn man viele Stunden Freiheit hat«, sagte ich.

Hinter seiner blitzenden Anarchistenbrille wirkten Pauls Augen erschöpft: »Eines Tages wirst du mehr Freiheit haben, als du willst.« Ich sah, daß seine Freiheit an ihm klebte wie ein Blutegel. Jeden Tag sah er dünner, älter, zerbrechlicher aus, fast wie ein gerade Gestorbener, der uns in unseren Träumen erscheint, unrasiert und voller Vorwürfe.

Auf der Party in Jim Coburns Atelier (er machte farbige Bleifenster) redete ich das erste Mal mit Maria. Ich war noch nie als Erwachsener auf einer Erwachsenenparty gewesen, und ich bin sicher, ich nahm die Sache ernster als alle anderen dort – ich muß der einzige lebende Mensch sein, der sich noch an dieses beiläufige Ereignis erinnert: einen Geburtstagsumtrunk mitten am Nachmittag.

Maria trug ein Herrenoberhemd aus weißer Kunstseide; der Button-down-Kragen war nicht festgeknöpft und hinten hochgeschlagen, so daß er ihren langen, blassen Hals einrahmte. In der Mulde ihres Halses hatte sie einen roten Farbklecks, genau dort, wo wohl die Großmutter in einem Theaterstück an einem schwarzen Samtband eine Kamee getragen hätte.

Sie sprach mit einem jungen Mann, der nur aus Haaren zu bestehen schien, ein Heuschober aus Haaren; seine schulterlange Mähne verschmolz mit einem rotbraun gesträhnten Bart, der wiederum in seinen braunen Poncho hineinzuwachsen und dessen Werkstoff zu sein schien. Maria fuchtelte wenig überzeugend mit einer Zigarette herum, nippte Wein und kniff die Augen zusammen. Als ich jedoch eine Sekunde später wieder hinsah, lachte sie mit weit aufgerissenen Augen. Ihr Lächeln wirkte so rein, so weiß, wie das Weiß in ihren Augen. Sie lachte eigentlich mit einem fast geräuschlosen Beben, aber ihre Augen waren vor Vergnügen tränenblind. Als Ivan uns gegenseitig vorstellte, wischte sie die Tränen weg und schwächte das Strahlen ihres Lächelns etwas ab.

»Du bist das also!« sagte sie sehr freundlich. »Alle reden von dem ›Jungen, der es gewagt hat, die Straße zu überqueren‹.« Und sie lachte sehr sanft und beruhigend, als wollte sie mich dazu auffordern, mich einfach als einen komischen Rebellen zu sehen. »Ich hole dir noch ein bißchen Wein«, sagte sie, und im nächsten Moment schob sie sich an baumelnden Buntglastafeln vorbei.

Wir befanden uns in ihrem Zimmer im Studentenwohntrakt. Wie alles andere in der Kunsthochschule auch, hatte ihr Zimmer einen bestimmten Geruch, der mir nie wieder begegnet ist, bis auf einmal, kürzlich, in der Chanel-Boutique in einem Pariser Warenhaus. Ich hätte fast die Verkäuferin gefragt, was das wohl für ein Duft sei, aber über die wichtigsten Dinge des Intimlebens darf man sich nicht mit Fremden unterhalten, es sei denn in Büchern.

Ich war erhitzt von dem Wein, der wie ein altmodischer Filmregisseur die Auftritte und Abgänge herausgeschnitten hatte und nun einen Heiligenschein um das Profil des Starlets malte. Alles im Gemeinschaftsraum war von dem großen finnischen Architekten, der die Schule erbaut hatte, ausgesucht worden, vom hellen Sperrholzsessel, in dem ich saß, bis zu den ungebleichten Musselingardinen. Draußen sprangen Gaukler aus Schnee in die Höhe und machten Rückwärtssaltos.

Bei diesem ersten Besuch bemerkte ich mehrere Dinge an Maria, die normalerweise nicht zusammenpassen – ihren angestrengten intellektuellen Eifer, denn sie erzählte mir etwas über John Deweys *Art and Experience*, und ihre mütterliche Herzlichkeit und Liebe zur Gemütlichkeit, denn sie hatte mir eine Daunensteppdecke über die Beine gelegt, die sie ein »Bliemo« nannte, was ich erst Jahre später als die mutmaßlich komische deutsch-amerikanische Aussprache von *Plumeau* erkannte. Sie hatte eine hitzige Art, über Meinungen zu diskutieren, »Unsinn!« oder »Was für ein Quatsch!« zu sagen, die mich an unseren englischen Austauschschüler erinnerte, der trotz seiner Gürtelrose und seiner Schüchternheit intellektuell ein Draufgänger war. Natürlich war Maria genügend Amerikanerin, um jedesmal zu lächeln, wenn sie mich einen »Vollidioten« nannte.

Sie fürchtete, ich könnte ihr Zimmer zugig finden.

»Du solltest dir mal *unsere* Zimmer ansehen«, sagte ich. »Tiefgefroren. Ihr Tribut an Merry Old England.«

Sie goß mir eine Tasse Tee ein, um mich für meinen Rückweg zur Schule wieder nüchtern zu machen. »Ich stelle mir eure Schule viel dekadenter als unsere vor.«

»Das wäre zu schön«, sagte ich.

Weil sie beide Männer waren, fühlte ich mich mehr zu Ivan und Paul als zu Maria hingezogen, wenigstens zuerst. Ich versuchte ständig, ihre Stundenpläne herauszubekommen, um sie auf ihrem Zimmer anzutreffen und mit meinem Besuch nicht zu stören. Ich zog meine Besuche in die Länge.

Als ich eine Woche darauf zufällig Maria traf, stand sie neben einem verbeulten, alten Kombi und sprach mit einer hochgewachsenen Frau in einem Overall. Als ich der Frau vorgestellt wurde, streckte sie mir eine heiße Hand entgegen, die sie aus einem rohledernen Arbeitshandschuh gezogen hatte.

Maria forderte mich auf, zu ihr einzusteigen und mit in die Stadt zu fahren. Während meiner drei Jahre an der Schule war ich nur zweimal in der Stadt gewesen; es war absolut gegen die Vorschriften.

Es schneite. Die Wischer quietschten langsam und geräuschvoll über die schmutzigen Scheiben. Wir spähten durch die Luken, die sie freilegten, während der Wagen an den fernen gelben Lichtern von Villen vorbei durch Vorortsträßchen kroch. Die abgefahrenen Reifen rutschten auf dem Eis. Maria sagte: »Scheiße«, und warf mir ein kleines Lächeln wegen ihrer Kühnheit zu, denn junge Damen gebrauchen nicht solche Wörter. Es fuhr auch niemand in diesem reichen Detroiter Vorort, der Heimat der »Automobilität«, einen zehn Jahre alten Kombi mit einem verrosteten Kotflügel und nur einer neuen Tür, die in einer anderen Farbe gespritzt war. Alles war behaglich im Innern des Wagens mit seiner bulligen Wärme, dem scheppernden Radio und, im hinteren Teil, einer Dose Terpentin und dem Bildergestell. Draußen drapierte der Schnee üppige schwarze Kiefern mit Weiß.

Weit weg von ihrer und meiner Schule wurden wir beide lockerer. Ich stellte mir vor, daß sie nicht länger alles mit der ermüdenden Aufmerksamkeit eines Menschen betrachten mußte, von dem man ständig ein ästhetisches Urteil erwartet. Und sie brauchte sich auch nicht mit der Bewußtheit zu benehmen, die von jemandem gefordert wird, der in einer kleinen Gemeinschaft lebt, wo es keine ausdrücklichen Regeln gibt, wo jede Handlung aber einen Präzedenzfall schaffen kann.

Schließlich hatten die Studenten der Kunsthochschule die Freiheit, praktisch alles zu tun, wozu sie Lust hatten, eine schreckliche Verantwortung, und auch ihre Lehrer waren Maler mit merkwürdigen privaten Angewohnheiten, darunter dem Drang, allein zu sein. Da saßen nun sechzig junge Leute zusammen, Männer und Frauen, manche zum erstenmal von ihrem ländlichen, frommen Zuhause weg, und von allen erwartete man, daß sie bedeutende Bilder malten, nahezu wortlos in die jeweiligen asketischen Einzelbetten und wieder heraus schlüpften, Bach oder Charlie Parker hörten und sonderbare Kleidung trugen, die sie sowohl vom Kreis der Prep-School-Jungen als auch von der pelzbehängten Oberschicht der angrenzenden Besitzungen ausschloß.

In der Stadt fühlten Maria und ich uns besser. Zumindest ich tat das. Die Straßen waren geräumt, mit Schneelidern versehene Ampellichter brannten wie Wahnsinnsaugen, Weihnachtseinkäufer ergaben sich in ihre selbstauferlegte Fron, es kreuzten andere Autos herum, die so alt und dreckig wie unseres waren, alle wirkten geschäftig und desinteressiert – die köstliche Anonymität der Großstadt.

Maria lud mich zu einem Hamburger ein, nicht in die piekfeine Petite Auberge, in der Halbpfünder mit schmelzendem Roquefort gefüllt waren, sondern, wie sie sagte, »in so ein entzückendes Schmuddellokal«. Von meiner Mutter hatte ich gelernt, daß »nette« Leute immer in »nette« Lokale gehen sollten, aber hier war nun Maria, erwiesenermaßen nett, die sich für das Dinner richtig begeisterte, wie ein Backfisch auf dem Metallhocker Karussell fuhr und mit Fausthieben Schlager aus der Jukebox hämmerte. »Sind die Everly Brothers nicht einfach zum Küssen?« fragte sie.

Ich zuckte die Achseln, aber ich glaube, daß mit dieser einen Bemerkung Maria meine Art, die Dinge zu sehen, veränderte. Mein Vater war auf seine unnahbare, aber solide Art reich, und meine Mutter, von ihm seit zehn Jahren geschieden, war arm auf ihre pompöse Art, in der sie für Kleider Geld verschwendete, aber am Essen sparte. Alle beide lehnten den anderen ab, vor allem mein Vater war gegen meine Mutter, und das Ergebnis war, mich konfus zu machen. Ich fühlte mich in keiner Umgebung mehr am Platze. Und weil ich obendrein Angst hatte, ich könnte so etwas wie eine Tunte sein, fühlte ich mich nur noch merkwürdiger.

Ich wollte der Welt meiner Kindheit entfliehen und über ihr stehen. Ich hatte etwas über Oscar Wilde gelesen. Wilde war von brillanter Schlagfertigkeit gewesen, aber nur in Anwesenheit vieler Menschen. Die Leute hatten ihm zugehört, sich an seine Worte erinnert. Als ich dagegen, Wilde zitierend, von der kürzlich verwitweten Mutter eines meiner Freunde auf der Junior High School sagte: »Ich höre, ihr Haar ist vor Schmerz ganz golden geworden«, schüttelte Kathy Becker, unser Klassenliebling, die immer babyblauen Kaschmir trug, den Kopf und sagte: »Du tust mir leid – du bist krank.« Daß Wilde zugrunde gerichtet und Rimbaud ins Exil getrieben worden war, schien nur der angemessene Preis zu sein, den die Gesellschaft für so aufsehenerregende Missetaten forderte.

Die bleiche Dekadenz Europas im neunzehnten Jahrhundert mit ihren lila Brillen und mottenzerfressenen Samtvorhängen, ihren melancholischen Lords und den entsprechend unberührbaren Ladys – das war eine Welt, nach der ich schmachtete, nicht dieses Detroit mit seinen monströsen Autos, die über den Schnee sausten, diesen schmissig gesungenen Eintagssongs (Rosemary Clooney sang *If I'd Knowed You Was A-Comin' I'd've Baked a Cake).* Ich empfand jedesmal einen richtigen Ekel, wenn mir Amerikas abgestandene Niedlichkeit vors Gesicht kam, das aus schmutzigweißem Plastik gepreßte *Red Nosed Reindeer*, die Hitparadensängerinnen im Fernsehen, die so angezogen waren, daß sie wie kleine Kinder aussahen, ausgewachsene Frauen mit Gretchenzöpfen aus Nylon.

Aber Maria machte aus diesem Unrat Gold, indem sie ihn berührte, indem sie ihn vor sich hielt und betrachtete. Sie gab zu verstehen, er sei ihr so fern, daß sie seinen Wert richtig einschätzen konnte.

Einigermaßen verblüfft sagte ich: »Willst du damit sagen, du magst diese Musik tatsächlich?«

»Kleiner Snob«, lachte sie, wobei ihre Augen aufgrund irgendeines Gefühlsparadoxes, das ich nicht ganz begriff, tränten, »so ein Snob«, und sie küßte mich auf die Wange, als wäre ich irgendein wunderbar verkalkter alter Mann. Ihr flachbrüstiger Oberkörper bebte geräuschlos. Mit dem Handrücken tupfte sie sich die Tränen aus den Augen.

Und dann gab ich wirklich nach. Ich gestand mir vorsichtig ein, daß ich dieses gekachelte Restaurant und den blutjungen Koch mit seiner Papiermütze mochte, die er sich auf seine mit Pomade nach hinten gekämmten Haare gestülpt hatte. Ich liebte das müßige Vergnügen, mit einer Freundin bei einer dritten Tasse Kaffee zu sitzen und zu sagen, was mir in den Sinn kam, dann wieder in einen Tagtraum zu verfallen und den Schneeketten draußen auf der Straße zu lauschen. Maria und ich beschlossen, zusammen einen Bestseller zu schreiben. Abwechselnd arbeiteten wir an einem Plot über reiche Leute in Detroit, eine Liebesaffäre in Rio, ein gebrochenes Herz in Paris, über Drogenabhängigkeit in New York. Und dann platzten wir beide gleichzeitig in eine neue Episode hinein, lachten, bestanden darauf, daß der andere zuerst redete. Maria strich alles, was hochgestochen oder gewollt künstlerisch war. »Wir wollen doch, daß er sich gut verkauft«, sagte sie.

Bis dahin hatte ich die Welt in Banausen und Ästheten eingeteilt. Die Ansprüche der Ästheten überzeugten niemanden, mich am allerwenigsten, weil die meisten Kerle, die mich reizten, Banausen waren. Oder vielleicht hatte ich das Gefühl, hier drüben in Amerika seien die Ästheten geschwächt, erschlafft, weil sie zu weit vom Mutterschiff Europa abgeirrt waren. Gleichzeitig bezweifelte ich keinen Augenblick, daß die *Sonate für Hammerklavier* höher stand als *Kitten in the Keys*.

Andererseits war da Maria mit ihrer lächelnden Impertinenz, die unterstellte, daß wir Ästheten natürlich für die hohe Kunst lebten, daß wir aber auch (los, gib's doch zu) rasende Fahrten in alten Kisten liebten, wildes Petting, Cherry Coke und Schokoladenkremtorte. »Versuche nicht, dein eigenes Land zu hassen, mein Wonneproppen«, sagte sie und lachte nicht mehr. Es klang eher so, als rate sie mir, mich warm anzuziehen.

Sie hatte eine Art, ihrem Zimmer oder Atelier einen Besuch abzustatten, die gleichzeitig physisch schwächend und geistig erfrischend war, denn zur gleichen Zeit, da sie auf ihrer Kochplatte heiße Schokolade zubereitete oder den Lampenschirm kippte, um das helle Licht abzublenden, stellte sie alle meine Ansichten in Frage. Obwohl ich Atheist war, war ich doch so etwas wie ein sanfter Ungläubiger, der widerwillig auf die brokatenen Meßgewänder und die qualmenden Weihrauchfässer zurückblickte, aber Maria verachtete alle Kirchen mit der Wut eines Savonarola. An der Jungenschule mußten wir vor dem Mittagessen stets ein Tischgebet sprechen, und Maria fand diesen Brauch abscheulich.

»Ich mach doch bloß aus Respekt mit.«

»Respekt?« schnappte sie. »Warum denn geistlosen Aberglauben respektieren? Ich weigere mich, bei irgendwelchen Mahlzeiten in der Familie beim Tischgebet mitzumachen.«

Und trotzdem liebte sie ihre Mutter, die nie mit ihrer geistreichen Tochter stritt, sondern nur beschwichtigende Dinge murmelte: »Wenn es einen Herrgott gibt, bin ich sicher, daß er dich liebt bei all dem Guten, das du tust und wie ich's noch nie erlebt habe. Hast du schon Tante Sarahs süßsaure Wassermelonenschalen probiert?«

Maria war ebenso kompromißlos, wenn es um die Revolution ging, die bevorstand, und um die Vorteile, die der Kommunismus der ganzen Menschheit bringen werde. Wenn ich die Einkerkerung der Dissidenten erwähnte, sagte sie verächtlich: »Glaubst du im Ernst, die bürgerlichen Freiheiten von ein paar einzelnen wiegen das Recht von Millionen normaler Menschen auf, ihre Kinder zu nähren und zu erziehen? Und nicht bloß ihre Söhne, auch ihre Töchter. Es gibt sehr viele Ärztinnen und weibliche Parteimitglieder in Rußland. Jedenfalls ist es ein ganz neues Experiment, noch nicht mal vierzig Jahre alt. Natürlich kann man Rußland nicht über Nacht verändern, nach Jahrhunderten zaristischer Unterdrükkung.« Sie redete wirklich so. Ehe sie an die Kunsthochschule kam, hatte sie an der Universität in Chicago studiert.

Wenn ich Maria fragte, wie ihr denn der sozialistische Realismus in der Malerei gefalle, sagte sie: »Wir wissen doch so wenig über ihre Malerei. Uns wird gesagt, es handele sich nur um banale Illustriertenbilder, aber haben wir ihre besten Werke gesehen? Und wenn's schlechte Kunst ist, was macht's, wenn es das ist, was dem Volk gefällt? Ich habe letzten Sommer in Iowa City an so einem Referat über den Sozialismus mitgearbeitet, und wir haben rausgefunden, daß Fabrik- und Landarbeiter Bilder nur dann mögen, wenn sie realistisch sind. Alles, was auch nur ein bißchen abstrakt war, haben sie verabscheut.«

»Aber wie steht's mit deiner eigenen Malerei?« fragte ich.

»Ich wäre bereit, jedes Bild, das ich je gemalt habe, zu verbrennen, um einen einzigen Menschen in Indien mit Essen zu versorgen. Oder in Mississippi.«

»Warum malst du denn dann weiter?«

»Ich sage mir«, antwortete sie, schlug die Augen nieder und lachte, »daß ich für die Massen in hundert Jahren male. Völlig verrückt. Ich weiß nicht, warum. Vielleicht höre ich auf.«

Marias politisches Denken kam mir großartig vor, aber auch so überflüssig wie ein ungewöhnlich strenger Akt frommer Buße. Ich persönlich machte mir die Froschperspektive der Welt zu eigen. Ich dachte, niemand würde im Notfall zu mir halten. Ich schuldete niemandem etwas. Meine Neigung, mich bei anderen lieb Kind zu machen, war kaum ein moralischer Drang, sondern eher das Gegenteil, weil ich jedermann oder jedes Prinzip verraten hätte, um die Anerkennung dessen zu gewinnen, der mir in dem Moment zufällig am nächsten stand. Obwohl ich mich kaum meinen sexuellen Trieben entsprechend verhalten hatte, wußte ich, wenn man sie entdeckte, wäre ich ein Ausgestoßener, ganz egal, in welcher Gesellschaft. Wenn ich vor den Jungen in meiner Schule Marias sozialistische Lehren wiederholte, dann nur, um ihnen einen Schauder über den Rücken zu jagen, um meine christliche Bereitschaft zu demonstrieren, meine Bequemlichkeit der Besserung der Menschheit zu opfern. Meine sozialistische Pose war zudem auch eine Möglichkeit, gesellschaftlich aufzusteigen, denn ich rechnete stets meinen Vater unter die Kapitalisten, die zu entthronen ich entschlossen war, wogegen er nur ein unbedeutender kleiner Unternehmer war.

Nicht, daß ich egoistisch gewesen wäre. Ich behielt Bonbons, Dollars oder Ideen nie für mich; vielmehr schenkte ich sie ängstlich weg, um mich von Feindschaft loszukaufen oder Zuneigung zu erwerben. Weit davon entfernt, gegen Leiden unempfindlich zu sein, zuckte ich beim Anblick von Quälereien derart zusammen, daß ich keinen Horrorfilm durchstehen konnte. Die einzige Bedingung für mein Mitleid war Nähe. Der Sturz unbekannter Bäume drang nicht an mein Ohr, und der Ruf der Hungernden in Indien nach Brot verhallte, bevor er mich erreichte. Doch selbst um die Menschen in meiner Nähe kümmerte ich mich auf eine Weise, die unmittelbarer war als das Zartgefühl, das die Politik erforderte. Wenn ich König gewesen wäre, hätte ich mich wahrscheinlich für die Kranken eher eingesetzt, indem ich ihnen die Hand auflegte, als daß ich ein Krankenhaus gebaut hätte.

Ich war weder so herzlich, wie die Leute glaubten, noch so kalt, wie ich befürchtete. Nach einem ermüdenden Tag voller Gelächele und interessierter Fragen an alle waren es nicht Gefühle des Hasses, sondern der Unwirklichkeit, die mich wachhielten.

Ich entdeckte, daß ich mich jeden Tag auf den Besuch bei Maria freute. Sie war neugieriger auf mich als Ivan oder Paul. Bei ihnen war ich ein für allemal auf die Rolle des frühreifen Kindes festgelegt. Ich nehme an, ich tat ihnen auch leid; Leute, die mich damals kannten, sagen, ich sei furchtbar nervös gewesen, habe ständig herumgezappelt und an meinen Nägeln gekaut. Ich hatte einen Tick, ein unaufhörliches Kopfnicken, das so schlimm war, daß ich im Kino oder, schlimmer noch, im Theater nur sehr ungern jemanden hinter mir sitzen hatte. Ich hielt mich zwar für einen düster-bedrohlichen jungen Mann, doch heute wird mir klar, daß damals die meisten Leute mich bedauerten.

Nicht Maria. Sie mochte meinen Verstand. Sie war wie eine dieser Gestalten aus einer Tschechow-Geschichte, ein Arzt oder Armeeoffizier, der ein Schweigen mit der Frage ausfüllt: »Was meinen Sie, was die Menschen in hundert Jahren tun werden?« Heute, hundert Jahre später, mißtraue ich Ideen und *habe* auch ziemlich wenige. Fast jede Behauptung enthält für mich auch ihr Gegenteil, und eine breite, wenn auch ungeordnete Lektüre hat mich gelehrt, daß jede Begeisterung, wenn man sie sich ernsthaft zu eigen macht, sich in Verrücktheit oder Fanatismus verkehrt. Damals aber war Gedanken zu entwickeln so nett und harmlos wie das Lösen von Kreuzworträtseln. Und mit Maria waren die intellektuellen Gespräche so romantisch wie Puccini-Duette.

Eines Tages, eines Sonntags nach der Kirche, ging ich mit Maria und Sam, ihrem Geliebten, spazieren, einem Mann wie ein bärtiger Assyrerkönig, bei dem sich, als er sich etwas später in diesem Frühjahr den Bart abnahm, zeigte, daß er ein schwächliches Kinn und Pausbacken hatte. Beim Gehen harkte er seinen Bart mit den Fingern durch. Seine Lippen wirkten in dem drahtigen Gelock des Bartes zartrosa. Er schien es amüsant zu finden, einen Bart zu haben. Und er war sehr selbstsicher, was ich aus seinem geschmeidigen Gang, seinem Lächeln und seinem sanften Geflunker schloß.

Maria verfiel nie darauf, mit Sam das glückliche Paar zu spielen, während ich dabei war. Sie machte mich nicht zum Komplizen. Natürlich war ich dran gewöhnt, als Komplize zu fungieren. Ich verbrachte viel Zeit mit den Jungs von Eton und ihren Freundinnen, gab ihnen Ratschläge, wenn sie sich zankten, und tanzte herum, um sie zu unterhalten, wenn sie glücklich waren. Ich war das nebelhafte, bunte Durcheinander, das sie mit träumenden Augen erhaschten. Ich war ihr Mittelsmann, weil sie spürten, daß ich irgendwie ein Zwischending war. Ich schrieb eine Geschichte mit dem Titel »Der Hermaphrodit« über ein von Sehnsucht erfülltes Wesen, das sich die Brüste wegbandagierte und daran arbeitete, eine tiefere Stimme zu bekommen.

Ja, ich scharwenzelte um meine Paare herum, Vertrauter für ihn, Kavalier für sie. Aber Maria und Sam verhandelten mit mir getrennt voneinander. Sie wollten kein Paar sein. Sie waren Freunde. Maria nannte Sam »meinen Freund«. Auch ich war ihr Freund. Und Sam schien mich auf seine bartstreichelnde Art zu mögen.

Heute denke ich manchmal, ich empfinde nicht genug, vielleicht, weil ich mich zu gut kenne. Ich bin meiner überdrüssig geworden. Aber damals war ich mir noch ein Fremder. Ich war schockiert von den stürmischen Wogen des Gefühls, die aus mir hervorbrachen – ein Lachen, ein scharfes Wort, ein albernes Lächeln, ein

Weinkrampf, der so lange anhielt, daß mir die Kehle weh tat.

Wenn ich mich heutzutage über meinen einsamen Lunch in einem Pariser Café beuge, kann es sein, daß ich einer Gruppe amerikanischer Touristen zuhöre. Ich bin sicher, die Pariser tun sie ab, ohne noch einmal über sie nachzudenken, diese Männer in gewagten Karomustern und diese Frauen in ihren mächtigen, selbstgeschneiderten limonengrünen Hosen, aber ich schaue für einen kurzen Augenblick auf den wohlerzogenen Jungen oder das blankäugige Mädchen an ihrer Seite. Ich habe den Argwohn, der Junge (ist das an seinem Revers nicht eine Anstecknadel für mustergültigen Gottesdienstbesuch?) könnte ein Hackebeilmörder werden oder das Mädchen die Präsidentin. Sie sind wie hübsche kleine Zierkrüge, die jedoch starken Schnaps enthalten, womöglich giftigen.

Während der Frühjahrsferien bekam ich von Maria einen langen, mit Bleistift geschriebenen Brief. Sie benutzte die vereinfachten Schreibweisen, die der *Chicago Tribune* eingeführt hatte (*nite* statt *night, thru* statt *through)* und jede Menge Abkürzungen. Trotz dieser Manieriertheiten war ihr Brief so abwechslungsreich wie ihr Reden – Bemerkungen über den Kalten Krieg wechselten sich ab mit Lobsprüchen über Jussi Björling als Des Grieux in *Manon Lescaut,* schmeichelhaften Zugeständnissen gegenüber meinen Ansichten (»Deine Abneigung gegen Faulkner zwingt mich, ihn wieder zu lesen«), die sich abwechselten mit gleichermaßen schmeichelhaften Ablehnungen meiner Gedanken (»Du redest zuviel vom Glück und nicht genug über Fairneß, wenn Du über den Kommunismus sprichst. Deine lässige Gleichgültigkeit gegenüber allem, was fair ist, finde ich wirklich unerhört. Es ist fast so, als ginge Dir jegliches Kritikvermögen völlig ab«).

Ohne Überleitung schrieb sie: »Ich überlege, ob ich mit Sam Schluß mache. Ich glaube, er wird's nicht mal bemerken, seit zwei Wochen hat er mich weder angerufen noch mir geschrieben. Ich glaube sowieso, ich bin eine viel bessere Freundin als Geliebte, jedenfalls zeige ich von meinen Gefühlen mehr Dir als ihm.«

Das war der Moment, als ich mich in Maria verliebte. Ich bin ein Nominalist: Ich glaube nur an das, was einen Namen hat. Bis dahin war Sam mir so überlegen vorgekommen, als gehöre er zu einer anderen Spezies. Er hatte das träge Lächeln von jemandem, den viele Frauen geliebt hatten.

Wäre Maria weniger vornehm reserviert gewesen, hätte ich vielleicht mit ihr alle meine Minderwertigkeitsgefühle erörtert und sie womöglich am Ende verloren. Aber Maria wollte nichts anderem als Ideen auf den Grund gehen. Ihre Gefühle waren durch und durch impulsiv und unkritisch. Einmal hatte ich zu ihr gesagt, meiner Meinung nach sei Liebe ein übler Schwindel, und ich wiederholte etwas, was ich gelesen hatte, nämlich daß es die Liebe in der Antike nicht gegeben habe und sie erst mit den Troubadours aufgekommen sei. Sie fand diesen Gedanken so absurd, daß sie ihn vor anderen Leuten oft als lustiges Beispiel meiner Einfalt anführte. Für sie war die Liebe die einzige schlichte, schmerzliche oder beseligende Tatsache in einer Welt sich wandelnder Spekulationen. Für sie war Liebe so einfach wie Des Grieux' Ausruf, an Manon gerichtet: »In deinem tiefen Blick les ich mein Schicksal.« Das Erstaunliche ist, daß, wenn sie sich über meine Liebestheorie lustig machte, mich nie jemand verteidigte, denn über meine Theorie läßt sich sicherlich streiten. Aber niemand mochte Maria widersprechen. Sie ließ ihre Ideen – nein, ihr ganzes Wesen – so sympathisch erscheinen, daß niemand anders sein wollte als sie.

Weil sie an der Universität von Chicago studiert hatte und zu deren Aristotelismus bekehrt worden war, zerlegte sie jedes Argument in seine reinsten Grundsätze und fragte häufig: »Worauf willst du hinaus? Kannst du es nicht in aller Kürze sagen?« Diese Angewohnheit machte sie später bei den New Yorker Intellektuellen unbeliebt, die sich nur ungern Beschränkungen auferlegen lassen und ihre Argumente lieber in aller Breite als in aller Kürze darstellen. Alle Intellektuellen, die auf ihr eigenes Ansehen bauen oder sich auf die Autorität anderer berufen, erfüllten Maria mit Verachtung. *Namedropping* fand sie, außer bei gesellschaftlichen Aufsteigern, dumm; sie verzieh den gesellschaftlichen Aufsteigern, weil sie ihr rührend vorkamen, geradezu romanhaft in ihrem Streben nach nicht ernst zu nehmenden Nebengöttern. Aber diejenigen, die meinten, Eloquenz könne Logik ersetzen, und den Essay als eine Vorform des Romans betrachteten, brachten sie vor Ungeduld zur Raserei: Dann fuhr sie sich mit der Hand durchs Gesicht, als wische sie eine Spinnwebe weg. Nicht, daß sie den falschen Schein nicht hätte ausstehen können – sie las Romane Nacht für Nacht, in ihrem Einzelbett gegen Kissen gelehnt, während die Lampe die Dunkelheit verdrängte und ihre freie Hand blindlings nach dem Glas Rotwein langte.

Meine Angewohnheit, nach einem persönlichen Grund dafür zu suchen, daß jemand eine bestimmte Ansicht hatte (»Ihr Idealismus spiegelt natürlich ihre christliche Kindheit wider«), erschien Maria als eine hinterlistige Art, jemandem ein Schnippchen zu schlagen. Sie sagte, meine Einstellung sei so falsch und hinterhältig wie Klatsch, und sie schrieb sie meiner frühen unaufhörlichen Bindung an die Psychotherapie zu. Freud verachtete sie als abgefeimten Scharlatan, und sie behauptete hartnäckig, daß keine seiner Thesen – daß es ein Unbewußtes gibt, daß die Sexualität ein Schlüssel zur Motivation ist, daß die Kindheit die Persönlichkeit des Erwachsenen formt – jemals bewiesen worden sei, auch ließen sie eine Überprüfung nicht zu. Sie sagte, diese bizarren Ansichten seien einfach nur so oft wiederholt worden, daß die eingeschüchterte Öffentlichkeit sie am Ende hingenommen habe.

Aber sie verzieh mir die meisten meiner Verrücktheiten, strich mir übers Haar und sagte mir, was ich doch für ein genialer Wonneproppen sei mit meinen abgekauten Fingernägeln, dem nickenden Kopf und meinen überraschenden Wissensrudimenten.

Maria las ständig, behielt aber nur wenig. Zumindest war sie nicht sehr geschickt darin, Dinge aufzubewahren. Wenn ich las, legte ich immer ein paar ausgesuchte Köstlichkeiten zur Seite, von denen ich hoffte, daß ich sie wiederverwenden könnte. Ich las mehr und mehr, nur um Maria zu unterhalten.

Sie hielt mich für hochbegabt, aber meine einzige Begabung war meine Fähigkeit, Maria zu würdigen. Nicht als Frau vielleicht, denn ich spürte vage, daß sich eine leidenschaftliche Frau in diesem schlanken Körper versteckte, eine Begierde, die zu Verzückung, ja zu Gewalt fähig war. Ich fühlte mich eingeschüchtert von dieser Macht, aber ich wußte nicht, wie ich von ihr Gebrauch machen sollte. Alles übrige von ihr begriff ich vollkommen, und zwar mit der besten Art Hingabe von allen, der hellwachen. Nichts an Maria ließ mich kalt – das war das einzige Maß meiner Begabung.

In diesem Frühjahr machten Maria und ich zusammen lange Spaziergänge durch die Parkanlagen der Schule, vorbei an einem Teich, der voller fetter Zierkarpfen war, hinauf zu der edwardianischen Villa der Gründer (in siegellackartiger Pracht erhalten), einen Hügel hinab auf den künstlichen See zu, in dem sich die Mädchenschule spiegelte. Dann an einem wild herabstürzenden Bach entlang hinauf zum griechischen Theater, in dem im Sommer Stücke gespielt wurden. Jetzt lag es verlassen da. Hinter dem kleinen Amphitheater befand sich ein Atrium, das um ein rechteckiges Bassin herumgebaut war, und dort erzählte Maria mir schockierende Dinge – daß sie der Meinung sei, Jackson Pollock sei ein Betrüger, daß sie sich vorstelle, wir würden alle vom Proletariat umgebracht, daß sie das Leben eines einzigen afrikanischen Minenarbeiters für wertvoller halte als die Sixtinische Kapelle.

Ich wußte nicht, ob ich Maria gern mochte oder liebte. Eines Tages saßen wir in ihrem Atelier herum und redeten über unsere Zukunft. Das Fenster war einen Spaltbreit offen, und direkt davor prangte ein leuchtendgelber Forsythienzweig. Maria trug eine alte, braune, leinene Jagdjacke, die mal ihrem Großvater gehört hatte; darunter einen beigefarbenen Rollkragenpullover. Eine leere Hills-Brothers-Kaffeedose ruhte schräg in einer zweiten, die aufrecht auf dem Sims unter dem Fenster stand. Von dort, wo ich saß, konnte ich in die obere Dose sehen. Ihr geriffeltes Inneres schien eine Destillieranlage zur Verwandlung von wässerigem Licht in funkeIndes Eau de vie zu sein. Marias schwarze Hosen glänzten von weißen Farbklecksen, die mattere Kometenschwänze hatten, dort, wo ihre Hand sie verschmiert hatte. Sie hatte heute ihre gezupften Augenbrauen sehr schwarz nachgezogen, so schwarz wie die Punkte ihrer kleinen Nasenlöcher.

»Ich kann gar nicht glauben, daß du wirklich berühmt werden willst«, sagte sie. »Berühmt als was? Als Schriftsteller?«

»Wahrscheinlich«, sagte ich, »oder als Schauspieler oder General oder –«

»General!« Sie löste die Kaffeedosen voneinander und benutzte die obere als Aschenbecher. »Du würdest also alles, aber auch alles tun, um berühmt zu sein.« Sie sah mir plötzlich in die Augen, als wolle sie die Antwort dort ertappen. »Aber warum?«

»Freud sagt, der Schriftsteller schreibt für Ruhm, Geld und die Liebe schöner Frauen.«

»Oder Männer«, fügte Maria hinzu. Mir blieb das Herz stehen. Erweiterte sie die Definition nur, um die Ziele auch von Schriftstellerinnen einzubeziehen, oder unterstellte sie mir, daß ich schöne Männer haben wolle?

»Oder Männer«, räumte ich ein, »allerdings hat Freud Frauen leider nicht zu großem Ehrgeiz ermutigt.«

»Wer hat das schon? An dieser Schule bestimmt keiner. Mein *Theologie*-Professor an der Universität in Chicago war an seinen Studentinnen viel mehr interessiert als hier die Malprofessoren. Ich vermute, sie glauben, der weibliche Geist sei erdgebunden, und nur der männliche kreativ.«

»Vielleicht denken sie, die Mädchen heiraten sowieso.«

»Ich nicht«, sagte sie.

Ich fragte sie, warum. Sie brachte einen Grund nach dem anderen vor, aber keiner schien ihren Unwillen zu rechtfertigen. Als ich sie hänselte, wie ich es bei anderen Männern hundertmal gehört hatte, nämlich daß sie vor dem Richtigen schon die Waffen strecken werde, schossen ihr Tränen der Wut in die Augen. Der Wut, nehme ich an, vielleicht war sie aber auch gekränkt darüber, daß ich sie so wenig verstand. Ich nahm ihre Hand und streichelte sie. Mich bekümmerte, daß ich sie verärgert hatte. »Gut«, sagte ich, »denn ich werde auch nie heiraten.«

»Wirklich?« fragte sie lächelnd, während sie die Tränen mit dem Rücken der anderen Hand langsam wegwischte. »Willst du ganz alleine berühmt sein?«

»Nein, mit dir. Du mußt berühmt sein, um der nächsten Malerinnen- und Sozialistinnengeneration Mut zu machen und mir Gesellschaft zu leisten.«

Sie sagte, eigentlich ziehe sie es vor, die ganze Nacht zu lesen und schlechten Wein zu trinken. »Ehrlich, kannst du dir was Verlockenderes denken als frische Bettwäsche und ein aufgeklapptes, mit dem Gesicht nach unten auf dem Nachttisch liegendes Buch? Aber wenn ich mit dir berühmt und einsam sein kann, probier ich's aus.«

Weil ich Maria bewunderte, wollte ich wie sie sein – oder wie ihr Bild von mir, an dem sie beharrlich festhielt. Sie sagte, ich hätte alle Leute so gern und ließe mich auf alles so bereitwillig ein, daß das Leben um mich herum viel anregender werde. »Wie fade mir mein Leben erscheint, wenn du nicht da bist«, klagte sie. Doch was sie als meine Begeisterung für alles mögliche ansah, war in Wirklichkeit nichts anderes als meine Liebe zu ihr. Um sie zu umwerben, brachte ich Farbe und Bewegung in

Berichte über langweilige Ereignisse und schwerfällige Gedanken. Da sie so intelligent war, führte auch ich ein geistiges Leben – doch mit Überzeugung nur, wenn ich bei ihr war.

Allein in meinem Internatszimmer, verwirrten mich die kleinen Veränderungen, die durch meinen Körper sickerten (ein Juckreiz, der sich auf meinem Knie kristallisierte, ein Husten, der sich kratzend aus meiner Brust zu befreien versuchte und dabei Heerscharen von Ungeduld und Mattigkeit vorrücken und sich wieder zurückziehen ließ), und dann schob ich Bergsons *Einführung in die Metaphysik* oder Santayanas *The Sense of Beauty* beiseite, die mir beide nicht den Eindruck machten, als würden sie sich als Verdauungslektüre oder flinker Ratgeber entpuppen. Mein Schuldgefühl war viel zu erdrückend, um mir die notwendige Ruhe zu lassen, über den Sinn der Schönheit nachzudenken. Bei Maria konnte ich eine solche Frage vielleicht aufgreifen, weil mein Drang, sie ständig zu unterhalten, mich dazu führte, mit allem herumzujonglieren, was mir durch die Umstände in die Hände kam. Der Zauber intellektueller Bemühung umgab mich. Ich stellte mir ein düsteres Arbeitszimmer in einer deutschen Stadt vor, und fast konnte ich das harte, rasierte Gesicht des großen Denkers riechen und seine manikürten, spatelförmigen Finger berühren, während er im Lichtschein saß, der durch den grünen Glasschirm seiner Schreibtischlampe drang ... Aber kaum war ich allein, zerrann dieses Trugbild, der große Denker kratzte sich am Bein, sehnte sich danach, irgendwo zu sein, wo er weniger angespannt wäre, wo er sich nicht so leer fühlte. Gern dachte ich, ich sei ein buddhistischer Mönch, der sich keinen Illusionen über die Welt mehr hingab, aber ich hatte mich in Mayas festen Seidenschnüren verfangen. Ich zweifelte keine Sekunde, daß die Welt mich glücklich machen könnte, wenn sie sich nur geschlagen gäbe.

Um sie zum Nachgeben zu bewegen, verfeinerte ich alle Techniken eines Verführers – sein promptes Mitgefühl, seinen gespannten Blick auf die Beute, sein Verlangen zu unterhalten, seine tiefere Bestimmung, jede Unterhaltung auf Hingabe und Eroberung zu lenken. Der Verführer wird feurig nur bei der Verfolgung. Sich selbst überlassen, fühlt er sich armselig: Die Halbmaske ist zur Seite geworfen und wertlos bei Morgengrauen, auch wenn sie vergangene Nacht dem Gesicht schmeichelte, das sie überdeckte. Während der Unterhaltung stellte ich mich auf jedes Lächeln, jedes zornige Zucken ein, das ich in Marias Gesicht las; wenn ich, allein, versuchte, meine Erregung auf dem Papier zu rekonstruieren, wurde ich stumpf und schwerfällig.

Maria machte sich lustig über sich selbst, hänselte mich und liebte es, wenn ich mich selber auf den Arm nahm. Der plötzliche Wechsel der Perspektive, den das Wagnis Humor erforderte, wurde mir zur Gewohnheit, etwas, was ich beibehalten habe, wenn auch mit weniger Befriedigung, als langjährige Übung sie erwarten ließe.

In jenem Sommer fuhr Maria nach Solitaire, eine Künstlerkolonie in den Wäldern von Michigan, und im August erlaubte mir mein Vater, daß ich sie für eine Woche besuchte.

Den ganzen Juni und Juli hatte ich für den Herrenausstatter meines Vaters als Lagergehilfe gearbeitet – ich hatte Kleidungsstücke verpackt und zur Post gebracht, Kunden bedient, wenn viel zu tun war, Waren ausgeliefert und endlos Schaukästen geputzt und Hemden und

Strümpfe umgestapelt. Allein in einem Zug durch das heiße, flache Land zu fahren erschien mir nun als eine außergewöhnliche Freiheit. Mir stand frei zu essen, zu lesen und zu dösen, wann ich wollte, zu beobachten, wie das Nachmittagslicht auf silberfarbenen Getreidehebern brannte, an dumpfen Feldern voll üppigem Grün und verlassenen Bauernhäusern oder verfallenen Scheunen vorbeizusausen, auf die vor langer Zeit die mittlerweile ausgeblichenen Reklamen für Bull-Durham-Kautabak gemalt worden waren. Der Zug ratterte durch Städte, in denen Autos am Bahnübergang warteten und ein Collie an seiner spitzen Nase entlang auf eine streunende Katze blickte und die Sonne dort drüben ein einziges kleines Fenster zum Blenden fand – genauso wie ich mir vorstellte, daß Gott, wenn es ihn gab, in einer dichten Menge vielleicht nur die eine Seele fände, die im richtigen Winkel herumgedreht wäre, um seine Glorie widerzuspiegeln. Und dort, neben dem zweispurigen Highway, war eine Reihe von Schildern aufgebaut, die Wort für Wort eine Frage stellten, die witzige Antwort gaben und mit dem Namen einer Rasierseife endeten: Burma Shave.

Das waren die Jahre Ende der Fünfziger, als die ernste Literatur die neuen ernsten Leser lehrte, daß eine Kommunikation zwischen zwei beliebigen Individuen unmöglich sei, daß wir alle isoliert seien und es sich bei dieser Isolierung um keinen Zufall handele, sondern daß sie auf die »Beschaffenheit des Menschen« selbst zurückzuführen sei. Und trotzdem hatte ich, der ich isoliert gewesen war, jetzt einen so perfekten Umgang mit Maria, daß ich keine einzige Lücke zwischen uns entdecken konnte, und ich begeisterte mich an unserer Nähe. Natürlich gab es viele Unterschiede und Auslassungen, doch jetzt, während des heißen, windstillen Abends, waren sie vergessen.

Wir wanderten durch den Wald, ausgedehnte Gehölze aus mickrigen, sich schälenden Birken, bis wir zu den Dünen kamen, auf die wir hinaufstiegen und in die Spätnachmittagssonne blickten, die sich im Michigansee spiegelte. Wir zogen die Schuhe aus, setzten uns an den Strand und gruben unsere Füße in eine Schicht kalter, verwurzelter Erde, so viel schwärzer als der heiße Sand an der Oberfläche. Wir starrten in die Sonne und redeten, wobei sich unsere Worte überlagerten, unser Gelächter hinausschallte über das ruhige, orangefarbene Wasser. Ein Seetaucher flog über uns hinweg, dann tauchte er nach einem Fisch. Wir hielten uns an den Händen. Ich trug meinen Anzug aus der Eisenbahn (damals machten sich die Amerikaner noch zur Reise fein), Maria dagegen hatte weiße Shorts an, ein T-Shirt und Turnschuhe, nichts weiter, so daß ich mir ausnahmsweise einmal wie der Ältere, Gesetztere vorkam. Ich war blaß von meinem Sommer als Ladenjunge, Maria so braun, wie sie es immer wurde.

Wenn sie sprach, kniff sie die Augen zusammen, als visiere sie in der Ferne einen Gedanken an. Manchmal blinzelte sie auch noch ein bißchen dazu. Eine kleine farblose Hautgeschwulst hing links an ihrem Unterlid, und wie ein Fleckchen in ihrer Iris trug diese leichte Entstellung – oh, aber es ist hoffnungslos für mich, eine Bestandsliste dieser Frau aufzustellen, die ich mittlerweile drei Jahrzehnte kenne und deren Aussehen und Art, sich zu bewegen, zum Argot meiner Gefühle geworden sind.

In jener Nacht ließ die Sommerhitze nicht nach, und ich lag in einer kleinen Hütte, die mir am Waldrand zugewiesen worden war, nackt unter einem nassen Laken. Ich hörte den Grillen zu. Der Schweiß strömte ungehemmt aus meinem Körper. Ich war hellwach. Die Grillen sägten lauter und lauter, wie Rasseln an den Knöcheln herannahender Tänzer. Wenn ich die Augen schloß, spürte ich noch immer das Schlingern und Rasen des Zuges. Der Zug bohrte sich in einen Tunnel hinein, tauchte wieder auf und flirtete mit einem parallel verlaufenden Fluß, der sich weigerte, sich an die gemeinsamen Grenzen zu halten.

Ich war so glücklich. Da es in der Hütte keinen Schrank gab, hingen meine Kleider auf Bügeln an der Wand oder baumelten in unterschiedlicher Höhe von Haken herab, und im Mondlicht sahen diese Hemden, Jacketts und Hosen wie ein Vogelschwarm aus, der an der weißen Wand hinaufflog. Ich zog mir Shorts an und spazierte barfuß durch das tauquietschende Gras hinunter zu der Baracke, die Maria als die Lithographierwerkstatt bezeichnet hatte. Nirgendwo war jemand wach, kein Vogel, kein Hund, kein Mensch. In den Hütten gab es keinen Strom, und auch die Kerosinlampen darin waren gelöscht.

Der Mond war fast voll und stand praktisch direkt über meinem Kopf wie das Loch im Pantheon. Aber dieser Mond war durchaus nicht kalt und abweisend, sondern vielmehr wie eine Gegenwart, die ich menschlich nennen würde, nur daß sie erhabener war, zugleich zärtlich und fern – keine sprechende Gegenwart, sondern eine Intelligenz, an die ich mich wenden konnte. Zwei große Liegestühle aus Holz, die grün gestrichen waren, doch in diesem Licht fast blauschwarz aussahen, unterhielten sich gelegentlich wie alte Leute. Das Wasser regte sich kaum, schlug in langen Abständen plätschernd an, wie ein schlafender Hund erwacht und sich mächtig die Lefzen leckt, ehe er wieder eindöst.

Bis jetzt hatte mich, wenn ich in den Nachthimmel geschaut hatte, gewöhnlich die Sehnsucht gepackt, woanders zu sein, zu entfliehen, und sie hatte mich daran erinnert, daß ich allein war, aber hier hatte sich die Nacht verändert und war freundlicher geworden. Der Mond war kein zurückweichendes Gesicht eines Reisenden, durch einen Rauchschleier gesehen, sondern eine konzentrierte Aufmerksamkeit, die auf diesen Hütten, diesen schlafenden Geistern ruhte. Ich konnte mir die Strahlen des Mondes als einen Zirkel denken, der sich langsam drehte, um uns alle in einen vollkommenen Kreis einzuschließen.

Am nächsten Morgen frühstückte ich mit Maria im Gasthof. Solitaire wurde von zahlenden Gästen getragen, meistens älteren Sonntagsmalerinnen, die für ein, zwei Wochen herkamen und mit ihren Ehemännern im Gasthof wohnten, während die Kinder den ganzen Sommer in den Hütten lebten und Gelegenheitsarbeiten verrichteten. Maria hatte sich mit zwei der älteren Frauen angefreundet; wir blieben beim Hereinkommen an ihrem Tisch stehen. Ich wurde den Künstlerinnen und ihren Männern – fettleibig, liebenswert – vorgestellt. Viele laute, höfliche Plaudereien; der magere Junge am Nebentisch grinste mit feinem, voltairehaftem Spott. Maria unterrichtete eine Klasse im Zeichnen nach der Natur, und sie versprach Marge, einer der beiden Damen, an diesem Nachmittag die Lektion etwas zu verlängern.

Den Rest des Vormittags verbrachten wir auf der Veranda vor Marias Hütte. Sie trug einen Schlapphut aus Stroh und ein rückenfreies Oberteil. Sie malte ein Stillleben – Weinflasche, Apfel, Cinzano-Aschenbecher –, lachte und sagte: »Das hier ist wirklich schwierig. Der abstrakte Expressionismus hat das ganze mühevolle Beobachten abgeschafft.«

Sie war zwar Kommunistin, aber sie mochte die Lieder von Noël Coward, Mabel Mercer und Marlene Dietrich, und sie spielte mir deren Platten in dem karg möblierten Aufenthaltsraum des Gasthofs vor. Maria erkannte durchaus die Ironie in dieser Inkonsequenz, aber ihr rein persönlicher Geschmack zähle kaum, meinte sie, wenn eine »wissenschaftliche Geschichtstheorie« zur Debatte stehe. Ich lernte den Purzelbäume schlagenden Witz der Songtexte von Coward und den vibrierend schwärmerischen Charme von Mercer und Dietrich rasch lieben, zwei berühmten Künstlerinnen ohne Stimme und einer Bandbreite von fünf Tönen. Cowards gerollte R's und seine theatralische Diktion, samt dem Gerede, er sei »schwul«, interessierten mich. »Ja«, sagte Maria beiläufig, »alles üble Nachrede, kein Zweifel.«

Vor Ort gab es auch Betts und Buddy, ein altes Lesbierinnenpaar, das in der entlegensten Hütte in Solitaire wohnte. Nur ein einziges Mal sah ich Buddy, die zum Sheriff des Ortes gewählt worden war. Ich hielt sie irrtümlich für einen Mann, einen kleinen, breitgebauten Mann mit graumeliertem, kurzgeschnittenem Haar und großspurigem Gang. Sie hatte ihre Uniform an und unterhielt sich mit der Direktorin der Kolonie, einer viel jüngeren Frau. Betts sah ich nie, aber Maria traf sie oft und beschrieb sie nur zu gern: »Sie sind furchtbar arm, aber Betts muß vor fünfzig Jahren mal zur besseren Gesellschaft gehört haben, denn sie hat so ausgesuchte, feine Manieren. Sie verläßt die Hütte nie und trägt immer seidene Hausanzüge und hochhackige Angora-Slipper.

Ihr Make-up malt und erneuert sie in einem fort. Sie raucht mit Zigarettenspitze und liegt schmachtend darnieder. Wir glauben mittlerweile, daß sie krank ist, aber danach zu fragen wäre zu roh, das traut sich keiner. Buddy legt jeden Abend in der Bar in der Stadt zu einem Drink einen Halt ein, um dort mit den Männern zu quatschen, aber dann eilt sie heim zu ihrer besseren Hälfte. Ist es nicht komisch, daß wir ihre Ehe charmant finden, aber das heterosexuelle Original, das sie nachäffen, nicht ausstehen können?«

Während ich Maria zuhörte, nahm ich jede kleine Abweichung von der Konvention in mich auf, ohne mit der Wimper zu zucken. Die spöttisch-liebevolle Schilderung von zwei so exzentrischen Menschen verblüffte mich, obwohl ich mir keine Sekunde etwas anmerken ließ. Ich wußte, daß ich vielleicht genauso krank wie die beiden Lesbierinnen war – eigentlich hatte ich keinen Zweifel daran –, aber ich hatte meine Neurose nie so an die Öffentlichkeit getragen, wie diese Frauen es taten, und wenn man dahinterkäme, erwartete ich, zur Strecke gebracht, nicht freundlich getadelt zu werden. Doch während sich die Platten drehten, während Noël Coward davon erzählte, wie das Leben zu Mrs. Wentworth Brewster in der Bar an der Piccola Marina kam, wenn Marlene gestand, daß Männer sie umschwärmten wie Motten das Licht, und wenn sie sich die Flügel verbrannten, ja, dafür könne sie nichts, fühlte ich mich in eine prickelnde Welt versetzt, in der bei Sünden ein Auge zugedrückt wurde, zu der vielmehr ein pikantes kleines Vergehen der Eintrittspreis war. Wir saßen in abgenutzten Rattansesseln unter einer nackten Glühbirne, die von einem laternenförmigen Korb aus löcherigem Gewebe unzulänglich abgeschirmt wurde, und unsere Augen wanderten über den Pingpongtisch, das Schachbrett und die Wurfpfeilwand, während gleich außerhalb mehr und mehr Motten, vom Licht oder von Marlene Dietrich angezogen, gegen die Fliegenfenster schlugen. Maria lief unruhig umher, als glaube sie ihren gewagten Worten selbst nur halb.

Wir fuhren mit ihrem Kombi in die Stadt. Es war merkwürdig, von Maria chauffiert zu werden, und ich registrierte eine neue Verlegenheit, die ich im letzten Winter bestimmt noch nicht gekannt hatte. Aber damals war ich noch ihr kleiner Wonneproppen gewesen, wogegen ich jetzt das war, tja, wofür mich meiner Vorstellung nach die anderen Bewohner der Kolonie hielten: ein bourgeoiser Besucher, Freund, möglicherweise Freier. Ja, inklusive der bourgeoisen männlichen Angst darum, wer den Wagen fährt.

Bei dem langsamen Tanz in der Bar, einer lauten, freundlichen Kneipe, die vom endlosen Niagarafall der Miller's-High-Life-Reklame und der sprudelnden Jukebox erleuchtet wurde, führte Maria. Ich war dem Gesetz nach zu jung, um in einer Bar zu sein, aber niemand merkte es, und wir tranken ein Bier nach dem anderen und tanzten zu Polkas und langsamen Hillbilly-Liedern. Maria sagte, sie liebe die Hillbilly-Lieder, weil sie von Erwachsenen, Ehebruch, Scheidung und Herzeleid handelten. Aus ihrem Munde klang selbst Verlust so betörend wie Gewinn.

# ZWEI

In meinem letzten Internatsjahr lernte ich während der Weihnachtsferien in Chicago einen kleinen Texaner mit schlechten Augen, ungesunder Haut und dem Geruch von Luckies im Atem kennen. Tex führte ein Buch- und Plattengeschäft, das in der Nähe vom Loop direkt neben einem Filmkunsttheater lag. »Filmkunst« war damals noch etwas Neues. Die Bezeichnung konnte Gina Lollobrigida bedeuten, die aufreizend auf einem Eselchen bergauf und bergab hoppelte, oder auch Gérard Philipe, den als dem Wahnsinn verfallener Maler Modigliani ein früher Tod ereilte. Von dieser Spannweite abgesehen, war Kunst gleichbedeutend mit Europa, und etwas Europäisches haftete auch Tex an. Ich stieg in Evanston in die Hochbahn und fuhr am späten Nachmittag jeweils eine Stunde hin und zurück, um meiner Mutter und meiner Schwester zu entrinnen und eine halbe Stunde bei ihm zu verbringen.

Er liebte Bücher. Ich erinnere mich, wie ich an einem grauen Winternachmittag mit ihm die Straße hinunterrannte, als die Sonne, entmutigt durch den kühlen Empfang, sich zurückgezogen hatte. Tex hatte nichts weiter an als ein Tweedjackett und einen räudigen, rauchdurchtränkten Schal, der selber rauchfarben war. Er raste wie ein kleiner Junge zum Postamt, um für den Laden zwei Kisten Bücher abzuholen, allesamt Exemplare von

*The Outsider* von Colin Wilson. Ich trug die eine Kiste. Tex hatte die andere aufgerissen und balancierte mit ihr herum, während er mir wahllos aus dem Buch vorlas. »Hör dir das an – *listen to this, will you*«, schrie Tex, wobei sein warmer Südstaatenakzent plötzlich wieder zum Vorschein kam. Normalerweise versuchte er, beherrscht zu klingen, als habe er gerade an einer Zitrone gelutscht, aber jetzt füllte sich sein Mund mit heißer Süßkartoffeltorte.

Im nächsten Moment waren wir wieder in Tex' gemütlichem Laden, der vorübergehend der Obhut seines schmollmündigen Gehilfen Morris überlassen worden war. Wir machten es uns auf dem kleinen rosa Samtsofa am Fenster bequem, um uns gegenseitig in aufgeregten Fetzen aus *The Outsider* vorzulesen. Aufgeregt, das war die Art, wie Tex las, als wäre ein neues Buch ein an ihn persönlich gerichtetes Telegramm. Dieses hier teilte ihm mit, daß ihm ein geistiger Onkel irgendwo drüben in England ein ganzes Vermögen vermacht habe, während das Buch uns etwas über den Existentialismus und seine Wurzeln erzählte und zu verstehen gab, daß wenigstens dort drüben ein Außenseiter zu sein kein Grund zur Schande war, sondern ein Zustand, aus dem man einen Nutzen, ja sogar echtes Kapital schlagen konnte. Tex erzählte mir über die »Situation des Menschen«. Weil er seine Gedanken nicht einleitete und die Satzenden verschluckte, schien er mich in ein vertrauliches Gespräch zu ziehen, das zu unterbrechen, um Fragen zu stellen, taktlos von mir gewesen wäre. Der bittere Kaffee, den wir tranken, die Stimme des dezent murmelnden Sprechers von dem Klassiksender und der Anblick der Scheinwerferspiegelungen, die sich uns aus blanken, noch in ihren Zellophanhüllen steckenden Büchern und

Platten entgegenneigten – all das kam zusammen, um mich in Erregung zu versetzen, besonders da ich wußte, daß Tex schwul war.

Morris, sein Gehilfe, benutzte das Wort sogar, wenn niemand sonst im Laden war. Einmal hatte er eines seiner Hosenbeine hochgekrempelt, seine Wade gestreichelt und gesagt: »Mir ist heute abend so schwul.« Dann schüttelte er den Kopf, als habe er Locken und keinen Kurzhaarschnitt. Er lächelte nicht; es war ihm völlig ernst. Ich wußte nicht genau, was er meinte, aber ich wußte, er meinte etwas ganz Genaues.

»Schnauze, Morris«, bellte Tex mit einer gefühllos-direkten Stimme und zuckte mit dem Kopf, um auf mich zu deuten. Ich drehte mich gerade rechtzeitig um, um es mitzukriegen. »Und Morris«, setzte er hinzu, »laß doch mal um Himmels willen den Scheißlidschatten weg. Ich führe hier ein anständiges Haus. Noch eine Verwarnung, und ich setz dich mit deinem kleinen enthaarten Arsch an die Luft.«

Ich sah mir Morris genauer an. Ich konnte keine Spur von Make-up entdecken. Warum sollte er welches tragen? Ich überlegte. Mögen Schwule das? Ist es das, woran sie erkennen, wer wer ist?

Das Vergnügen, *The Outsider* zu lesen, war umgeschlagen. Schnee wirbelte in einem plötzlichen Aufwind empor, dann rieselte er durch die Straßenbeleuchtung herab.

Tag für Tag fiel der Schnee, und in den Straßen hallte das Geräusch von Schaufeln wider. Leute in Pelzmützen und vielen Schichten aus Kleidern trippelten unbeholfen über Rinnsteine, in denen der Schnee hoch aufgehäuft lag, der von Straßenpflügen zur Seite geschoben worden war.

Zu Hause spürte ich fortwährend eine kribbelnde Erregung, einfach weil ich wußte, daß ich gestern nachmittag Tex gesehen hatte und auch heute wieder ein paar Minuten bei ihm ergattern würde. In Evanston stand ich am Erkerfenster und blickte auf den Michigansee hinaus, der sich selber zu Schaum schlug. In mir tickte beständig der Gedanke, halb erregt, halb ängstlich, daß in meiner Reichweite, oder beinahe, diese andere Welt lag. Diese »schwule Welt«, könnte man sagen, mit ihren Stimmungsschwankungen, die langsam wieder wechselten und einen dann zur Seite drückten wie eine Achterbahn in einer scharfen Kurve. Diese Welt mit ihren kindlichen Begeisterungen und boshaften Angriffen. Ich assoziierte sie mit Morris' stillem Schmollen und der Art, wie er sein Bein gestreichelt, sich die Lippen geleckt und gesagt hatte: »Mir ist heute abend so schwul.« Obgleich ich wußte, daß sich aus meinen Besuchen irgend etwas würde ergeben müssen, wenn ich sie fortsetzte, fürchtete ich, was ich erhoffte, und was ich erhoffte, wollte ich nicht wissen.

Tick, tick, tick. Die Erregung war in meinem Puls. Ich konnte an nichts anderes denken, ich wollte es auch gar nicht. Ich blickte auf den dampfenden Kartoffelbrei und hörte das Ticken in meinen Ohren. Nachts in meinem Bett, wenn ich durch die Vorhänge zu dem alten Mann auf der anderen Seite des Weges hinübersah, der in seiner Zeitung las und ausgiebig in der Nase popelte, hörte ich das Ticken, das mich meinem nächsten Treffen mit Tex näherbrachte.

Am nächsten Nachmittag waren Tex und ich allein im Geschäft. Morris war zu Hause mit, wie es Tex mürrisch nannte, »Kopfschmerz mit Übelkeit«, und Tex beklagte sich in einem fort über Morris' schluderige Buchhaltung.

Er sah gerade Rechnungen durch, und ein langes, graues Schweigen baute sich in dem Raum auf. Ausnahmsweise war das Radio nicht an, und kein distinguierter Sprecher las uns aus Pounds *Cantos* vor oder spielte verschiedene Interpretationen von *Nessun dorma*. Leute blieben stehen und sahen sich die Bücher im Schaufenster an, eilten aber weiter.

Tex knallte die Faust auf den Glastresen und stöhnte: »Schätzchen, deine Mammi is' in 'nem üblen Zustand.« Einen Moment lang stellte ich mir vor, meine richtige Mutter habe in einer Notlage angerufen, aber dann begriff ich, daß er sich selber meinte. Ich war geschmeichelt, daß er sich mir anvertrauen wollte. Meine Mutter erzählte mir oft ihre Geheimnisse, und ich war ein erfahrener Zuhörer. Ich konnte ein mitleidvolles Gesicht machen, und ich gab nur willkommene Ratschläge.

»Deine Mammi hat ihr Geschmeide für ihren Mann versetzt, und jetzt bin ich so abgebrannt, daß ich nicht mal mehr Nadel und Faden für meinen Kurzwarenladen kaufen kann. Oh, Liebling, sag mir doch, wer wird Baby was zu essen geben?«

Sofort verstand ich, daß diese komische, phantasievolle Art zu reden eine Form von Rücksicht war, eine Art, seinen Kummer in allgemeinen Worten mitzuteilen, ohne mir die unangenehmen Einzelheiten aufzutischen. »Bist du völlig pleite?« fragte ich, obwohl ich eigentlich fragen wollte: »Wer ist denn dieser Mann?«

»Mein ganzes Geld steckt hier drin«, sagte er und zeigte auf seine glänzenden Bücher und Schallplatten. »Wenn Mom den Krempel nicht an den Mann bringen kann, wird sie den Laden zumachen müssen.« Jedesmal, wenn Morris damit begonnen hatte, statt männlicher Pronomen weibliche zu benutzen, hatte Tex ihm aus

Rücksicht auf meine angebliche Unschuld den Mund verboten. Und nun vertauschte Tex selber die Geschlechter – war es ein Zeichen von Verlegenheit?

»Wer ist dein Mann?« fragte ich.

Er rutschte von dem Hocker hinter der Registrierkasse und kam herüber zu mir auf das rosa Zweiersofa. Seine Schultern hingen herunter. Er war wirklich sehr unscheinbar mit seiner feuchtkalten Haut, den kleinen knochenlosen Händen und dem Oberkörper eines mageren Sperlings. Als er seine Brille abnahm, sahen seine Augen riesig und feucht aus.

»Verstehst du, meine Liebhaber stellen sich immer als andersgläubig raus.« Ich muß verständnislos geguckt haben, trotz meiner Bemühungen, so zu erscheinen, als begreife ich immer alles, denn er setzte hinzu: »Heterosexuell, stinknormal. Mein augenblicklicher Beau is'n Bulle, Bob, und ich habe grade seiner Frau dreihundert Eier für 'ne Abtreibung bezahlt.«

»Weiß sie über dich und Bob Bescheid – was ihr seid?« fragte ich, nicht ganz sicher, was sie nun waren. Wie konnte denn ein echter Hetero einen Schwulen mögen?

Tex steckte sich eine Zigarette an. Er war merkwürdig liebenswert, trotz seiner melancholischen Art – liebenswert, weil er seine ganze Geschichte mit sich herumtrug, wohin er auch ging, wie die Haushälterin, die bei meinem Vater und meiner Stiefmutter arbeitete, ihre Asche in ihre zehnte Tasse Kaffee fallen ließ und über die Männer in ihrem Leben drauflostratschte, um drei am Nachmittag immer noch im Bademantel, und ihr Mitgefühl war allumfassend, auch wenn ihr Verständnis nur partiell war.

Was Tex anging, so war er dermaßen vertraulich, daß er den Abstand zwischen einem Jugendlichen und einem Erwachsenen aufhob. Ich hatte meine Mutter und ihre Freundinnen über das »Männerproblem« reden hören: Jetzt tat Tex das gleiche, und ich hörte ihm als einstweilen Gleichberechtigter zu.

»Ich glaube, sie hat den Verdacht, daß ihr Gatte mit mir rumgemacht hat, aber sie guckt lieber in die andere Richtung. Sie weiß, sie kann mit 'nem Kredit auf mich zählen, wie bei dieser Abtreibung. Sie haben schon drei Kinder. Ich mag sie, und das weiß sie. Wir gehen alle zusammen in Rogers Park bowlen, wenn sie nicht zu kaputt ist.«

»Wo liegt denn das Problem?« fragte ich rasch, um meine Verwirrung zu kaschieren. Seine neue Art, die Dinge zu sehen, war so menschlich und unkonventionell. Man könnte sagen, er nutzte die Stacheln moralischer Imperative ab, indem er die Dinge – gefährliche, explosive Dinge – in seinen zarten Händen hielt und sie mal so und mal so herum drehte. Schließlich, eben jetzt, saß er neben mir und erzählte von seinem Polizisten, dessen Frau, der Abtreibung, den Krediten, den Bowlingabenden mit so familiärer, tief aufatmender Vertraulichkeit, daß ich sie alle auf die gleiche Weise aufnahm, auf seine Weise, sie freundlich von allen Seiten betastete.

»Das Problem, mein armes, kleines, reiches Mädchen, ist Geld, Knete – aber das verstehst du natürlich nicht«, und er verwuschelte mir die Haare und lächelte mit nachsichtiger Verzweiflung, während seine Augen den Himmel um Geduld anflehten. Ich kam mir nicht verwöhnt vor, ich fühlte mich vernachlässigt. Auch war ich nicht bereit, die Rolle anzunehmen, die er mir anbot. Ich ergriff seine Hand und sagte: »Aber ich verstehe es«, und das tat ich auch.

Darauf neigte er als Reflex seiner guten Umgangsformen den Kopf forschend zur Seite. »Aber sag mir doch, Baby Doll, was suchst du eigentlich in einem Mann? Welche Art Sex? Fang damit an.«

»Sex?«

»Läßt du dich gerne ficken – wir nennen das ›sich vergolden lassen‹, und derjenige ist eine ›Goldmarie‹.« Als ich verlegen guckte, wurde er höflicherweise philosophisch. »Das ist natürlich eher europäisch. Es sind diese kontinentalen Gentlemen, die sich gern gegenseitig vergolden. Wir Amerikaner sind eher für unsere Blaskunst bekannt. Bist du 'ne Lutsch-Queen?«

Der rosa Samt unter meinen Beinen fühlte sich rauh an wie Wolle. »Darf ich eine dumme Frage stellen? Bläst man denn wirklich?«

»Man saugt, Dummerchen.« Tex wandte sich ab, um sein Lachen zu verbergen, aber sein magerer Rücken begann zu zittern, und dann schluchzte er in seine Hände, wie das meine texanische Großmutter machte, eine massige Bauersfrau, die immer vor Vergnügen weinte. Ich lächelte leicht verstimmt über das wundervolle Gespött, zu dem ich geworden war.

»Man saugt, Dummerchen, aber« – er wischte sich die Tränen weg – »ooh-jeh, das hatte ich nötig!« Plötzlich ernst, nach einer Atempause: »Aber sanft, nicht wie'n Staubsauger. Die Hauptsache ist viel Spucke. Je saftiger man's macht, desto besser gefällt's ihnen.« Er strich kurz seinen Schlips glatt und warf einen raschen Blick auf die Straße. »Hör zu, ich bring's dir bei, wie du'n Schwanz bedienst, und du bist einfach so'n gefährliches junges Gemüse, und dabei bin ich nich mal 'n Kükenfresser. So nennen wir das junge Gemüse – Küken. Schätzchen, ich werd dir irgendwann dieser Tage zeigen müssen, wie man's macht; ich kann gar nicht glauben, wie naiv du bist. *I can't* believe *how* naive *you are.*« Er schmetterte den Reim hinaus und machte den Eindruck, er finde an seiner Fleischlichkeit ebensolchen Gefallen wie an meiner Unschuld. »Ich, ich war nie naiv. Deine Mammi war eine geborene Hure. So heißt mein Parfüm.« Er hielt mir sein Handgelenk unter die Nase. »›Born Slut.‹ Zur Hure geboren. Gefällt's dir?« Dann rückte er langsam von seiner Ungehemmtheit ab. »Sollte dich nicht zu schnell verderben. Du kennst ihn doch bestimmt, den Ausdruck: ›Der Handel von heute ist die Konkurrenz von morgen‹?«

Es waren eine ganze Menge Erklärungen nötig, bis ich den Gedankengang dahinter begriff. *Handel,* so stellte sich heraus, bedeutete einen heterosexuellen Mann, der bereit ist, sich von einem Homosexuellen einen blasen zu lassen. Aber der Gedanke war, daß ein »Handelsobjekt« nicht lange normal (das heißt begehrenswert) blieb, sondern bald verdorben war und zu einer weiteren nutzlosen »Tucke« wurde.

»Aber können denn nicht zwei Tucken miteinander ins Bett gehen?« fragte ich.

»Meine Liebe«, zischte Tex indigniert. »Um was zu tun? Pussys bumsen?«

Ich schreckte vor diesem Bild zurück – dann lachte ich, weil ich mich plötzlich zu groß in meinen Kleidern fühlte, kompromittiert. Hielt mich Tex für ein Handelsobjekt, das eben nur für einen kurzen Augenblick lang reizvoll ist, wie leicht verderbliches Obst, das nur einen Tag lang eßbar ist, ehe es vergammelt? Das war offenbar eine tragische Situation, denn jeder, der sich homosexueller Begierde unterwarf, verlor sofort alle Begehrlichkeit.

»Aber eigentlich denke ich über Sex nicht allzuviel nach«, sagte ich. »Ich werde alles machen, was ... die andere Person wünscht.« Ich sagte oft »andere Person«, um das Geschlecht dieser Person nicht benennen zu müssen.

»Yeah, aber was für 'ne andere Person?« fragte Tex.

»Jemand Älteres«, sagte ich träumerisch, beschämt, ein Wunschbild zu haben, wenn auch hingerissen davon. »Jemand Reiches und Hübsches, der sich um mich sorgt, für mein Internat bezahlt, mich von meinen Eltern befreit.«

»Bleib auf dem Boden – die Reichen sind bloß aufeinander scharf. Wenn du reich und hübsch wärst, würdest du dich nicht auch nach einem umgucken, der genauso ist wie du?«

Bis jetzt hatte ich mir Reichtum als eine verborgene Fähigkeit vorgestellt, die man nur bemerkte, wenn sie sich zu erkennen gab, aber jetzt sah ich, daß es sich um einen geschlossenen Verein handelte. Ich begriff, daß Tex recht hatte, denn ich fand jede Menge Beweise für seine Ansicht bei den Freunden meines Vaters. Hatte mein Vater nicht erst letzten Sommer zu mir gesagt, als ich meine ersten Gesellschaftspartys zu besuchen begann: »Ich sage ja nicht, du solltest dich wegen des Geldes verheiraten. Achte bloß drauf, daß die Mädchen, mit denen du ausgehst, alle reich sind.«

Zwei Tage nach dem Gespräch mit Tex, an einem Freitagabend, sagte ich zu meiner Mutter, ich ginge auf einen Sockenschwof im Y, fuhr aber direkt zu Tex' Laden. Die Hochbahn schlingerte an heruntergekommenen Wohnungen vorbei, und ich konnte genau in ein Zimmer sehen, in dem eine alte Frau zusammengekrümmt unter Decken saß und sich warm zu halten versuchte, den Schnabel in die Federhalskrause vergraben. Dort unten spielten Kinder in einem müllverdreckten Hinterhof, und durch ein anderes Fenster sah ich einen Mann in einem zerrissenen Unterhemd, der direkt aus dem Kühlschrank aß; seine sich als Silhouette abzeichnende Hand hob die Milchflasche an seine Lippen. Ich sah mir jeden Mann an, im Zug oder in diesen erleuchteten Zellen, und fragte mich, ob ich ihn heiraten könne. Könnte ich mit ihm für immer zusammenleben?

Heute kenne ich mich. Heute weiß ich, daß »für immer« Worte sind, die mich erregen, daß allein das Wort *heiraten* (nicht die Ehe als solche) ein Stimulans ist und ich Angst habe, andere zu verletzen oder mir selber eine Falle zu stellen und hineinzulaufen. Aber damals? Damals, in dem Winter, sah ich ein Paar, Mann und Frau, im Schnee spazierengehen, beide mit Kapuzen, und abgerissene Dampfwolken entströmten ihren Mündern; oder im Sommer, in dem blauen elektrischen Blitz der Hochbahn, knipste ich mit den Augen ein Foto von zwei Menschen auf der Feuertreppe, Biere in der Hand, er mit nacktem Oberkörper, sie in Shorts, beide blaß wie Motten, und mein Geist schwebte über ihnen, ruhelos, fast eifersüchtig, und probierte seine Größe, dann ihre, fand aber, daß beide ihm nicht paßten.

An diesem Abend lag in dem Buchladen keine Katastrophe in der Luft. Morris, dessen Wimpern züchtig braun, nicht schwarz waren, saß hinter der Registrierkasse und tippte Posten auf Posten ein. Trotz seiner Schüchternheit drehte Tex als vage Parodie einer Südstaatenschönheit unter den Kunden seine Kreise. Der artige junge Sprecher auf dem UKW-Sender las lange Sätze, die Gift im Zahn und ein Rasseln im Schwanz hatten. Dann sagte er an, er habe den ersten Teil der Geschichte des heutigen Abends gelesen, *The Beast in the Jungle* von Henry James. Tex schaltete das Radio aus und legte eine Platte mit Wahnsinnsszenen der Callas auf. Ich selber zog das Radio vor, und ebenso den Gedanken, daß auch andere Zuhörer Henry James liebten.

Irgendwann flüsterte mir Tex zu, der Mann in der Ecke besitze mehrere erstklassige Buchgeschäfte in New York und könne, obgleich er verheiratet sei, ein nettes Rendezvous für mich abgeben.

»Aber wenn er verheiratet ist ...?«

Tex sagte: »Mein Schätzchen, er ist New Yorker. Die sind alle bisexuell, zumindest ein Mann seiner Klasse. Er ist allein hier, ohne seine Frau, aber *du* bist hier, ein nicht unattraktiver Ephebe. Wenn du's raffiniert anstellst, läßt er sich vielleicht von dir den Unterschied zwischen Saugen und Blasen zeigen.« Ein verrücktes Tex-Lachen, das zu seiner gedämpften Stimme so gar nicht paßte, platzte aus ihm heraus, ehe er es zum Schweigen brachte, indem er sich selber einen Klaps gab und mit leichtem Erstaunen sagte: »Meine Güte.« Und er glitt auf einen potentiellen Kunden zu und sagte professorenhaft: »Der Kierkegaard-Boom scheint anzuhalten, nicht wahr? Sartres Einfluß zweifellos.«

Ich hatte eine Vorstellung von einer Riesenstadt, in der Menschen frühstückten, wenn es draußen noch dunkel war, in geduldigen Reihen unter dem blutigroten Himmel zur Arbeit fuhren, sich in neonbeleuchteten Büros aus den Stiefeln pellten, nach der Arbeit zu Hause auf der Hammondorgel übten oder ein Nickerchen machten, über ihren »Rettungsring« witzelten und ihn liebevoll tätschelten – eine ganze graue Welt, in der ich auf meinen Augenblick wartete, benommen vor Sehnsucht und Angst. Aber hier, in Tex' Laden, brannte etwas

Gefährliches so lichterloh wie das Abgas, das Tag und Nacht aus den Schloten über den Fabriken in Gary, Indiana, loderte.

Ich fühlte mich durch die Anwesenheit so vieler kultivierter Erwachsener belebt: die Frau im schwarzen Rollkragenpullover, die in Kierkegaards *Entweder–Oder* blätterte, Morris, der hinter der Registrierkasse auf tüchtig mimte und sich auffallend im Hintergrund hielt wie eine hübsche Schauspielerin in einem Nonnenfilm, Tex, der die Asche seiner Zigarette in einen Ricard-Aschenbecher schnippte und dessen Angst vor der Pleite vorläufig beiseite geschoben war, und dieser erfolgreiche New Yorker Hetero, der mich vielleicht in seinem Bett dulden würde.

Tex stellte uns vor. Mit Vornamen hieß der Mann Lester und mit Nachnamen irgendwas Russisches, das auf »iak« endete. Er trug eine Hornbrille, die er ständig abnahm, wenn er redete oder sich ein Buch ansah, als diene sie keiner anderen Funktion als einer rhetorischen. Er trug ein rauhhaariges Sakko, gleichsam als Metonym für seine Haare, von denen ich das sichere Gefühl hatte, sie bedeckten seinen ganzen Körper. Seine gewölbte Stirn, die zottigen Brauen und das starke Kinn erinnerten mich an Beethoven, wie ich ihn von den kleinformatigen, kreideweißen Büsten her kannte, die der Klavierlehrer meiner Kindheit, Herr Progner, an die Schüler als Preise verteilte.

Und nun hatte Tex diesen New Yorker Beethoven als Preis mir in Aussicht gestellt, jemanden, den ich später bedienen dürfte, während er sich auf einem anonymen Hotelbett zurücklehnte und seine Gedanken zur Ostküste zurückflogen, seinem schwereren Körper einen ganzen Tag voraus. Zweifellos hatte dieser Mann mich nicht nötig. Zweifellos war Beethoven seiner selbst vollkommen sicher.

Zu der Zeit trug ich einen fürchterlichen Bürstenhaarschnitt, den mein Vater für mich ausgesucht hatte, weder lang genug, um ihn kämmen zu können, noch so kurz, um matrosen-sexy zu sein, und ich trug kein Ivy-League-Horngestell, sondern eine dicke, schwarze Brille, von der die Mädchen sagten, ich sähe durch sie »intellektuell« aus, ein zweifelhaftes Kompliment in den fünfziger Jahren. Obwohl mir Tex erst kürzlich versichert hatte, die New Yorker wüßten Intelligenz zu schätzen, war ich nicht sicher, ob auf meine Verlaß war. Sie gab nicht das Gefühl, eine Tatsache zu sein in unserer so dinglichen Welt, in der die Identität mit der Wahl eines klotzigen Wagens begann (meine Mutter war eine »flotte Geschiedene«, wie man an ihrem taubenblauen Buick-Kabrio sehen konnte, dessen Polster mit roten Biesen eingefaßt waren; mein Vater war »ohne Kommentar«-reich in seinem nachtblauen Cadillac).

Ich fragte den Mann, was er von dem Kierkegaard-Boom halte. Er wälzte das Wort »Boom« im Munde herum und griff zu einem anderen Buch. Mich ließ er stehen, wo ich stand.

Aber dann wurde es mir trotz oder vielleicht auch wegen der schroffen Abfuhr immer wichtiger, daß er mich zur Kenntnis nahm, daß er bemerkte, daß »mir heute abend schwul« war. Ich blieb neben ihm stehen, wie ein Pferd, dessen Zügel man losgelassen hat. Ich nahm ein Buch und blätterte in den Seiten herum, ohne sie zu sehen. Ich rückte näher an ihn heran und streifte mit der Schulter die seine. Er stand da und nahm es hin, bis er plötzlich aufblickte, die Stirn kraus zog, das Buch fortlegte und wegging.

Die nächste Stunde schob ich mich beständig an Lester heran, wobei ich zwischen unseren Schultern einen Abstand einhielt oder mich im nächsten Gang postierte, so daß ich ihm über Büchertische hinweg direkt ins Gesicht sah. Wenn er meinen funkelnden Blick auffing, zeigte er das gequälte Lächeln, das er für möglicherweise Wahnsinnige bereithielt. Ich nehme an, Lester wartete darauf, daß Tex den Laden zumachte.

Wenn mich jemand faszinierte, besonders ein Fremder, verlor ich mich völlig an ihn. (»Glotz nicht«, sagte meine Mutter dann zu mir.) Nicht, daß ich Lester so hübsch gefunden hätte; es war nur so, daß er eine Gelegenheit war, so etwas wie eine Gelegenheit.

Mein Gesicht glühte, und meine Hände waren kalt. Ich hatte schreckliche Angst, daß die anderen, die normalen Leute im Buchladen, mein Verlangen entdecken würden, daß es aus mir hervorströme wie ein übler Geruch. Schlimmer noch, Tex schlich sich hinter mich und legte mir seine Hand auf die Schulter. Ich wurde rot. Wir waren zwei Männer, die sich anfaßten! Richtige Männer (Sportler, Soldaten, Arbeiter) konnten sich ungestraft anfassen. Sie protzten sogar mit diesen Klapsen auf den Hintern und den neckischen Püffen. Aber wir übrigen mußten die Stimmen gedämpft halten, die Hände festgeschweißt an den Seiten, aus Furcht, ein begehrliches Augenfunkeln oder ein Kreischen oder Lispeln oder ein Tropfhändchen könnte uns verraten. Mein Glotzen, dieses völlige Aufgehen in einem anderen Mann, würde mich noch denunzieren, da war ich mir sicher.

Um Mitternacht machte Tex den Laden schließlich zu, und er, Lester und ich gingen die windige Rush Street hinunter. Als wir an die Ecke Rush und Clark Street kamen, sagte Lester beiläufig zu mir: »Möchtest du einen Augenblick mit rauf in mein Zimmer kommen? Ich wohne hier im Ambassador East.«

»Nein, danke«, sagte ich. Wir gaben uns die Hand, und er und Tex verabredeten sich für den nächsten Tag zum Lunch. Dann war er weg.

»Was ist denn in dich gefahren, Kleiner?« fragte Tex freundlich. »Verlassen dich die Nerven?«

»Oh, Tex«, sagte ich, »ich kenne ihn doch gar nicht. Er will mich nicht wirklich. Er mag Mädchen. Kann ich nicht mit dir nach Hause gehen, Tex?«

»Schätzchen, ich bin völlig groggy«, sagte er, aber er lächelte mich müde und freundlich an.

»Nur für ein paar Minuten«, sagte ich.

Wir gingen in sein bescheidenes Hotelzimmer hinauf, dem jede persönliche Note abging, abgesehen von einer halbleeren Flasche Bourbon und, an den Lampenschirm gepinnt, einem Foto des Polizisten, eines vierschrötigen Burschen mit abstehenden Ohren.

Tex' Körper, bleich und unbehaart, sah viel jünger aus als sein Gesicht, das großflächig und mit viel zuviel Humor und Beweglichkeit ausgestattet war, um zu einem so nichtssagenden Leib zu passen. Ich fragte mich besorgt, wie er über mich herfallen würde, aber er küßte mich und massierte mir Schultern und Rücken mit überraschend kräftigen Händen, darauf erklärte er mir Schritt für Schritt, was wir nun gleich machen würden. Stets der brave Schüler, antwortete ich angemessen, wobei ich keine Sekunde lang annahm, ich solle irgendwelche Lust empfinden.

In dem Moment, als ich kam, brauste die Welle eines furchtbaren Schuldgefühls über mich hinweg. Das Hotelzimmer wirkte deprimierend. Ich bemerkte den Fleck auf Tex' Unterhose und das Loch in seinem Strumpf. Am Ende des Korridors hustete jemand. So sehr hatte Tex' besessene Leidenschaft für den Polizisten ihn also auf den Hund gebracht. Verglichen mit dem soliden, wenn auch freudlosen Reichtum meines Vaters war Tex' Armut mit zuviel Geist erkauft.

Ich küßte ihn flüchtig auf die Wange, kaum fähig, meine Scham und mein Mißfallen zu verbergen. Er gähnte. Ich eilte die kalte Straße entlang, mein Mund war schal von Tex' Zigaretten; Schwanz und Hintern glühten, und mich verließ der Mut, hatte mich verlassen. Ich schwor mir, nie, nie wieder mit einem anderen Mann zu schlafen. Ohne Zweifel hatte mich der Trotz gegenüber meiner Mutter in Tex' Bett getrieben. Es war ihre Schuld, wenn ich meine homosexuellen Regungen »ausagierte« (mein Psychiater, Dr. O'Reilly, hatte mir alles erklärt).

Während die Hochbahn zurück nach Evanston ratterte und den Film zurückdrehte, den ich bei der Herfahrt gesehen hatte, flackerten flüchtige Blicke in Slumwohnungen an mir vorbei, erzieherisch und tragisch, jene jammervollen Ausschnitte aus dem häuslichen Leben, das zu bewundern mir beigebracht worden war, das ich aber nie leiden konnte.

# DREI

Bald nachdem ich in die Universität von Michigan eingetreten war, schloß ich mich der Studentenverbindung meines Vaters, Alpha Tau, an, einfach um ihm einen Gefallen zu tun. Freunde von mir, die sich über den »Mangel an Gesprächsbereitschaft« zwischen ihnen und ihren Vätern beklagten, versetzten mich immer in Verwunderung, denn es kam mir keine Sekunde lang in den Sinn, mir von meinem Erzeuger einen Austausch von Vertraulichkeiten zu erhoffen oder sogar zu wünschen. Er hielt mir Vorträge über die unpersönlichen Dinge, die ihn interessierten – Aktien und Anleihen, Versicherungspolicen, Politik, Gesetze des Tiefbaus –, und ich lieferte ihm ein Abbild des Sohnes, den er sich wünschte: Ich trat seinem Verein bei; im Sommer begleitete ich Debütantinnen zum Ball, wie er es von mir verlangte; und ich trug die Klamotten, die er mir aussuchte.

Ich konnte natürlich nicht der athletische oder heterosexuelle Mann sein, den er sich wünschte. Er wußte, daß ich homosexuell war, auch wenn wir nie darüber redeten. Ich hatte es ihm in einem Brief gesagt, um das Geld zu bekommen, das ich für meine Besuche beim Therapeuten, Dr. O'Reilly, brauchte.

Den Sommer darauf verbrachte ich mit Dad in seinem Sommerhaus in Michigan. Meine Stiefmutter, meine Schwester und das Hausmädchen durften erst am Ende der Saison zu uns kommen. Bis dahin war ich mit meinem Vater allein. Er legte mir eine harte Fron auf in Form von Gartenarbeit, wobei diese hauptsächlich aus dem Zusammenrechen der Kiefernnadeln bestand, die auf dem Abhang, an dem das Haus stand, von oben bis unten einen dicken Teppich bildeten. Als ich ihn fragte, welchen logischen Grund es denn geben könne, die Nadeln zu entfernen, lief er rot an, seine sowieso schon schmalen Lippen wurden noch schmaler, und er sagte: »Gottverdammich, du tust, was zum Teufel ich dir verdammt noch mal sage.«

Als endlich meine Stiefmutter eintraf, verriet sie mir, daß mein Vater der Meinung sei, er könne mir mit manueller Arbeit das Schwulsein austreiben. Wochenlang hatten wir uns wortlos umkreist, mein Vater oben auf der Leiter stehend, ich unten mit meinem ewigen Rechen und der Schubkarre, während sein Zorn zwischen uns stand, geheimnisvoll wie der Stein, den die Moslems anbeten. Weil er nichts anderes als Steaks zubereiten konnte, saßen wir jeden Abend wortlos über Teller gebeugt, die von Fett und Blut überquollen. Er las in der Zeitung. Ich konnte mir nicht denken, warum er mich derart haßte. Früher hatte ich seine Gleichgültigkeit immer gutgeheißen, denn ich empfand sie umgekehrt auch für ihn – wenngleich ich mich bemühte, sie zu verbergen –, aber sein programmierter Haß erschreckte mich. Meine Stiefmutter erzählte mir, meine Mutter habe meinen Vater am Telefon beschuldigt, meine »Krankheit« durch seine Abwesenheit verursacht zu haben; und mein Vater konterte, indem er mich ordentlich an die Kandarre nahm. Zwar hatte ich endlich etwas getan, um seine Aufmerksamkeit zu erregen, aber genau das stieß ihn ab. Meine Stiefmutter sagte: »Dein armer

Dad, diese Sache bringt ihn noch um, er kann die ganze Nacht vor Kummer kein Auge zutun; er war zuerst so wütend, daß ich Angst hatte, er bringt dich um.«

Auf dem College war ich endlich frei. Ich hatte so lange gegen die Vorschriften anderer Leute gewütet, daß ich nun die Freiheit als eine Form von Einsamkeit empfand, als einen störenden Liebesentzug. Sicher war ich einsam und wünschte mir Freunde. Ich wollte beliebt sein, nicht bloß bei nachsichtigen, bohemehaften Erwachsenen, sondern auch bei attraktiven Leuten meines Alters, denn bei ihnen war Intelligenz, wenn auch nicht gleich ein gesellschaftlicher Vorzug, so doch zumindest kein Nachteil.

Das Englischseminar hielt Winthrop Shelley ab, ein blaßhäutiger Schwarzer, dessen blaue Augen ein ständiger Quell des Kummers zu sein schienen, so als sei ihre Bläue eine Form beginnender Blindheit. Ständig nahm er seine metallgefaßte Brille ab, die so biegsam war, daß sie behutsam behandelt werden mußte, und massierte sich die geschlossenen Augen und besonders den zarten Nasenrücken, genau die Stelle, die er auch fixierte, wenn er seine Einwände gegen die Äußerungen eines Studenten vorbrachte. Was Mr. Shelley sagte, war immer präzise, spöttisch. Seine komische Art, sich selbst zuzuhören, die Art und Weise, wie er auf eigene Gedanken in einer komplizierten Folge von Gefühlen mit einem schwankenden, dann verkniffenen Lächeln und einer Zweifelsfalte auf der Stirn reagierte – eine solche übertriebene Gewissenhaftigkeit irritierte mich irgendwie. Sah denn Mr. Shelley nicht, daß die meisten Studenten in dem Seminar die Syntax einer solchen Kultiviertheit nicht zu zergliedern vermochten? Und was für ein Neger war er überhaupt mit seinem Tweedjackett und der goldenen Taschenuhr, die er feierlich auf das Pult legte, um anzuzeigen, daß das Seminar begann? Mit seinem Oxbridge-Akzent, seinem lautlosen Glucksen und seiner Pantomime der Schadenfreude (Gekicher hinter einer wunderbar manikürten Hand), wenn jemand etwas Dummes gesagt hatte?

Nicht, daß er sich durch flottes, aber leeres Geschwätz hätte reinlegen lassen. Er fuhr sich dann mit seinem glänzenden, schwärzlichrosa Zeigefinger über den sauber getrimmten Schnäuzer und sagte: »Mr. Larkin, ich kann Ihnen, glaube ich, nicht ganz folgen. Wollen Sie damit sagen, wir sollten uns gegen einen Freund wenden, der gleichzeitig ein Staatsfeind ist? Oder sind Sie wie Cicero der Meinung, daß Freundestreue bis zu einem gewissen Punkt schwerer wiegt als selbst die Liebe zum Vaterland?«

Wie jeder gewandte Debattierer konnte ich beide Positionen in dieser Diskussion verteidigen, aber ich war zu unmoralisch, um mich zu fragen, welche Seite recht hatte. Es war mir egal, und ich konnte mir auch niemanden vorstellen, dem es anders gegangen wäre. Als um diese Zeit herauskam, daß ein junger Intellektueller bei einem Fernsehquiz geschummelt hatte, war ich erstaunt, daß andere Leute so entrüstet waren. Ich sah mich nach einem verständnisvollen Augenzwinkern und durchtriebenen Grinsen um, fand aber keins. Meine eigene Unmoral störte mich nicht, weil ich wußte, ich ging auf andere Leute ein, und ich hielt diese spontane Zuneigung irrigerweise für Güte. Außerdem wollte ich nichts weiter als überleben; mochten die Taten der anderen zählen, derer, die Macht hatten.

Kants Gedanke, daß man als universaler Gesetzgeber wirken und für jedermann einen Präzedenzfall schaffen muß, schien mir purer Unsinn – so pur aber, daß ich ihn bewunderte.

Ich entdeckte die Toiletten im Studentenklub. Eines Nachmittags stürmte ich nach dem Seminar in aller Eile durch die Tür hinein, um zu pinkeln und nach Hause zu hetzen. Schuhe scharrten, Knochen knackten, ich kam um eine Ecke und sah einen Studenten, der sich über ein Urinal beugte, das Gesicht blutrot und nach unten geneigt, und ein weißer Hemdzipfel hing ihm hinten heraus. In einer Reihe von acht Pinkelbecken, nur zwei von ihm entfernt, stand ein vierschrötiger Geschäftsmann, offensichtlich mit Toupet, außer Atem. In den Kabinen ein Huschen und das Klirren von Gürtelschnallen an metallener Trennwand. Ich wählte mir das Urinal aus, das am weitesten entfernt war, und blickte ebenfalls nach unten.

Die Stille war tief, gesteigert noch durch das Rauschen der Wasserspülung zwischendrin. Dann wieder Stille, das Pochen meiner Halsschlagader, das ungeduldige, hörbare Ausatmen des Geschäftsmannes, das Kratzen eines Streichholzes in einer der Kabinen, und bald darauf der kräftige Geruch brennenden Tabaks, der unter der Tür hervorquoll und sich über den Ammoniakgeruch der Desinfektionsmittel legte. Die Konzentration war stark und auf einen Punkt gerichtet, jedes Herz pochte, alle Sinne waren offen. Als klar war, daß auch ich wartete und nicht mehr pinkelte, reckte der Geschäftsmann seine glänzende, schwarze Mohairmanschette in die Luft und konsultierte seine massivgoldene Armbanduhr. Mit glühendem Gesicht und Fingern, die langsam kalt wurden an meinem Schwanz, wandte ich mich um und sah den Geschäftsmann an. Er betrachtete mich ausdruckslos, beugte den Kopf nach hinten in der

Hoffnung, in mein Pinkelbecken gucken zu können, und machte einen Schritt von der Wand zurück, um mir seinen kurzen, steifen, beinahe purpurroten Penis zu zeigen. Ich trat zurück, um meinen darzubieten, obwohl ich wußte, daß er mich nicht wollte; ich tat es zum Zeichen dafür, daß ich ein freundlicher Mitspieler bei dem Spiel sei. Sofort hockte er sich nieder, der Student drehte sich herum, um den Mund des Geschäftsmannes zu versorgen, der Raucher in der Kabine ließ seine Zigarette ins Wasser fallen, rasches Zischen, und er und sein Nachbar in der nächsten Kabine waren auf ihren Knien, Hände streckten sich unter die Trennwand zwischen ihnen, und sie befummelten sich gegenseitig, wie ich sehen konnte, als ich mich vorbeugte. Niemand kümmerte sich um mich auf die eine oder andere Weise. Ich war einer von ihnen.

Ich sah auf den Studenten, der abgelutscht wurde. Sein weicher, weißer Bauch mit seiner Explosion aus schwarzem Haar und dem nassen, wie Glas glänzenden Schwanz zuckten über den Bildschirm meines Geistes, wie auch dieses eilige Hantieren von Männerhänden unter der Trennwand. Ich hörte auf das schnelle Klinkklink einer Gürtelschnalle auf den Fliesen.

Dann das gedämpfte Geräusch sich nähernder Schritte, jemand stieß die Tür auf, ließ das hallende Stimmengewirr vom Korridor herein. Sofort nahm das Paar in den Kabinen seine Sitze wieder ein, der Geschäftsmann und sein Kunde brachen ihren Handel ab, ich drehte mich wieder zu dem Pinkelbecken um. Der Eindringling, ein stabiler, über den großen Onkel gehender Athlet, platschte los, tröpfelte und ging schließlich, aber erst, nachdem er uns das Gefühl gegeben hatte, wir seien Dornröschens Hofschranzen, kurz bevor der Prinz den

Reif des Schlafes zum Schmelzen bringt ... Wenn ich dieses unwahrscheinliche Bild benutze, dann, um mein glühendes Gesicht zu kühlen, weil der Athlet, nachdem er sich die Hose zugeknöpft hatte, sich mit einer raschen Bewegung das Haar aus den Augen strich und deutlich ein angeekeltes Stöhnen von sich gab.

Als ich zum Thanksgiving-Wochenende zu Hause in Chicago war, gelang es mir, mich zu einem wilden Abend mit Morris, dem Angestellten in Tex' Laden, davonzustehlen. Tex war verschwunden, hatte aber einen Zettel hinterlassen, auf dem er versprach, mit Geld wiederzukommen. Morris machte das Geschäft nur auf, wenn es ihm paßte. Er hatte seit Monaten keinen Lohn mehr bekommen, und außerdem gab es keine neuen Bücher zu verkaufen.

An dem Abend trug er eine schwarze, taschenlose Hose, die ihm auf die kräftigen Hinterbacken modelliert war. »Nicht schlecht, hm?« sagte er, stellte sich auf die Zehenspitzen, streckte den Arsch raus, Hand auf der Hüfte, und blickte über die eine Schulter nach hinten wie ein Pin-up-Girl aus Kriegszeiten.

Wir zwängten uns mit ein paar von seinen Freunden, die alle älter als ich waren, in einen Wagen, und als wir an einem Polizisten vorbeikamen, der den Verkehr regelte, kurbelte der Fahrer sein Fenster runter und rief: »Tolle Mütze haste, Tilly!«

»Scht, paß auf«, sagte jemand auf dem Rücksitz, »bring Lily Saubermann nicht durcheinander, die wird *giftig*, das Mädel.«

In meiner bürgerlichen Art versuchte ich an meinem Nachbarn Interesse zu zeigen, indem ich ihn fragte, wo er wohne, was er tue, aber er starrte mir nur direkt ins Gesicht und leckte sich langsam die Lippen wie ein

Stummfilmvamp. »Hey, der ist aber süß, der da, wirklich süß«, gab er Morris auf dem Vordersitz zu verstehen und zeigte auf mich.

»Gefällt er dir?« fragte Morris gelangweilt. »Dir gefällt alles mit 'ner Hose, du schamloses Flittchen«, fügte er hinzu, während er das winzige Miauen eines Gähnens mit einer wedelnden Hand erstickte. Morris' Hände, bemerkte ich, waren riesig und mit knotigen Adern überzogen, merkwürdig unpassend für die frivolen Gesten, die er gerne andeutete.

»Hör zu, du Schlampe«, knurrte mein Nachbar zu Morris hinüber, »bring mich nicht in Fahrt, oder Mammi kratzt dir deine kleinen roten Äuglein aus – ich habe meine Regel.«

»Bestimmt«, sagte Morris, drehte sich schlagfertig herum und starrte dem anderen auf den Hosenschlitz, »du hast bestimmt was geregelt; ich hab noch nie 'ne Weiße mit so 'ner großen Fotze gesehen, ich hab ja nichts dagegen, wenn du dir dann und wann 'n bescheiden ausgestopftes Taschentuch reinklemmst, einfach um vorn 'n kleinen Reiz zu schaffen, verstehste, aber Mary, du hast dir 'n ganzes Doppelbettlaken in deine Dose geschoben – ich meine, du fühlst ja sowieso dort unten nichts, so ausgeleiert, wie *sie*! *sein*! *muß*!« sagte er, und beendete seine Arie mit einem Crescendo. Er schnippte mit den Fingern und drehte sich wieder um.

»Ich schmeiß dich raus, wenn du mir den Nerv tötest, Mädel«, sagte mein Nachbar. Dann fügte er ein laut klagendes »Oo-eeh!« hinzu, genauso wie es vielleicht Mahalia Jackson nach einem ekstatischen Gospelsong gemacht hätte.

Wir lächelten alle. Ich saß stumm und nachdenklich neben meinen neuen Kumpels. Ich ging davon aus, daß der Schlagabtausch bis ins kleinste gerade eben erfunden worden sei. Erst später erkannte ich, daß diese Nummern zu einem Repertoire gehörten, einer Art Volksweisheit, die alle Queens miteinander teilten, denn hatte Morris nicht sorglos verkündet: »Grapscht euch eure Kronen, Mädels, wir sind heute abend alle königlichen Bluts, wirklich, so viele gekrönte Häupter habe ich seit Westminster Abbey nicht mehr gesehen –«

»Ich weiß, du läßt dir die Köpfchen auf der Zunge zergehen, Abbie, aber die einzigen Kronen, die du gesehen hast, das sind die auf den paar Backenzähnen, die dir noch geblieben sind.« Der Sprecher wandte sich an mich, stupste mich in die Rippen, machte eine Kopfbewegung zu Morris hinüber und sagte: »Kannst du dir 'ne Schlampe vorstellen, die sich ihre Zähne ziehn läßt, bloß um wieder blasen zu können?« Und dann stülpte er zur Demonstration die Lippen über seine Zähne. »Sie bearbeitet die Hafengegend, die arme gebißlose Schlunze, und sucht nach 'nem dicken Fisch.«

Wir hielten an einer Schwulen-Kaffeebar. Als der Jüngste und Schweigsamste wurde ich an den Gang geschoben, gleich neben den Nachbartisch mit lauter Heteros, zwei Pärchen, die miteinander unterwegs waren, um Slums und arme Leute zu kucken, nehme ich an. Ich betete darum, daß sich die Jungs aus meiner Gruppe beruhigten. Aber die Gegenwart feindlicher, wenn auch geradezu magisch hypnotisierter heterosexueller Zuschauer machte sie hysterisch. Morris lehnte sich über den Tisch und fragte eine »Schwester« mit rauher Stimme: »Gefall'n dir meine Wimpern? Ronnie hat sie gefärbt, sagt, sie verleihn mir Definition.«

»Schätzchen, die einzige Definition, die auf dich paßt, fängt mit *schw* an und reimt sich auf – Fräulein, 'n *Stuhl,* bitte«, schrie er zu einem alten tätowierten Mann in weißen Hemdsärmeln hinüber, der die Spätschicht machte. Er sah sich den Kellner näher an. »Oh, du bist ja ein Kellner, keine Kellnerin. 'schuldigung, Herzchen, ich dachte einen Augenblick, du wärst 'n Fischweib, hier riecht's heute abend so streng nach Fisch, findest du nicht auch?« Er starrte die beiden Mädchen neben mir aggressiv an. »Kann Fische oder Fischesser nicht ausstehen, riechen wie alte Thunfischdosen.«

Die Mädchen hatten aufgehört, auf ihren Kaugummis herumzukauen und saugten geräuschvoll an der geschmolzenen Eismasse in ihren Coke-Gläsern. Ich lächelte sie verschwörerhaft an, als wollte ich sagen: Sind diese Burschen nicht verrückt? Aber ich merkte, daß sie mich mit offenem Abscheu ansahen. Einer von ihren Freunden sagte: »Manche Leute sind krank, richtig krank«, was an unserem Tisch einen Schwall von Vogelstimmen auslöste (»Bist du krank? Wer ist hier krank? Du siehst gar nicht krank aus«) und eine ganze Pantomime an Fiebertests (Hand auf der Stirn) und Zungenkontrollen (»Sag mal Aaa!«). Zum erstenmal hatte ich die Linie überschritten. Ich war kein Zoobesucher mehr, sondern eines von den Tieren.

Meine Mutter war gerade in die Innenstadt von Chicago in ein nagelneues Hochhaus am Michigansee gezogen, in dem die Fußböden aus rohem Beton waren und mit Teppichboden ausgelegt werden mußten. Ihrer war goldfarben, und das waren auch die durchsichtigen Vorhänge, in die Metallfäden eingewebt waren, sowie die Polstersessel und das Bausteinsofa. Die Fenster waren nicht zu öffnen: Gekühlte oder erwärmte Luft strömte durch Schlitze herein.

Vom vierundzwanzigsten Stock schaute ich hinunter auf die älteren Gebäude und hinüber zu den neueren. Ihre Fenster reflektierten das Licht, versanken im Schatten oder leuchteten von innen, während der Himmel seine Farbe veränderte, ein Baukran sich an der Spitze eines emporwachsenden Turmes drehte oder schläfrig, träge vor dem Nachthimmel stand. Vierundzwanzig Stockwerke unter mir veranstaltete eine Verkehrsampel ihre primitive Demonstration der Spektralanalyse: rot, gelb, grün und wieder zurück, ein Grundkursus, der bisweilen der glänzenden Motorhaube eines Autos gegeben, bisweilen an das regennasse Pflaster verschleudert wurde.

Unter einem anderen Fenster flimmerte schäumend der winterliche See bei Nacht, unhörbar hinter Glas, wie der Schwarzweißfernseher, den ich mit abgedrehtem Ton ständig laufen ließ wegen der nichtssagenden Gesellschaft, die er leistete: Sid Caesar, der auf den Hintern fiel, Imogene Coca, die Grimassen schnitt.

Wenn meine Mutter abends nicht zu Hause war, zog ich meine Kleider aus und tanzte nackt und barfuß auf den struppigen Teppichen durch die matt erleuchtete Wohnung. Die funkelnden Dachspitzen draußen umgaben mich wie erstaunte Erwachsene. Schnee fiel, wirbelte, kurvte an unseren Fenstern vorbei. Eine Wolke verfing sich zwischen unserem und dem Nachbargebäude. Die zweite Sinfonie von Sibelius gab mir die gehobenen Gefühle zur Interpretation. Was für eine Wohltat, Sehnsucht in meinen Armen zu fühlen, Leidenschaft in meinen Beinen, das Verlangen nach Schönheit in meinen Händen, und endlich einmal nicht in meinem Kopf.

Als ich wieder zur Uni ging, begann ich, ständig und unablässig auf die Suche nach Sexpartnern zu gehen.

Jeden freien Augenblick zwischen Seminaren war ich in der Toilette des Studentenklubs oder im dritten Stock der Haupthalle. Stundenlang saß ich dann in einer Kabine, ließ Zigaretten in die Kloschüssel fallen, las in einem Buch über die chinesische Gesellschaftsstruktur oder buddhistische Kunst und wartete auf einen interessanten Kunden, wie eine dieser Zigeunerwahrsagerinnen, die ihre Klienten in denselben Läden traktieren, in denen sie auch wohnen. Ihre Mixtur aus häuslichen Gerätschaften und mystischen Hilfsmitteln (Fernseher neben Kristallkugel) könnte als Analogie zu meiner Mischung aus Gelehrsamkeit und Sex dienen.

Ich war besessen. Stunde für Stunde saß ich dort, atmete die Gerüche ein, die andere Leute von sich gaben, lauschte ihren Geräuschen, vertiefte mich in die Graffiti, die über die ganze Fläche der dicken Marmortrennwände in der Haupthalle oder der Metallwände im Studentenklub gekritzelt waren.

Jemand kommt herein, schwere, braune Korduanlederschuhe vor dem Pißbecken, abgetretene Hacken und abgeschabte Stellen im Leder – achtet nicht auf sich, kann nicht schwul sein. Ich höre seinen Urin plätschern, kann aber den Strahl nicht sehen. Ich warte, daß er aufhört – der entscheidende Moment, denn wenn der Mann stehen bleibt, dann stehe ich in meiner Kabine auf, spähe durch den Spalt und entriegele geräuschlos meine Tür als Einladung.

In diesem Moment, während dieser endlosen Sekunde, kann ich einen Kopf nach dem anderen auf seine unsichtbaren Schultern setzen, mir für ihn ein Szenario nach dem anderen ausdenken. Mein Schwanz wird hart im Vorgefühl, steif vor der Leere meiner eigenen Vorstellungskraft.

Nichts. Seine Waden biegen sich leicht durch, während er sich die Hose zuknöpft (schweres Gewicht zu tragen), und dann ist er weg. Eine von den Toiletten, zwei Kabinen weiter, tropft, und ich stelle mir einen wahnsinnigen Narkosearzt vor, der Tropfen für Tropfen Gift in das Sedativum mischt.

Immer wieder konzentrierte ich mich auf diesen Fremden auf der anderen Seite der Tür, zwang ihn mit meinem Willen, nach mir zu verlangen, enthüllte ihm perverse Forderungen, blondes Haar, volle Lippen, nur um schließlich *ihn* durch den Spalt in der Tür zu sehen: den ältlichen Hausmeister mit seinen borstigen Ohren. Aber dann, gerade als ich schon bereit war, das Handtuch zu werfen, saß jemand in der Nachbarkabine, ließ die Hose in eine Pfütze auf den Boden fallen und zeigte starke, sonnengebräunte Waden über schneeweißen, gerippten Sportsocken. Eine Stille wie eine Sturmwolke zog sich über dem Raum zusammen und schloß den Lärm der Halle aus. Er tippte leicht mit dem Fuß auf; darauf ich mit meinem. Dann zweimal aufgetippt, dem zwei von mir folgten. Drei, und wieder drei.

Und dann sank er ohne weiteres Vorspiel auf seine Knie und schob seine braunen Schenkel und die weißen Lenden unter die Trennwand, und ich kniete mich ebenfalls hin, um mich an seiner Erektion gütlich zu tun, während ich den sauberen Geruch von Seife einatmete, meine Hände die litschigroßen Testikel erkundeten, dann über glatte Haut nach oben wanderten. Ich hatte von diesem Augenblick schon so lange geträumt, daß ich nun das Bild am liebsten auf ewig festgehalten hätte.

In meinem Anthropologieseminar lernte ich gerade, daß der Mensch, obwohl er als ein der natürlichen Auslese unterworfenes Tier angetreten war, sich bald in eine Richtung zu entwickeln begonnen hatte, die allein durch Kultur bestimmt war. Menschliche Geschöpfe stellten sich aufrecht hin, um ihre Hände freizubekommen; sie gebrauchten ihre Hände, um Werkzeuge halten zu können; die Werkzeuge und Waffen handhabenden Teile ihrer Gehirne entwickelten sich, um ihre neue Greiffähigkeit zu speichern; Sprache wurde durch das Handhaben von Werkzeugen ermöglicht. Würde man uns nun aber die Kultur unter dem Hintern wegreißen, wären wir geliefert, wie eine von diesen Cartoon-Katzen, die von einem Ast herunterhüpfen und in der Luft weiterlaufen, bis sie plötzlich merken, wo sie sind, und wie ein Bleiklotz abstürzen.

Hier, unter meinem Blick, war dieses Geschöpf halb Natur, aber auch halb von ihm selbst erfunden. Die Bräunungsgrenze deutete auf Badehose am Pool, geeistes Glas, Sonnenbrille – alles so symbolisch wie das in Reklamebildern dargestellte Leben. Doch wie sich dieser hickoryharte Schwanz nach oben preßte, das bedeutete Tier – eine gerade aufsteigende Linie, die sich leicht wölbte, als die Eier sich aufwärts bewegten und zum Losspritzen zusammenzogen, ein Stoß, der Leben ans Licht schleuderte. Die Sauberkeit jedoch, die fiedrige Leichtigkeit der blonden Haare, die Ordentlichkeit der Beschneidung, das alles war, wie sich's für einen Collegestudenten gehörte, während die starken Achillessehnen (und jetzt die Samenstöße, die meinen Mund füllten) primatenhaft waren.

Einen Moment lang blieb ich an ihm haften, obwohl ich mit Händen und Knien auf einem schmutzigen Fliesenfußboden hockte, vor einem Fremden, den ich nur von der Taille abwärts gesehen hatte, an den ich mich aber bis heute erinnere, weil er sich so furchtlos darbot, weil sein Körper, oder wenigstens die Hälfte, die ich kannte, ideal erschien und weil seine Begierde so heftig war, daß sie eine Ausdrucksstärke hatte wie Worte oder Taten, wie Dinge also, durch die sich normalerweise das Individuum definiert.

Dann war er weg. Sein Abgang geschah so eilig, daß ich ihn nicht sehen konnte, nur ein Aufblitzen von blondem Haar und weißem Hemdkragen durch den engen senkrechten Spalt in meinem Wachhäuschen. Ich wartete geduldig auf noch jemanden.

Ich war allein mit meiner Sexualität, denn keiner von diesen Männern sprach mit mir, ich kannte nicht einmal ihre Gesichter, ganz zu schweigen ihre Namen. Ihre intimsten, empfindlichsten Teile wurden unter die steinernen Trennwände hindurchgeschoben, so wie man Sträflingen das Essen serviert, aber wenn ich den Kopf unter die Wand steckte und zu ihnen nach oben sah, versteckten sie ihre Gesichter hinter den Händen, wie Filmstars Blitzlichter abwehren. Ich hastete zwischen den Seminaren von einer Toilette zur anderen. Manchmal waren alle vier Kabinen in der Haupthalle und alle acht im Studentenklub besetzt, volles Haus. Ich wartete dann, daß einer herauskam, aber wenn das nicht geschah, merkte ich, daß ich ihnen den Spaß verdarb, und ging. Vielleicht unterbrach meine Gegenwart eine Orgie, die in dem Augenblick, in dem ich die Toilette verließ, weiterging, und in eben diesem Moment verdeckten acht Türen acht erigierte Schwänze.

Jemand mit der Geduld eines Häftlings hatte ein groschengroßes Loch in eine der Marmorplatten in der Haupthalle gebohrt. Ich war wie immer auf dem Klo, plötzlich fiel mir ein, daß das Loch da war, zwischen dieser Kabine und der nächsten, ich sehe hin und erblikke eine schwarze Pupille, glänzend, flatternd. Sollte das Auge in seiner feuchten Ruhelosigkeit verharren, zugleich vollkommen anonym und erschreckend verletzlich, dann würde ich auf das Spiel mit dieser lebenden Kamera, diesem unsichtbaren Seher auch eingehen. Ich stand auf, um meine Erektion zu zeigen. Ich posierte ein bißchen selbstbewußt und drehte mich halb zu meinem Publikum um, während ich meine Füße in der Normalposition nach vorn gerichtet ließ, um draußen nicht Verdacht bei jemandem zu erregen, der auf den Fußboden sah.

Seine Wimpern preßten sich eine Sekunde lang zusammen, als er zwinkerte. Durch das Guckloch wirkte es, als verschlucke eine fleischfressende Pflanze ein schwarzes, zitterndes Lebewesen. Seele und Intelligenz, die üblicherweise dem Auge zugeschrieben werden, waren durch diese extreme Nahaufnahme annulliert: nichts weiter als reine Bewegung. »Die Lebenden«, dachte ich, wie in der Redewendung »die Lebenden und die Toten«.

Dann kam ich, er spülte, schoß aus seiner Kabine, die Tür zur Halle schloß sich seufzend hinter ihm. Und ich war allein mit dem mattblauen Licht, das durch das Milchglas über mir auf weißes Porzellan herabsickerte, mit dem Geräusch der tropfenden Toilette und einer Handvoll Samen, den ich aufleckte und herunterschluckte wie ein Wilder oder eine Katze. Wenn ich mutig gewesen wäre, hätte ich mein Anthropologieseminar darauf aufmerksam gemacht, daß der primitive Mensch an die Erhaltung von Energie durch die Weiterverwendung von Körperflüssigkeiten glaubt.

Ich war Buddhist oder wäre es gewesen, wenn ich dieses Verlangen nach einem Penis, verbunden mit zwei behaarten Beinen unten und einem Zyklopenauge oben, schwarz und wabbelig wie Gelee von schwarzen Johannisbeeren, hätte aufgeben können. Aufgrund meiner buddhistischen Sehnsucht nach Frieden hatte ich mich entschlossen, Chinesisch zu studieren. Wohin ich auch ging – Verbindungshaus, Zimmer im Studentenwohnheim, Studentenklub, Dinnerparty, Toilette –, hatte ich meine selber hergestellten Wissenskärtchen mit. Das chinesische Schriftzeichen auf der einen Seite, auf der anderen seine Aussprache und die richtige Betonung über der genauen Definition, oder richtiger den mit Jahreszahlen versehenen Definitionen, denn die Bedeutungen wandelten sich im Laufe der Jahrhunderte.

Wir waren nur eine Handvoll Studenten, die wir uns an drei Abenden der Woche in dem einzigen erleuchteten Seminarraum in einem ansonsten dunklen Gebäude um unsere Konversationslehrerin versammelten. Als einmal die Treppe knarrte, bat mich unsere Dozentin, eine alterslose Chinesin in einem dunkelblauen matten Seidenkleid, auf Mandarin, hinauszulaufen und nachzusehen, ob da eine merkwürdige »Nasenperson« (*bi ren*) sei – und in diesem Moment erfuhren wir Kids, allesamt Kaukasier, daß uns die Chinesen wegen unserer großen Nasen so nennen. Unsere Dozentin schlug sich mit der Hand auf den Mund unter ihrer eigenen, entsprechend kleinen Stupsnase und errötete.

Wir nannten sie die »gerade Lady«, weil sie ganz und gar in geraden Linien hätte dargestellt werden können: Pagenschnitt und Pony, ihre Augenschlitze und dünnen Handgelenke, ihr flachbrüstiger Körper. Sie war ziemlich stolz auf ihre modernen Ansichten (sie war schon ihr ganzes Leben lang sowohl Methodistin als auch Mitglied der YWCA), aber sie behielt merkwürdige Bröckchen alter Volksweisheiten bei (und die chinesische Unfähigkeit, im Englischen zwischen *er* und *sie* zu unterscheiden). Sie sagte zu mir: »Sie sehen müde aus – *you look tired«* (sie sprach es »tod« aus), »sehr, sehr *tod.* Ich auch, ich immer *tod.* Eines Tages ich sehe auf mein Hund und sage: ›Warum er nie *tod*? Sie nie *tod.*‹ Dann mir wird klar, er nie *tod,* weil sie schlafen die ganze Zeit. Jetzt ich auch schlafe die ganze Zeit. Wenn ich habe Moment Zeit zwischen Seminar und Essenkochen, ich schlafe. Ich schlafe die ganze Zeit. Ich nie *tod.*«

Durch sie und einen chinesischen Geselligkeitsklub lernte ich eine große Gruppe Studenten aus Taiwan und Singapur kennen. Zwei Mädchen, Betty und Kay, luden mich und andere Freunde zu einem enormen Abendessen ein, das nach chinesischer Sitte ohne Tee serviert wurde (»Tee paßt zu jeder Tageszeit außer zum Essen«, erklärten sie), mit Dutzenden winzigen Tellerchen, die durch die Luft flogen, und großen Schüsseln Suppe und gedämpftem Reis in der Mitte des Tisches.

Irgendwie hatte ich mir vorgestellt, chinesische Frauen seien – nun ja, japanisch, das heißt bescheiden, zurückhaltend, kichernd. In Wirklichkeit aber war Kay, die ihr schwarzes Haar mit einem breiten rosa Band nach hinten gebunden trug, stark genug gewesen, um sich gegen das Drängen der Familie, daß sie Medizin oder Jura studieren solle, zur Wehr zu setzen. Alle ihre chinesischen Freunde hatten den Hang zur Kunst, aber nur sie allein hatte den Mut, ein Musikdiplom anzustreben (sie spielte uns auf ihrem furchtbar hallenden Klavier Chopin-Etüden vor). Und sie und alle ihre Freundinnen liebten es zu sticheln, nicht zu kichern, und sie spielten einander sogar grobe Streiche. Ihre Zimmergenossin Betty, weiblicher Tennischampion von Hongkong, war winzig klein und wirkte nicht älter als fünfzehn, obwohl sie gerade ihre Doktorarbeit in Chemie abschloß. Sie war stramm erzogen und versuchte, Zeit zu sparen, indem sie mehrere Dinge gleichzeitig tat: In ihrer zwanghaften Tüchtigkeit war sie in der Lage, in einem Zuge ein Kleid zusammenzunähen, lässig eine Reihe Formeln aufs Papier zu werfen, ihre Rückhand zu trainieren, zum Labor zu radeln und bis ins einzelne einen Abend mit Liebhaberaufführungen zu planen, um ein paar Freunde durch den Kakao zu ziehen.

Bei dem Abendessen beschloß Kay zu testen, wie naiv und zerstreut ein Freund von ihr, ein chinesischer Physikstudent im letzten Semester, wirklich sei. Während wir alle zuhörten, rief sie in seiner Wohnung an, wo er, wie sie wußte, in seine Berechnungen vertieft war. Sie sagte ihm, sie sei die Vermittlung und rufe an, um seine »Anlage«, also sein Telefon, zu testen, und trotz ihres starken chinesischen Akzents glaubte er ihr. »Ich möchte Sie bitten, auf die andere Seite des Zimmers zu gehen und Ihre Anlage in die oberste Schublade Ihrer Walnußkommode zu stellen, die Schublade zu schließen, auf Ihre gegenwärtige Position zurückzukehren und ›*Wong, wong*‹ zu sagen.« Die Folgsamkeit des Physikers, verbunden mit der Tatsache, daß Hunde in China *wong-wong* statt wau-wau bellen, brachte uns vor Lachen fast um. Bald hatte ihn Kay so weit, daß er seine »Anlage« anpfiff, antutete, angrunzte.

Zur gleichen Zeit belud Betty den Tisch mit Tellern voller Essen. Wir tranken Bier, und die kalte, herrische Kay war vom Trinken leuchtend rot geworden: »Herbstmond« wurde ihr neuer Name.

Dann war Betty an der Reihe, gehänselt zu werden. Sie beging den Fehler, sich zu beklagen, daß sie sich zu dick vorkomme, obgleich sie nicht mehr Übergewicht als eine Heuschrecke hatte. Kay erzählte uns, daß sie kürzlich eine Trimmradfirma in Detroit angerufen und in Bettys Namen um eine Gratisvorführung gebeten habe. Eines Nachmittags, als Betty in ihr Chemiebuch vertieft war, kam eine große Blondine in schwarzen, hochhackigen Pumps stampf-stampf die hölzerne Feuertreppe herauf und tauchte wie ein Meeresungeheuer in Bettys Blickfeld auf. »Sind Sie Betty Wong?« fragte sie.

»Ja.«

»Einen Augenblick bitte, das Gestell ist gleich montiert.«

Ehe Betty *ee, erh, san* sagen konnte, nämlich eins, zwei, drei auf chinesisch, war sie, das heißt ihre ganzen achtunddreißig Kilo, auch schon auf diesen gewichtreduzierenden Teufel geschnallt.

»An dem Abend«, erzählte Kay, »als sie mich unter Tränen fragte, wie man denn auf ihren Namen verfallen sei, sagte ich zu ihr, man ginge die Krankenhausakten durch und wende sich an jeden, der zuviel wiege.«

Die anderen beiden männlichen Gäste waren Chinesen in weißen Hemden, gedeckten Krawatten und grauen Anzügen, die lächelten und nickten, die Knie fest zusammengepreßt, die Hände zu beiden Seiten flach auf den Stuhlsitz gelegt, als seien sie bereit, jeden Augenblick aufzuspringen. Bald begriff ich den tieferen Gedanken. Von den Mädchen erwartete man, daß sie Persönlichkeit besäßen, aber alle, die Männer eingeschlossen, sollten »Originale« sein – Betty eine fröhliche, aber gehetzte Wahnsinnige, Kay die, die schonungslos veralbert, bis sie zu »Herbstmond« wurde; die Männer sollten höflich und adrett sein, doch jeder seine geheime, wenn auch unschuldige Schwäche haben: die unersättliche Gier nach Kirschen, oder eine Leidenschaft für Elvis. Diese scherzhafte, satirische Art war viel witziger als das freudlose Veräppeln der Midwesterner, das ich gewohnt war, das matte Wortspiel und die ermüdende Vorstellung fader Unwahrscheinlichkeiten (»Wär das nicht echt toll, wenn der Mond wirklich aus Magerquark wäre?«)

Für weiße Amerikaner aus jener Zeit, jener Klasse und jener Gegend war die einzige Alternative zum öffentlichen Veräppeln die private Beichte; wir gaben entweder zuwenig von uns preis oder zuviel. Aber die chinesischen Studenten, die ich traf, waren, wenn sie allein auftraten, auf zurückhaltende Art freundlich, und hemmungslos bissig, wenn sie zu mehreren waren – aber bissig nur gegen kleinere Schwächen, nie zu nahe am Nerv.

Wir weißen Amerikaner waren verkniffene Psychoanalyse-Theoretiker, wir waren uns sicher, daß Sex (machtgieriger Sex, schuldbewußter Sex) unsere einzige Motivation sei, wogegen die Chinesen kapriziös, künstlerisch waren. Kay sagte zu mir: »Du trägst immer Blau, weil du blaue Augen magst«, und es stimmte vollkommen, daß die Jungen, die mich anzogen – die Jungen, in die ich mich verliebte, nicht die Brünetten, nach denen es mich gelüstete – blauäugige Blonde waren. Oder sie sagte: »Du ißt so schnell wie du kannst, wie ein Dachs«, oder: »Du ringst dir immer mühsam ein Ja ab, wenn du eigentlich nein sagen willst«, oder: »Du reibst dir mit dem Handrücken die Nase wie eine Katze.« Eingehend gemustert zu werden war schmeichelhaft und beunruhigend für mich.

In die Party platzte eine magere Chinesin von Anfang Fünfzig herein, meliertes, nach hinten gekämmtes Haar, schwarze Hose, schwarze Sonnenbrille, unlackierte Fingernägel und ungeschminkte Lippen. Alle wurden still und verlegen. Die Neuangekommene sprach schnell und in einem enervierenden Jammerton; ich verstand kein einziges Wort ihres Dialekts. Nach einer halben Stunde stand sie auf und ging, wobei sie Kay und einem der Männer zunickte, uns übrige aber ignorierte.

»Sie ist so etwas wie eine Prinzessin. Es ist Fukienesisch, was sie spricht«, sagte Kay. Unsere Party löste sich verlegen auf. Einer von den Männern begleitete mich ein Stück nach Hause und sagte: »Diese Frau mag keine Amerikaner, und sie verabscheut es, Englisch zu sprechen. Sie lehrt Althochdeutsch –«

»Was!«

»Ja, an der Cornell University, und sie fährt einen ganzen Tag und eine Nacht mit dem Bus, nur um herzukommen und mit Kay vier Stunden lang Fukienesisch zu sprechen. Dann dreht sie sich um und geht wieder. Sie schreibt Kay und mir. Ich zeige Ihnen mal ihre Briefe. Sie sind sehr schön und literarisch. Sie beobachtet Collegeboys, die im Stadion ihre Runden drehen, und macht mit drei Worten eine Anspielung auf ein *Han fu* über Schwäne, die über den Teich am alten Palast gleiten ... Sie lebt immer noch in einem geistigen China. Sie kommt ohne Vorwarnung.«

»War sie verstimmt, weil sie mich auf der Party sah?«

»Vielleicht.« Er lächelte. »Was für ein Dialekt! Wir sagen, sie spricht fünf Sprachen, alle mit einem fukienesischen Akzent.«

Die nächsten paar Tage dachte ich unentwegt über diesen Gegensatz nach: hier meine fröhlichen chinesischen Freunde, der reichgedeckte Tisch, das Gelächter und die Herbstmondgesichter, und dort die vollkommene Bewegungslosigkeit der Blicke, die sich unter der hellen Deckenlampe gesenkt hatten, während die Besucherin immer weiter und weiter schwatzte, ihr königliches Antlitz halb hinter einer Sonnenbrille verborgen, und ihre Hand die Luft durchschnitt. Ihr Rang oder ihre Not hatten alle eingeschüchtert, außer Kay, die stolz darauf schien, auserwählt worden zu sein. Mag sein, daß ich Chinesisch studierte, um genau diese flüchtigen Kontakte auch mit einem Überbleibsel einer Gesellschaft zu haben, die so anders war als mein zerstückeltes und in Schubfächer aufgeteiltes Leben.

An meiner Universität gab es zwanzigtausend Studenten, was sie zu einer großen Hochschule machte, die zugleich jedoch aufgrund ihrer Geschlossenheit Züge einer Kleinstadt trug. Trotz dieser Kleinheit gelang es mir, mehrere verschiedene Lebensweisen voneinander getrennt zu halten – ich verheimlichte die Chinesen vor meinen Verbindungskameraden, die Verbindung vor den Bohemiens, unter die ich mich im Mittelraum der Cafeteria im Studentenklub mischte, und alle drei vor den haarigen Beinen und steifen Penissen, denen ich unter den kalten, dicken Marmortrennwenden oder den dünnen metallenen begegnete. Wenn Betty oder Kay mit mir flirteten, wurde ich rot, und das wurde für sie zu einem neuen Scherz: Ich bekam den Spitznamen »Eure Heiligkeit« und wurde damit gehänselt, ein Puritaner zu sein. »Wir haben von den amerikanischen Puritanern gehört«, sagte Kay, ohne zu lächeln. »Thoreau«, sagte sie, wobei sie den Namen so aussprach, als meine sie das heilige Buch der Juden, die Thora.

Da ich so viele Bücher über heterosexuellen Sex gelesen hatte und besonders gut über die Mysterien der Klitoris informiert war, dachten meine Verbindungskameraden, ich sei ein heimlicher Weiberheld. Ihre Geschichten handelten allesamt von nichts weiter, als sich bei ihren Rendezvous so zu betrinken, daß ihnen übel wurde; Mädchen wurden als nette Kumpel betrachtet, die keine Spielverderber waren, ihnen die über die Klos gebeugten Köpfe hielten und murmelten: »Es wird alles wieder gut, Liebling.«

Das Verbindungshaus war eine edwardianische Villa. Das Äußere war mit schmutzigen Holzlatten schraffiert, die kreuzförmig auf kremfarbenem Putz lagen wie ein altes Käsekästchenspiel. Im Süden war die Verbindung für Saufen, Football und Rassismus berühmt, hier im Norden hatten wir nur das Saufen beibehalten. Zwei oder drei unserer Mitglieder waren Leichtathleten, aber niemand schenkte ihnen viel Beachtung. Was den Rassismus betraf, so schüttelten wir uns jedesmal vor Lachen, wenn wir zu unseren Geheimzeremonien Kapuzen mit Halloween-Augenschlitzen aufsetzten und uns verpflichten mußten, die weiße Weiblichkeit zu verteidigen. Es gab mindestens drei schwarze Footballstars, die die Kameraden sehr gern in die Verbindung aufgenommen hätten, wenn die Statuten ihnen das erlaubt hätten, aber dieses Buhlen um Gladiatoren erschien mir nur wie eine andere Form von Rassismus. Unsere Degen, die blumige Freimaurersprache und die ku-klux-klanhaften Ansichten veranlaßten unseren Präsidenten, sich gedankenvoll am Kopf zu kratzen. Er war ein Mann mit Hakennase, der gern schlief und trank, stets genial-zerstreut zu sein schien und aussah, als sei er frisch geschlüpft oder gehäutet, wobei ihm sicherlich eine wichtige Schutzschicht abhanden gekommen war. »Na kommt, Jungs«, pflegte er zu sagen und hielt seinen Degen linkisch in die Höhe, »zeigt ein bißchen Respekt.«

»Lassen wir das weg und trinken 'n paar Biere«, schlug der Vizepräsident dann vor, und bald saßen wir alle in unseren Kostümen in dem kapellengroßen Speisesaal herum und tranken Bier am hellichten Dienstagnachmittag. Nie schafften wir es, für Homecoming ein Floß zu bauen, obwohl wir den Kaninchendraht und das Kreppapier dafür schon gekauft hatten.

Ein harter Kern aus verwarnten Studenten vom vorletzten Jahr und suspendierten Examenskandidaten spielte Karten und trank die ganze Nacht, schlief den ganzen Tag, schwankte zum Roastbeef-Dinner in Bademänteln nach unten und verließ nie das Haus: Nach Bier und Zigaretten schickte man Neulinge aus. Ich konnte sie die ganze Nacht unten schreien und lachen hören, einer brüllte vor Triumph, ein anderer lachte wie eine Hyäne. Die momentane Mode war, das Gegenteil von dem zu sagen, was man meinte. »Du *bist* ein kluger Mensch«, wurde einem Idioten gesagt. »Er *ist* ein Gesichtsmensch«, hieß es von jemand furchtbar Häßlichem.

Um die Neulinge bei der Aufnahme einzustufen, sagten die Kameraden, jemand sei eine Erbschaft (wie ich zum Beispiel, weil mein Vater unten im Süden Mitglied gewesen war), ein Jockstrap (ein Athlet), ein Gehirn (»Er wird den Hausdurchschnitt heben«) oder ein Gesichtsmensch. Bis jetzt hatten alle heterosexuellen Männer, die ich kannte, immer so getan, als seien sie nicht imstande zu sagen, ob ein anderer Mann anziehend sei oder nicht, aber der Ruf des Hauses verlangte von den Kameraden, selbst eine so schwer faßbare Frage zu beurteilen, und das taten sie, geschützt durch diesen sonderbar objektiven Ausdruck, den sie sich ausgedacht hatten: »Gesichtsmensch«.

Die muffige, versoffene Kameraderie der Studentenverbindung lief auf sexuelle Freizügigkeit hinaus. Oft sagten die Kameraden zueinander: »Du bist *kein* Perverser«, aber sie meinten damit, daß sich schon wieder einer den Schoß mit Bier vollgekotzt hatte oder jemand prahlte, er ziehe den Cunnilingus vor (»Austerntauchen« oder »Mösenhimmel«). Von richtigen Perversionen wie meiner flüsterten sie natürlich nicht einmal.

Man konnte sie mit Mädchen aus den Studentinnenverbindungen durchs Herbstlaub schlendern oder während des Tanzes erregt in den Garten flitzen sehen (»Hey, Sal, tut mir leid, ich *mein' s* wirklich nett«), aber wenn sie am Montagmorgen das Wochenende für die Kumpels Revue passieren ließen, enthielten ihre Berichte keine Gefühle außer Übelkeit und lokal höchst eingegrenzter Lust (»Ich bin so ein Fotzenlecker, haltet mir bloß'n Rasierpinsel in den Mund, wenn ich schlafe, und ich fange an zu schmatzen«). Wogegen der wahre Perverse ich war, der ich Männer anbetete, die ich nur von den Knien bis zur Taille kannte, aber wenigstens liebte ich sie alle – besonders wenn ich mir vorstellte, hinter der Trennwand seien sie alle normal, blond, athletisch und indifferent.

Natürlich gab es die Klappen-Feen, die »Teehaus-Trutschen« wie mich, und eben die verachtete ich. Einmal stellte ein Mann Schuhkontakt mit mir her und schob dann unter der Trennwand einen auf Klopapier geschriebenen Fragebogen durch: »Zentimeter? Beschnitten oder unbeschnitten? Körperbehaarung? Wenn ja, wo? Unterarme? Brust? Bauch? Schritt? Beine? Starker Bartwuchs?« Ich schob den Wisch einfach unbeantwortet zurück, was ein eingeschnapptes »Tss«, ein stürmisches Betätigen der Spülung und einen eiligen Abgang zur Folge hatte. Etwas an dem Fetischismus dieses Kerls beleidigte mich, nicht weil es unnormal, sondern weil es unromantisch war. Ich saß auf meiner Toilette, mischte chinesische Wissenskärtchen und sehnte mich – nicht geliebt zu werden, sondern lieben zu dürfen.

Ich ging noch immer zu Dr. O'Reilly, dem Psychiater, den ich zum erstenmal in der Prep School konsultiert hatte, als ich verzweifelt versuchte, normal zu werden. Er hatte zu mir gesagt, ich könne nicht auf die Harvard University gehen, sondern müsse auf der heimischen Universität bleiben, um in seiner Nähe zu sein.

»Ich bin der einzige, der dich retten kann, alter Junge«, hatte er gesagt, »weil ich dich liebe, und das weißt du.« Von einem Freund lieh ich mir den Wagen und fuhr zweimal die Woche die jeweils fünfzig Meilen hin und zurück, um ihn aufzusuchen. Dr. O'Reilly schluckte am Morgen händeweise Amphetamine, um in Gang zu kommen, und begann sich abends allmählich zu entspannen, indem er Bourbon süffelte. Sein Wartezimmer war mit wütenden Vögeln, die er von einem Patienten geschenkt bekommen hatte, und japanischen Drucken angefüllt.

Er stellte mich Annie Schroeder, einer anderen Patientin, vor. »Diese langweiligen Freudianer würden sich ein Bein ausreißen«, sagte oder vielmehr murmelte er, denn die Tabletten und der Alkohol verschliffen seine Sprache. »Aber Annie ist ein braves Mädchen, obwohl sie einen Psycho als alten Herrn hat, der direkt von Dostojewski stammt, und eine Mutter, die Annies Tochter sein möchte.« Er gab mir mit zuviel Kraft einen Klaps auf die Schulter. »Ein nettes Mädchen, Annie, aber denke ja nicht, daß ich eifersüchtig bin. Ich bin nicht der rächende Vater.«

Wenn ich von der Voraussetzung ausging, ich sei krank (und was konnte kränker sein als meine zwanghafte Sexpartnersuche?), dann mußte ich alles in Zweifel ziehen, was ich dachte und tat. Meine Ansichten zählten nicht, weil mein Urteil offensichtlich schief war. Wenn ich etwas schön fand, dann war es vielleicht bloß dekorativ; wenn ich ein Paar für glücklich, großartig hielt, konnte ich sicher sein, mir das falsche Beispiel ausgesucht zu haben, Leute, die höchstwahrscheinlich meine Neurose verfestigten und mich heimtückisch auf meine Krankheit zurückwarfen. Wenn ich eine Frage diskutierte, war ich überintellektuell (eine Sünde, die mir bereits bei den Malern zu Bewußtsein gekommen war und die Dr. O'Reilly als ernstestes Hindernis für meine geistige Gesundung ansah). Der Geist als sein eigener Feind. Der Geist, verzweifelt darauf aus, sich selber reinzulegen. Der Geist, der Tugend fordert, aber entschlossen ist, sich seine Lasterhaftigkeit zu erhalten. Der Geist, ein Schiff auf See, das sich in voller Fahrt selbst repariert. Der Geist, faulendes Fleisch unter teuren Gewürzen. Der Geist, eine reine Seele (die arglose Ehefrau) in den Klauen eines mörderischen Willens (Blaubart). Vielleicht ist das der Grund, warum der Buddhismus mir so zusagte. Er bestritt die Existenz der Seele, des Willens, ja selbst des Ich und versuchte zu zeigen, daß nur die Illusion den vielen getrennten, voneinander trennbaren Empfindungen eine scheinbare Einheit und Dynamik verleiht. Für mich war der Buddhismus die willkommene Voraussage eines kosmischen Kollaps, einer geistigen Entropie.

Was ich am meisten begehrte, war ein Mann; Männer zu begehren war krankhaft; um also wieder gesund zu werden, mußte ich das Begehren selber töten. »Oder Männer töten!« rief O'Reilly triumphierend und erhob sich halb aus seinem Sessel hinter der Analysecouch, wo er, außer Sichtweite, normalerweise eindöste oder an seinem buschigen, weißen Schnurrbart kaute und mit seinem Drink herumspielte. »Du möchtest Männer umbringen! Siehst du, alter Junge, du denkst, daß ich schlafe, wenn ich mich gegen deinen Transfer wehre, aber selbst wenn ich döse, höre ich zu, setze ich in dem vorbewußten, schöpferischen Teil meines Hirns die Stücke zusammen. Du möchtest Männer umbringen, indem du mit ihnen schläfst. Der steife Schwanz ist der Degen des Toreros. Jede Menge Stierkampfmetaphorik liegt hier drin verborgen.«

Jeder Hinweis auf meinen eigenen Penis machte mich verlegen; außerdem widerstrebte mir zu erklären, daß mein Penis unter der Trennwand nur eine kleine oder gar keine Rolle spielte. Ich hatte kein Verlangen (kein *vulgäres* Verlangen, könnte ich gesagt haben) nach sexueller Entspannung. In meinen Augen milderte die Tatsache, daß ich andere zu bedienen über die eigene Lust stellte, meine verderbten Gelüste.

Annie Schroeder studierte an derselben Universität wie ich. Ich nahm sie die fünfzig Meilen zurück zu unserem Campus im Wagen mit. Sie erzählte mir, sie habe vor, Mannequin zu werden. Laut gab ich meiner Verwunderung Ausdruck, ob sie denn auf Fotos anders aussehe als sonst.

»Meinst du, ich bin *fett*?« Sie legte Verachtung in das Wort.

»Im Gegenteil.«

»Wahrscheinlich hat O'Reilly dir aufgetragen, das zu sagen. Tu bloß nicht blöd. Ich weiß, daß er denkt, ich habe eine Eßstörung. Aber wenn, dann bin ich nicht wie diese kleinen Jüdinnen an der Uni, die sich um ihre Linie sorgen. Ich habe einen echten Grund, Zwangsvorstellungen wegen des Essens zu haben.«

»Oh?« Ich hatte das Gefühl, mir einen Hitzkopf als Mitfahrerin aufgegabelt zu haben. Und ja, ihr Haar war rot, in einer toupierten Hochfrisur um ihren Kopf geschlungen, die zu alt für ihr schmales, junges Gesicht war, das Gesicht eines Soldaten mit einem blutigen Kopfverband.

»Hat dir O'Reilly denn nichts erzählt?« Sie sah mich prüfend an. Ich nahm den Blick von der rutschigen Straße, um ihr in die Augen zu sehen, die schwarz umrandet waren; ihre Lippen waren fast schwarz geschminkt, ihr Gesicht ein langer Schnitz aus einer persischen Melone.

»Was denn erzählt?« fragte ich schuldbewußt. Mein allgemeines moralisches Unbehagen war so angeschwollen, daß es von jedermann jeden Augenblick aufgespießt werden konnte. Der Regen, der auf den vierspurigen Highway peitschte, verwandelte sich in einen Graupelschauer. Riesige Lkws rüttelten unseren kleinen Volkswagen durch, Büffel, die an unserem Marienkäferchen vorbeirauschten.

»Sicher hat er dir von meinem Vater erzählt.«

»Nur daß er wie eine Figur von Dostojewski ist.«

»Es gibt in der Literatur nichts Vergleichbares«, sagte sie bitter.

»Dann erzähl mir davon, ja?«

Annie erzählte mir von ihrem Vater, einem betrunkenen Irren, der hin und wieder einen Monat lang nüchtern und geistig gesund war. Aber dann schnappte er erneut über. Annie und ihr kleiner Bruder kamen zum Beispiel von der Schule nach Hause in ihr entlegenes Landhaus, und Dad stand da und grinste durchtrieben, eine Pistole in der Hand. »Okay, ihr Klugscheißer, ich bin hinter alles gekommen, was ihr euch ausgeheckt habt. Ich will euch eine letzte Chance geben, es wiedergutzumachen.« Und die nächsten drei Tage zwang er sie mit vorgehaltener Pistole zu arbeiten, während er aus seiner Flasche Scotch trank. Im Schnee, im Matsch schleppten sie dann Ziegelsteine, schluchzend, um Verzeihung bittend, aber er ließ sie lachend weiterschuften, während er ab und zu Stimmen und Flügelschläge beiseite wischte, die nur er vernahm.

Annie sprach nicht weiter. Dann sagte sie: »Irgendwann zeige ich dir mal die Scheune, die mein Bruder und ich mit unseren eigenen Händen erbaut haben.« Sie schien den Tränen wieder sehr nahe zu sein. Ich wollte etwas Richtiges sagen, um sie zu trösten, nicht weil ich solches Mitleid hatte (ich hatte viel zu große Angst vor ihr, um sie zu bemitleiden), sondern weil ich diese Macht über sie haben wollte – dieselbe Macht, die O'Reilly über sie ausübte. Es kann sein, daß ich sie um den Horror ihrer Kindheit beneidete: Sie hatte einen legitimen Grund, jetzt so kaputt zu sein.

»Am schlimmsten war's, wenn er wieder zur Besinnung kam. Dann war er so reumütig, daß er über den Boden kroch, uns die Füße küßte und weinte. Er zwang uns, ihm die Pistole an den Kopf zu halten, und flehte uns an abzudrücken. Wir küßten ihn und trösteten ihn und vergaben ihm. Obwohl er *uns* verletzt hatte, obwohl *uns* die Nägel ausgerissen wurden, *unsere* Gesichter dreckverschmiert waren – vergaben wir ihm so schnell.«

Nun weinte sie, und die riesigen Sattelschlepper, die an uns vorbeirasten und vorübergehend ein Vakuum erzeugten, das uns in ihren Sog hineinzog, erschienen für eine Sekunde lang wie die Leidenschaften, die Erwachsene an ihren Kindern auslassen. In diesem kleinen Wagen wurde jede Umdrehung der Räder, jeder Abschnitt des Straßenpflasters als Schock wahrgenommen; wir kämpften um jede Meile, die wir vorwärts kamen. Doch hoch über uns, behaglich in ihren Ausgucks voller nackter Pin-ups, baumelnder Styroporwürfel, Familienschnappschüsse und lichterfunkelnder Armaturen, hockten die Fernfahrer, lenkten ruhig ihre Schiffe durch die Nacht und grüßten sich artig mit aufgeblendeten Fernlichtern.

# VIER

Maria und ich schrieben uns ständig Briefe. Sie war wieder an der Universität in Chicago, um ein Examen abzulegen. Oder sie war den Sommer über in Iowa, wo sie für einen sozialistischen Kandidaten arbeitete, der sich um einen Sitz im Staatsparlament bewarb. »Das hat nichts mit prorussischer Überzeugung zu tun!« schrieb sie scharf auf meine leise Warnung (die McCarthy-Ära war gerade zu Ende). »Der Mittelwesten hat seine eigene populistische Tradition, was Du wüßtest, wenn Du Dich endlich mal für politische Geschichte interessiertest und nicht nur für all diese zwielichtigen Romane. Oder wenigstens für einen der anständigen Romanciers aus dem Mittelwesten, wie Sherwood Anderson oder Dreiser, statt für Deine angefaulte Barbey d'Aurevilly!« Und ich hörte geradezu, wie sie dort in Iowa amüsiert über ihre eigene Schimpfkanonade ihr schönes, musikalisches Gelächter anstimmte.

Weihnachten sah ich sie in Chicago. Meine Mutter lud sie zum Abendessen ein. Der einzige andere Gast war die neue Sekretärin meiner Mutter, eine Vorstadtspießerin in billigen Slippers, Kniestrümpfen und einem Schottenrock, der mit einer riesigen Sicherheitsnadel geschlossen war. Maria (schickes schwarzes Kleid und Pfennigabsätze, Brillanten im hochgekämmten Haar) half Beth beim Abwaschen, was damals in den Präriestaaten als freundliche Geste dem Gastgeber gegenüber üblich war. Ich hörte, wie Beth zu Maria sagte: »Ist das Lied ›Wenn du wanderst durch den Sturm, tu es mit erhobenem Haupt‹ nicht toll? Ist es nicht aufrüttelnd? Möchten Sie nicht auch am liebsten weinen, wenn Sie's hören?«

»Ich finde es entsetzlich kitschig«, sagte Maria gelassen.

Und dennoch schwärmte Maria für meine Mutter, bewunderte sie für ihren Mut und Einfallsreichtum als selbständige Frau. Und wirklich sah ich meine Mutter durch Marias Augen allmählich als eine recht interessante Person an; was sie allerdings am meisten aufwertete, war die Distanz, aus der sie überhaupt nur betrachtet werden durfte. Als Junge hatte ich meine Mutter mit derselben schonungslosen Kraft geliebt und gehaßt, die ich für mich selbst aufgebracht hatte. Oder vielleicht sollte ich sagen, ich betrachtete meine Mutter statt meiner, als wäre sie ein Spiegel meiner Schwächen. Nun war ich Student und, wie Maria behauptete, ein »Intellektueller«. Diese durch einen Ehrentitel erworbene Legitimation erlaubte es mir, meine Mutter als »für ihre Zeit« mutig gelten zu lassen: Herablassung erlaubte Bewunderung.

Nach dem Essen am Heiligen Abend, das um drei am Nachmittag begann, aber bis halb acht dauerte, machten Maria und ich uns aus dem Staub. Wieder einmal fuhren wir durch lockeren, nassen Schnee, der am Boden schmolz. Jetzt, da ich in jener Collegestadt mit ihren lauten Wohnheimen und zur Ruhe verpflichteten Bibliotheken lebte, ihrem Meteorkrater von Stadium, ihren dunklen, von Verbindungshäusern gesäumten Straßen, ihrer nur angedeuteten Innenstadt aus wissenschaftlichen Buchhandlungen und Hamburgerpinten, brachte die Rückkehr in eine richtige Großstadt meinen Puls zum Rasen. Hier gab es alle diese erwachsenen Männer und Frauen mit Geld zum Verpulvern – verpulvern in Form von *crêpes flambées*, von glimmenden Zigarren, brennendem Whisky, dampfendem Sex, Flammen, die gegen die kalte Nacht aufloderten.

Ich war noch zu jung für eine Bar, deshalb setzten Maria und ich uns in das italienische Café gleich neben Tex' Buchladen. Ehe wir in das Café hineingingen, sahen wir in Tex' Schaufenster. Verschwunden waren die glänzenden neuen Bücher und Platten, der Plüschteppich, die Scheinwerfer. Jetzt nichts als Betonfußböden, baumelnde Drähte und an der Tür die Konkursmitteilung. Wo war Tex nun? Wo war Morris? Wer besserte jetzt die Haushaltskasse des Polizisten auf?

Tex hatte sich wie ein Schnulzensänger für die Liebe ruiniert. Er hatte seinen Schmuck dafür versetzt, dem Polizisten mit den Segelohren noch ein Lächeln zu entlocken. Einmal hatte Tex zu mir ganz unter Schwestern gesagt: »Sind wir nicht verrückt, wir Schwulen, daß wir uns zu sylphenhafter Zartheit runterhungern, nur um einen Hetero-Bullen mit einer Bierwampe auf uns scharfzumachen?«

Als Maria und ich in dem Café am Fenster saßen und heißen Cidre tranken, erzählte ich ihr von meiner Freundschaft mit Tex. Etwas an der leidenschaftlichen Opernmusik berührte mich; diese Szene war zum Beichten geschrieben. Gerade, als der betrogene Des Grieux sang: »Schweig still, du brichst mir das Herz«, kam ich mit der Sprache heraus. »Ich weiß nicht, was du denken würdest, wenn ich dir erzählte, äh, dieser Typ nebenan, Tex, äh, war ein bißchen komisch.«

Des Grieux sang »*Nell'occhio tuo profondo io leggo il mio destin*«, während ich in Marias Augen nach meinem Schicksal suchte, ihrem Spott oder Abscheu.

»Willst du damit sagen, dein Freund Tex ist homosexuell?«

»Ja.«

»Dies sind meine Küsse«, sangen die Liebenden, »dies ist meine Liebe«, als ich hinzufügte: »Und ich auch.«

»Und ich auch, Wonneproppen«, antwortete Maria verdutzt lächelnd. »Ich dachte, darum drehte sich das Ganze. Ich meinte, wir wären beide schwul.«

»Aber was ist mit Sam?« fragte ich sie nach ihrem bärtigen Ex-Geliebten.

»Oh, ich habe eine *faiblesse* für Männer«, gestand sie. »Ich schlafe sogar lieber mit Männern, aber ich verliebe mich nur in Frauen.« Sie schwieg, doch ihre Gedanken liefen weiter, bis ein Seufzer an die Stelle ihres unbeschwerten Lächelns trat und sie sagte: »Aber leider. Frauen taugen 'n verdammten Dreck.«

Maria machte Andeutungen über ihre schwule Vergangenheit. »Frauen sind so unmöglich, rasen ständig in Kombis und Pendleton-Hemden rum und schwören betrunken Rache an den Puppen und Miezen von der Konkurrenz. Und dann diese fatale Neigung zum *Land* – man kriegt einfach nicht den Bauernhof aus dem Mädel raus. Und kein Gefühl für Chic. Also ist doch nix verkehrt an einer Lesbe, die mit sechs Monaten Mädchenpensionat nicht zu heilen war.« Und sie redete auf die lockerste und frivolste Art weiter, indem sie eine berauschende Mischung aus kessen Vätern und wilden *femmes damnées* zusammenbraute (»Verdammte Frauen, wie Baudelaire sagte«). Daß sie lesbisch war, nahm mir zwar meine Angst, aber die Leichtigkeit, mit der sie offenbar von Männern zu Frauen wechselte, erschreckte mich ebenso wie der Glanz ihrer Umgebung. Es war so gar nichts Glänzendes an meinen Aufenthalten in den Toiletten, dieser langen Strafe, die ich absaß.

Zwar war ich entsetzt gewesen über den Haarfetischisten, der mir seinen Fragebogen unter der Kabinenwand zuschob, doch waren seine Gelüste präzise genug, um erfüllbar zu sein, wogegen meine rasend, aber unstet waren und mir keine Ruhe ließen. Ich konnte die Antwort nicht finden, weil ich die Frage nicht zu formulieren vermochte. Nach dem Samenerguß fühlte ich mich jedesmal von Selbsthaß erfüllt, und jedesmal schwor ich, ich würde nicht wieder in die Toiletten gehen.

Immer wenn ich tagsüber einen Augenblick frei hatte, in dem ich mich im Hühnerhaus auf die Stange setzen konnte, spürte ich, wie mich ein kribbelndes Gefühl der Vorfreude überkam. Meine Hände wurden kalt, ein Fleck Röte schwebte wolkenlangsam über Brust und Nacken aufwärts, überzog mein Gesicht. Sollte mich ein Mädchen auf dem Flur zu einem Schwatz anhalten, ich würde vor Angst vergehen. Was, wenn er entwischte, der eine dicke Fisch, der ausgerechnet heute in unserem Teich aufkreuzte?

Außer zu einem hatte ich zu keinem der anderen Campusschwulen, die Lokus-Queens waren, jemals ein einziges Wort gesagt. Aber ich kannte sie alle: den Mann mit den buschigen Brauen, dessen übergroße Brille oben gegen den Haaransatz und unten gegen den Bart stieß und der in seinem Kloabteil seine massigen Lenden gerade weit genug herabließ, daß ich mit meiner Hand an seinen Hundepenis kam; den langen Jurastudenten mit seinem dicken Wälzer über strafbare Handlungen, der seine Kabine still und leise einnahm wie eine belagerte Stadt – kein Huster, kein klopfender Fuß, nicht das leiseste Schmirgelstäbchen eines Seufzers; den Geschäftsmann in monogrammiertem Hemd und glänzendem Kammgarnanzug, den ich an jenem ersten Tag gesehen hatte, wie er jemandem einen blies; und Jeremy, der einzige, mit dem ich geredet hatte, ein fetter Junge mit riesigem Mund und pomadisiertem Haar, der hochmütig wie eine Diva aus seiner Kabine watschelte und seine Wendejacke um sich raffte, als wäre sie ein Zobel. Keiner von uns hatte den anderen nötig, aber Verachtung hatte Vertrautheit gezeugt, und wir zogen belästigt eine Augenbraue hoch oder unterdrückten ein Gähnen, wenn wir auf unseren Runden aneinander vorbeikamen, als wollten wir sagen: »Immer noch dabei?« oder »Dürftige Ausbeute heute abend.«

Das Prickeln stellte sich ein, wenn man nicht irgendeine andere alte Schwuchtel am Haken hatte, sondern ein geiles junges College-Kid, denn obgleich ich selbst zumindest jung und auf dem College war, betrachtete ich mich als vampirkalt, als vorzeitig gealtert aus Strafe für das Laster und als nicht annähernd beneidenswert genug, um etwas so Aufregendes zu sein wie ein College-Kid. Ich hatte gelernt, wehmütige Sehnsucht nach meiner Jugend zu empfinden, noch während ich sie durchlebte.

Ich begann, mich mit Annie Schroeder zu verabreden, obwohl ich manchmal das Gefühl hatte, ich karrte eine ältere Tante herum. Ihr Make-up war zu vollkommen und ihre Kleider zu modisch für die Beatniks, mit denen ich verkehrte und bei denen die Frauen kaum etwas anderes trugen als schwarze Wollpullover und Röcke und schwarze Strumpfhosen und Paisley-Kopftücher. Zur Abwechslung schleppten sie vielleicht eine grüne Büchertüte mit sich herum, malten sich Dachsaugen oder ließen ihr buschiges, hüftlanges Haar offen über die Schultern fallen.

Verbindungsstudentinnen hatten im Gegensatz zu Annie viel »Persönlichkeit« von der Art, wie ich sie heute noch auf Flughäfen sehe (»Leute! Ich kann's nicht glauben! Das ist einfach unglaublich!«), eine Pantomime, die durch nichts zu übertreffen ist, wenn sie für jemand anderen wiederholt wird (»Kommt mal her, ihr werdet's nicht glauben, seht mal hier, Holly ist da, ich kann's einfach nicht glauben, Holly in Paris!«). Manche waren freundlich und wie große Schwestern, Schultern, an denen man sich gut ausweinen konnte; andere ewige Cheerleader, Inkarnationen von Sommersprossen und Söckchen, und wieder andere waren ernste Campus-Anführerinnen, das blonde Haar zu einem strengen Zopf geschlungen.

Meine Annie hatte sich zwar einer ziemlich faden Studentinnenverbindung angeschlossen, der anscheinend nur Schlampen und Hauswirtschaftlerinnen in höheren Semestern angehörten, doch war sie zu trübsinnig und viel zu schüchtern, um viel Persönlichkeit zu besitzen. Sie sah verwirrt, ja ängstlich zu, wenn andere Mädchen sich unaufhörlich die Sporen in die eigenen Flanken setzten, lauter und lauter wieherten und mit den Hufen wild in der Luft herumfuchtelten. Sie trug das ängstliche Lächeln von Halbtauben zur Schau, das man auch an Ausländern bemerken kann, wenn sie auf ausgelassenen Partys inmitten von Leuten sitzen, die eine andere Sprache sprechen.

Auch die Beats wurden nicht sehr schlau aus ihr. Schließlich wollte sie »ein New Yorker Topmodel« werden, wie sie sagte. Die Beats waren stolz auf ihr Gefühl,

Außenseiter gegen eine Mehrheit zu sein, zu der fast alle anderen zählten. Annie war theatralisch, aber nicht nach der »Bronx-Ophelia«-Masche der Beatnikfrauen, die herumliefen und schwarze Blütenblätter um sich streuten.

Fast gleichzeitig entdeckten Annie und ich William Everett Hunton, einen Jurastudenten im ersten Jahr. Ich hatte mit Annie nicht geschlafen; ich hatte (ich habe) Angst vor allen Frauen, aber besonders vor einer, die so dürr, angemalt und zerbrechlich war. Annie tat, als sei sie durch meine mangelnde Leidenschaft verletzt, aber das machte sie nur, um sich mir gegenüber einen Vorteil zu verschaffen; ich vermute, in Wirklichkeit war sie erleichtert. William war so schwul wie ich, aber viel erpichter darauf, mal Sex mit Frauen auszuprobieren. Ich hatte bequemerweise O'Reillys Theorie übernommen, daß Homosexualität nur ein Symptom sei – was meinen Drang, Männer zu lieben, nicht akzeptabler machte als Annies Drang, ihr Essen auszukotzen, aber wenigstens trieb mich die Theorie nicht dazu, etwas so Lächerliches zu versuchen, wie an dem Symptom herumzupfuschen, indem ich tatsächlich mit einer Frau schlief. Ich konnte Jahren voller Spekulationen über Mammi-Pappi erwartungsvoll entgegengehen; und waren meine Sandkastentörtchen erst einmal ordentlich weggepackt, dann würde ich theoretisch eines Tages aufwachen und feststellen, daß mein Penis genau nach Süden zeigte, nicht mehr nach Norden.

»Wie findest du ihn?« fragte mich Annie. Wir spazierten quer über den Campus. Der Schnee lag in schmutzigen Bergen überall um uns herum, als hätte da einer die gesamte dreckige Bettwäsche aufgehäuft, in der wir jemals geschlafen hatten. »Ist er nicht aufregend?«

»Und ein ganz klein bißchen falsch«, sagte ich.

»Macht er dich scharf?«

Ich schluckte. »Ja.« Über diese Dinge hatte ich mit ihr noch nie geredet, obwohl O'Reilly ihr von seiner Diagnose über mich erzählt hatte.

»Mich macht er geil«, erklärte Annie. »Ich liebe seine großen blauen Augen. Sie sehen aus, als träten sie ihm aus den Höhlen. Und wie süß seine Zähne auseinanderstehen. Er ist ein richtiges kleines Energiebündel. Und diese Babyhaut – ich wette, er hat am ganzen Körper kein Härchen. Na, vielleicht finde ich es heute nacht ja raus.«

»Gehst du nicht zu flott ran? Ich finde, du hast nichts als Sex im Kopf«, murmelte ich.

»Ach, und du nicht?«

Ich kniff den Mund mürrisch zusammen und sagte: »Chinesisch ist nicht gerade ein leichtes Hauptfach, Annie.« Wir verfielen in Schweigen, während wir uns patschend den Weg durch den schwärzlichen Matsch bahnten. Der Wind blies ein Schneebrett von einer niedrigen Traufe.

»Bist du eifersüchtig?« fragte sie. Ich blickte zu ihr hinüber und erkannte an ihrem verhaltenen Lächeln und dem fast schielenden Blick, daß sie wollte, ich sagte ja. Ich drückte mich um eine Antwort, indem ich einen höheren, philosophischen Standpunkt einnahm: »Ich bin nicht sicher, was Eifersucht ist.« Dann ging ich zum Frontalangriff über, wie es O'Reilly getan haben würde: »Warum bist du so versessen darauf, mich zu verletzen? Bin ich zu einem Ersatzvater für dich geworden, jemand, der dich quält (in meinem Fall, indem ich nicht mit dir schlafe), und den du bestrafen mußt, weil du deinen richtigen Vater nie bestrafen konntest?«

Und los ging's. Sie und ich unterstellten uns gegenseitig die entsetzlichsten Motive aus irgendeinem anscheinend wissenschaftlichen Eifer heraus, aber im Gegensatz zu einer echten wissenschaftlichen Behauptung, die überprüft oder wenigstens geleugnet werden kann, entzogen sich unsere jeglichen Beweises, weil schon allein die Dinge, die wir erörterten, unbewußt und daher nicht erkennbar waren. Ich sage »Dinge«, weil ich zögere, von ihnen als Gefühlen zu sprechen. Ein »unbewußtes Gefühl« erscheint mir unmöglich; das einzige, was wir sicher wissen, ist, was wir fühlen. Zumindest heute glaube ich, daß niemand anderer unsere Gefühle lenken kann; sie sind rein, unlenkbar.

Am Beginn eines solchen Gesprächs hatte ich immer das halb erregende, halb grauenhafte Gefühl, zur ersten, höchsten Erhebung einer Achterbahn hochgezogen zu werden. Wir machten uns gegenseitig angst (»Du willst mich kastrieren« oder »Ist dir klar, was für inzestuöse Gefühle du für mich hast?«), aber die gegenseitige Achtung war schmeichelhaft – wie wenn eine hübsche Handleserin deine Hand hält, dir in die Augen blickt und tragische Verwicklungen voraussagt.

Es war auch etwas talmudisch Faszinierendes an dieser Übung. Wenn der wahre Horror des Lebens sein Mangel an Bedeutung, an Wachstum ist, dann war unser ständiges Entschlüsseln ein Trost, denn es fand Ziele überall – besser noch, Ziele, die wir uns selbst gesetzt hatten. Es war für uns leichter hinzunehmen, daß wir krank waren, als anzuerkennen, daß wir machtlos waren und das Leben fad und leer.

Natürlich wären wir beleidigt gewesen, hätte uns jemand beschuldigt, wir mogelten bei einer Prüfung oder verwechselten *lehren* und *lernen,* aber wir lächelten charmant, wenn wir bezichtigt wurden, wir wollten unseren Vater ermorden – lächelten und zuckten die Schultern. Daß man Zauderern sophokleische Leidenschaften unterstellte, konnte nur ermutigend sein.

William Everett Hunton war einer der ersten hübschen Schwulen, die mir je begegneten, ein schmaler, properer kleiner Bursche, der um mich herumzappelte und schmachtende Blicke warf, aber gesetzt und männlich wurde, wenn die anderen Jurastudenten dabei waren. Auch wenn er geheilt zu werden hoffte und sich viel von einer Kur versprach, war er wenigstens eine Zeitlang schwul gewesen und konnte immer noch zumindest als Übergangsfall angesehen werden. Annie und ich saßen in seinem Zimmer im Jurakomplex herum und lauschten seinen Abenteuern, die er als Beweis seiner Lasterhaftigkeit präsentierte, aber immer mit dem Hinweis, daß zumindest *seine* fleischlichen Sünden nerzgefüttert gewesen seien.

Wir waren einen Moment lang allein, er und ich. Er rasierte sich und kleidete sich an, und ich sah ihm zu, wie das vielleicht ein Kind tut, als vollzöge ich nicht selbst jeden Morgen dieselben Riten (das heißt, was das Rasieren anging, jeden dritten Morgen). Als ich ihm erzählte, in welcher Stadt des Mittelwestens ich geboren sei, lachte er und sagte: »Aber da wohnt ja mein Gönner, der echte Everett Hunton.«

»Wie bitte?«

William riß seine blauen Augen auf, lächelte, kam zu mir und setzte sich auf meinen Schoß. »Ach, sieh mal, ich hab dir Schaum an den Hals geschmiert«, und er wischte ihn weg. Er drehte sich auf meinem Schoß hin und her, verschränkte die Hände in meinem Genick und beugte sich zurück, um mich anzusehen. Er wackelte noch mal mit dem Hintern und flüsterte: »Ich hab mich gefragt, ob ich dich spitz machen könnte.« Dann stand er auf und tat wie eine Matrone, die langsam eine Lorgnette an die Augen hebt, um das Ausmaß und die Art des Schadens zu inspizieren, den sie angerichtet hat. »Ich kann nicht sagen, ob du 'n dicken Knubbel hast oder nicht.«

»Was meinst du eigentlich genau?«

»So naiv bist du doch nicht.« Er ging an das Waschbecken und den Spiegel zurück. »Lieber Gott, aber ich fühle mich wirklich wie ein befleckter Engel neben dir.« Er drehte sich um und hielt warnend einen Finger hoch. »Gleiche Betonung auf befleckt *und* Engel.«

»Du bist engelhaft, William, ein ungezogener Engel«, sagte ich und war von meiner leisen Stimme überrascht, die das stimmliche Gegenstück zu einem trägen Klaps auf den Po einer Revuetänzerin war. William antwortete prompt mit einem Zittern.

»Meinst du? Oh, ich war gerade dabei, dir von meinem ›Gönner‹ zu erzählen. Er würde tot umfallen, wenn er hörte, welches Wort ich für ihn benutze; er erzählt allen Leuten, wir seien Cousins, obgleich das genauso gefährlich ist – bei diesen wirklich alten Familien sind die Cousins doch alle bekannt und registriert.« Er schlug sich die Hand vor den Mund. »Nein, ich muß das Thema wechseln. Also, erzähl mir, Ducky, bist du gut bestückt oder nicht?« Er gab sich eine Backpfeife, blickte auf sein Spiegelbild und zischte: »Du Schlampe, das habe *ich* nicht gesagt.«

»Ob ich einen großen Penis habe? Ach, ich nehme an, er ist bloß Durchschnitt.«

»Du *nimmst an?* Liebling, ein richtiger Mann könnte sich Unklarheiten bezüglich dieses einen entscheidenden Faktums leisten, aber auch du hast doch beim Einkaufen die Preise sorgfältig miteinander verglichen.«

Er lachte schauspielerinnenhaft und warf den Kopf zurück, um seinen langen Hals herzuzeigen.

Seine Sachen waren allesamt streng maskulin und aristokratisch. Sein Eau de Cologne von Panhelicon, seine Schuhe von Church, seine Anzüge, Hemden und Krawatten von Brooks, seine schwarzen Florstrümpfe, kniehoch und durch Sockenhalter am Rutschen gehindert, sein Hut von Lock in London: genau die Garderobe, die man mit viel Geld und ohne Selbstvertrauen in London oder New York gewählt haben würde, aber hier im heimischen Old Michigan, wo Mütter die Kinderkleider auf der Nähmaschine zusammenfummelten oder sie im Dutzend bei J.C. Penney bestellten, wirkten solche Kleidungsstücke übertrieben und sicherlich verdächtig. Er besaß sogar ein mit Monogramm versehenes Haarbürstenset aus Silber, einen alten Vuitton-Koffer, eine Sherryflasche aus geschliffenem Kristall. »So ein Quatsch!« kreischte er, als ich ihn mit seinen Klamotten aufzog. »Ich bin verrückt nach WASP-Superschwuchteln! Und so ein pensionierter britischer Offizier macht mich erst richtig scharf!«

Plötzlich wurde er traurig, setzte sich auf sein Bett und umklammerte seine Knie, wiederum schauspielerinnenhaft; diesmal sollte es wohl das nachdenkliche Mädchen darstellen, das an einem See sitzt und in die untergehende Sonne starrt. Seine Rede pulste jäh hervor und grub sich tief in mein Innerstes ein. »Verstehst du, wir waren bettelarm, richtiger weißer Abschaum. Flußratten – so werden Leute genannt, die so weit unten am Berg wohnen, daß sie jedesmal überschwemmt werden, wenn der Fluß über die Ufer tritt. Wir waren Flußratten. William …

Everett … Hunton, was für ein Witz …« Eine Sekunde lang verbarg er sein Gesicht zwischen den Knien. »Eines Tages, wenn wir Schwestern sind, sage ich dir meinen wahren Namen, aber wenn du mich verpfeifst, reiß ich dir die Tressen ab und steck sie ins Tintenfaß.«

Er stand wieder auf und lachte. »Champagner, mir ist nach Champagner.« Er wirbelte mit den beiden Flaschen herum, die wartend in einem Eiskübel bereitstanden. »Wo ist denn dieses Mädchen? Ist sie nicht sagenhaft? *So* bezaubernd! Ich mag gar nicht glauben, daß sie mich mag. Ich nehme an, du denkst, es ist alles entsetzlich lesbisch, du grauenhafter Zyniker!« Wieder war er an meiner Seite, und diesmal küßte er mich. Sein Mund war naß und süß von dem kräftigen, roten Mundwasser, das er immer schluckte. Ich fühlte ein blumenhaftes Entzükken in mir keimen, als wolle mir gleich eine riesige Sonnenblume aus dem Mund wachsen, als wollten sich meine Eingeweide jeden Augenblick in weiche Wisteriaranken und mein Schwanz in einen glutroten Feuerhaken verwandeln. Alles in mir erhob sich, um ihn zu begrüßen, und Willy griff in meine Unterhose und schüttelte meine Erektion, wie eine Hand zur Begrüßung. »Durchschnitt, genau wie du sagst.« Er biß mich ins Ohr: »'tschuldigung, Schätzchen, ich schwärme nicht für dünnen Spargel. Ich bin eine hoffnungslose Dampfhammer-Queen.«

Es schien ihn zu erfreuen, daß er seine Macht über mich bewiesen hatte. Von seiner eigenen Witzigkeit und sexuellen Unwiderstehlichkeit entzückt, zeigte er ein richtiggehend breites Lächeln. Ich sah in ihm den harmlosen, naiven Jungen, den auch ich manchmal mimte, aber ich wollte ihm gerne das Feld überlassen. Er war so viel besser darin, so viel ansprechender; wie ein kleiner, aber starker Fisch, wie eine rosige Forelle, die mit einem Stoß ihres Schwanzes durchs Eis bricht, hatte er sich vorhin aus meinen Armen gewunden, und ich spürte immer noch seine schmale, muskulöse, verdrehte Taille zwischen meinen Händen.

Dann kam Annie, und sie und William beweihräucherten sich gegenseitig, wie toll sie aussähen, und küßten sich lange im Stehen, während ich dasaß und zusah – in Schritthöhe, Kinderblickhöhe. Sie waren sich natürlich meiner Anwesenheit bewußt und posierten für mich.

Ich verließ die jungen Turteltauben, nachdem sie mir versichert hatten, wie sehr sie mich liebten. Sie hatten mich sogar lachend gebeten, ihr Trauzeuge zu sein. Draußen war es schon dunkel, obwohl es erst vier war, und frischer Schnee fiel im Hof. Ich hörte Schreibmaschinen klappern und sah Dampfgeister von den beschlagenen Duschfenstern in den Wohntrakten emporsteigen. Ich ging am Chemiegebäude vorbei und blickte hinunter zu einem Professor in einem Kellerlabor. So viel Aktivitäten, dachte ich, und keine unmittelbar produktiv. Nur Bauern und Stahlarbeiter hielt ich für wirklich produktiv. Der Begriff »geistige Arbeit« erschien mir als reinste Sophisterei.

Ich kehrte all dem den Rücken zu und begab mich zum Studentenklub. Ich hatte gehört, am Abend gebe es im Schwimmbad des Klubs ein Nacktbaden nur für Männer. Die Duschen waren voll, zwei einander gegenüberliegende Reihen von Kabinen ohne Vorhänge. Ich postierte mich in einer und guckte und guckte über den Gang hinweg, wobei ich mich bemühte, nicht zu gaffen. Der Mann mit der riesigen schwarzen Brille stand da und blinzelte – nun brillenlos – umher, und da, in einer geschützten Tasche unter seiner Wampe, steckte sein Penis. Zwei Kabinen weiter stand ein Schwimmer mit hohen, runden Arschbacken. Als er sich umdrehte, schien sein Hintern von unsichtbaren Händen in Form gepreßt zu werden, wie die Gummibälle, die Boxer kneten, um ihre Hände zu kräftigen. Ich überlegte, wie wohl William Everett Hunton die Größe dieser Penisse bewertet hätte – und plötzlich ergriff mich Panik, denn ich bemerkte, daß ich wirklich eingeschränkt war durch das, was der liebe Gott mir da geschenkt hatte, daß ich kein diffuses Etwas war, sondern ein Lebewesen mit bestimmten Attributen, eben diesen und keinen anderen.

Vielleicht weil ich meine Sexualität haßte und glaubte, ihr könne eine andere Richtung gegeben werden, betrachtete ich inzwischen jede Seite meines Wesens als vage und veränderlich wie eine Wolke, und in eben dieser Wolkigkeit hatte meine Definition gelegen: Ich war der Junge, der noch nicht zu leben begonnen hatte. Doch jetzt fühlte ich mich durch meine Wirklichkeit gebrandmarkt, durch das Muttermal zwischen meinen Schulterblättern, durch die verpfuschte Art, wie ich beschnitten war, so daß ein Hautlappen an der einen, aber nicht auf der anderen Seite herabhing. Ein Psychologie-Hauptfächler hatte mir gerade erst am Tag zuvor erzählt, daß man in der Army Schwule daran erkennt, daß man ihnen Dias von nackten Männern zeigt. Gegen ihren Willen weiteten sich die Augen der Schwulen um einen Bruchteil – und dieses »gegen ihren Willen« machte mich wütend und ängstlich, denn mein Stolz, ja, mein Stolz beharrte darauf, daß ich könne, wozu ich mich entschlösse. Die *tabula* war jeden Morgen *rasa*. Vielleicht war das der Grund, weshalb die buddhistische

Lehre von der Nicht-Seele, dem *anatta*, mich so sehr faszinierte, weil sie mir sagte, daß ich potentiell alles und tatsächlich gar nichts sei. Ich konnte eines Morgens schwul oder als Normaler aufwachen – oder als Nichts, da der Buddhismus solche Wesensmerkmale aufzuheben schien. Ich fürchtete mich davor, irgendeine Wahl zu treffen.

Von den Duschen und Toiletten gingen meine Streifzüge in die Welt hinaus. Meiner Uni sagte man zwar nach, daß sie einen hohen Prozentsatz an schwulen Studenten habe, aber keiner bekannte sich offen dazu, und auf der Straße nach Liebhabern Ausschau zu halten war zu eindeutig. Die echten Tunten, wie ich Jahre später erfuhr, fuhren Stunden um Stunden in eine Bar in Toledo, ein trubeliges Lokal mit Fummeltrinen, Strichern, kessen Vätern und Paaren, die gleich gekleidet waren und stolz die gleichen »Trauringe« trugen; oft war diese Bar Schauplatz nächtlicher Schlägereien, und allwöchentlich fanden Polizeirazzien statt. Dennoch, auch in unserer Collegestadt streiften ein paar verheiratete Männer in ihren Wagen umher, und ein paar Studenten hingen spät abends unauffällig vor dem Studentenklub herum.

Ich wurde der ausdauerndste Streuner auf den Straßen der Stadt. Für jemanden, der bislang eine ziemlich gereizte, aufbrausende Kleinlichkeit bezüglich Zeitvergeudung an den Tag gelegt hatte, war ich plötzlich nur allzu bereit, ganze Hektar von Zeit in Weideland zu verwandeln. Wie ein jagender Löwe, dem die Schönheiten der Natur und der Nacht gleichgültig sind, der aber selbst beim leisesten Zucken oder Zirpen hellwach wird, verwandte ich keine Aufmerksamkeit auf die Häuser, an denen ich bei meinen Streifzügen vorbeikam, und hätte, selbst nachdem ich sie Hunderte von Stunden lang angestarrt hatte, nicht sagen können, ob sie ionische oder korinthische Kapitelle oder auch nur Säulen hatten; doch in dem Augenblick, in dem irgendwas Männliches auch nur eine Sekunde verharrte, seinen Schritt um einen Bruchteil verlangsamte oder sich mit gefurchter Stirn umsah und in auffälliger Weise mit den Fingern in der Luft schnippte, so, als falle ihm etwas ein (durchsichtiges Alibi), hatte ich ihn mit meinem inneren Auge abgelichtet, das Foto trocknen lassen und in eine besondere, nur für ihn bestimmte Kennkarte eingeklebt. Ich lernte, daß ich nicht unbefriedigt nach Hause gehen konnte. Zu Anfang des Abends eilte ich noch überheblich an Fettklößchen oder Opapa vorbei, aber vier Stunden später lag ich in einer Gasse auf den Knien und machte es ihm.

Und ich lernte, einmal ist nie genug. Zweimal auch nicht. Ich empfand blinden Haß für jeden (und Scham vor ihm), der meine Jagd störte – eine spazierengehende Familie oder ein Junge oder ein Mädchen bei ihrem Rendezvous, die sich zum Knutschen auf eine Bank setzten – vor allem, wenn diese Bank mein Terrain war.

Die Langeweile, die ich durchzustehen hatte, war anstrengende, schmerzhafte, harte Arbeit, denn alle disziplinierten Gedanken waren verdrängt, und in den Toiletten hatte ich zugunsten einer unverfälschten Betäubung sogar meine chinesischen Wissenskärtchen bald aufgegeben. Ich lernte, daß alle anderen auf der Welt weniger interessiert an Sex waren als ich. Die anderen erreichten einen Punkt, wo sie genug hatten. Sie standen auf, knöpften sich die Hosen zu und eilten davon, verärgert darüber, daß sie so viel Zeit für nichts verschwendet hatten. Aber ich hatte keinen Funken

Würde mehr zum Wegknöpfen. Die anderen Tunten konnten durch einen langsam vorbeifahrenden Streifenwagen zu Tode erschreckt werden, oder sie zogen sich zurück, wenn die Beute zu mager wurde. Ich nicht. Ich war immer noch da, blau vor Kälte, und schlug meine in Handschuhen steckenden Hände zum Wärmen gegeneinander.

Als Kind hatte ich dasselbe Gefühl gehabt. Ich war der einzige, der bis spät in Kälte und Dunkelheit spielen und sich prügeln wollte (du oben, ich unten). Nur um diese Berührung mit den Körpern anderer Jungen zu spüren, ihre Knie, die auf meinen Bizepsen brannten, ihr Gewicht, das auf meinem Brustkorb lag, oder einen starken Unterarm, der von hinten meinen Hals strangulierte (ich lehnte mich enger an meinen Peiniger) – um diese Berührung zu fühlen, war ich bereit, die anderen Jungen herauszufordern, mich zu weigern, »Aus!« zu sagen, oder es zu sagen und dann zu widerrufen.

Jetzt verbrachte ich dermaßen viel Zeit bei diesem rauhen Tauschhandel – bei dem ich mich gratis feilbot, und trotzdem nie genügend Abnehmer finden konnte, bei dem die Käufer, die ich verschmähte, die Ware verschmähten, zu der ich geworden war –, daß mir alle anderen menschlichen Gegenseitigkeiten (zwischen Freunden, zwischen Lehrer und Schüler, Eltern und Kind) über die Maßen freundlich und ungeheuer rücksichtsvoll erschienen. Und trotzdem wurde ich den Gedanken nicht los, daß andere Leute Illusionen hegten, die ich abgelegt hatte. Andere Leute waren irgendwie naiv. Meine Mutter betete jeden Tag ihres Lebens, daß mein Vater wieder zu ihr zurückkommen möge – oder, wenn es ihm nicht gelang, irgendein mystischer Herb, Abe oder Will –, und führte für diese Hoffnung ihre Reize ins

Feld, ihre berufliche Stellung, ihren edlen Charakter, ihre Kultiviertheit als Gastgeberin und gewandte Unterhalterin, ihre kultivierte Umgebung; aber ich wußte, daß sie einer Selbsttäuschung erlag, daß Männer quantitativ, nicht qualitativ dachten, daß sie nur Jahre, Zentimeter, Runzeln, Dollars zu zählen vermochten. Genauso, wie mein Brustkorb zu schmal, meine Brille zu dick, mein Penis zu klein war, war sie zu fett, zu alt und zu arm. Als Annie mir erzählte, sie sei sicher, daß William Everett Hunton sie eines Tages lieben werde, weil sie einen neugierigen Verstand und ein treues, hingebungsvolles Herz habe, dachte ich: »Hör auf, Lady, komm wieder auf den Boden.«

Diesem primitiven Skeptizismus fügte ich nun noch Zynismus bei – keine schnurrbartzwirbelnde Fröhlichkeit, sondern einen Zynismus, den ich hinnahm und, mit kruder Gelehrsamkeit gewürzt, schluckte. Menschen sind Körper, dachte ich; die einzigen wertvollen Menschen sind die mit schönen Körpern; da mein Körper nicht schön ist, bin ich wertlos. Das war das armselige Futter, das ich Tag und Nacht pickte.

Jedesmal, wenn ich zu den Toiletten in der Haupthalle zurückkehrte, dachte ich bei mir: »Tja, da wären wir wieder.« Im Gegensatz zu den verhätschelten Normalen war ich nämlich zum Selbstbetrug nicht fähig, aber paradoxerweise (und dieser Gedanke war so wirklich, wie er gefährlich war) erschienen mir die Toiletten – allein schon ihre Erniedrigung, meine sklavische Abhängigkeit von ihnen – dennoch als »das einzig Wahre«. Etwas so erbarmenswert Niedriges muß real sein, dachte ich. Wie eine abgehalfterte Nutte, die auf den Strich zurückkehrt, sagte ich: »Okay, da wären wir wieder, zurück im Leben.«

Bei meiner nächsten Therapiesitzung sagte O'Reilly zu mir, während er an einem roten Fleck an seiner Nase herumkratzte, der sich entzündet hatte: »Was um Himmels willen hast du nur unserer Annie angetan, daß du sie mit diesem Wahnsinnigen zusammengebracht hast?«

»Ich hab sie nicht zusammengebracht«, sagte ich.

»Sie ist entsetzlich durcheinander. Ich mußte den ganzen Abend an ihr arbeiten. Jetzt schläft sie friedlich. Und *ich* muß mir das jetzt bei dir von der Seele reden. Schließlich bin ich keiner von diesen gottverdammten freudianischen Popanzen, die behaupten, sie hätten keine Gefühle.«

»Aber was ist denn passiert?« Ich ärgerte mich über O'Reillys Zudringlichkeit, fürchtete aber zugleich seine Ablehnung. Ich brauchte ihn. Meine Hingabe an die Homosexualität mußte aufhören, mußte schleunigst aufhören, und er hatte gesagt, nur er könne mich retten. Allmählich wurde ich durch meine Begierden geformt und behindert – Sex mit Männern war sogar schon in meine Träume eingedrungen. Bei dem Army-Test würden sie die winzigste Erweiterung meiner Pupillen notieren, und William Everett Hunton hatte geschworen, ich bekäme langsam »einen Schwanzlutschermund« – »wie meiner!« hatte er strahlend hinzugefügt. »Dicke Wulstlippen. Und unsere Haut ist glatter, wie die von Mädchen, und unsere Hüften fleischiger, vielleicht nur einen Millimeter, und unsere Brustwarzen sind empfindlicher; aus einer von meinen ist einmal sogar ein Tropfen Milch rausgekommen. Man erkennt, wer schwul ist – die kleinen, delikaten Schrittchen, die Tropfhändchen, die übertrieben bewegliche Miene, die ständig zu einer *moue* verzogenen Lippen« (er sprach es »mu-ee« aus, weil er meinte, das klinge französischer), »die ausgezehrte Hühnerbrust und die dürre Taille, das östrogenglänzende Haar und natürlich die *Stimme!«* Er kreischte, um sie zu demonstrieren, lief ans Fenster und rief, womit er die Aufmerksamkeit einiger grinsender Jurastudenten auf sich zog, hinaus: »Ju-huh, Jungs!« Jetzt war er die impulsive Matrone mit der trällernden Opernstimme. »Jungs, kuckuck, kuckuck! Hier oben, ihr Süßen, kommt doch mal rauf zu euren Schätzchen Gertrude und Alice.« Leise: »Das bist du, Gertrude – paßt zu dir, die maskuline Frau ist heute große Mode, der weibliche Avantgarde-Schreiberling.«

»Was meinen Sie mit ›Wahnsinniger‹?« fragte ich O'Reilly. »Was hat William denn getan?«

»Das wirst du Annie fragen müssen, wenn's ihr so gut geht, daß sie mit dir mitfahren kann.«

»William hat mir einen Korb gegeben«, erzählte Annie mit einem schwachen Lächeln und reichlich Lidklappern, als habe sie sich eben erst eine Augenbinde abgenommen. »Das Schreckliche ist, daß er mich nicht völlig freigeben will. Er liebt die *Idee,* mich zu besitzen, er möchte sexuell normal sein, aber er fühlt sich schrecklich eingeengt, wenn ich bei ihm bin. Ich versuche, mich fast bis zum Verschwinden klein zu machen, so wenig Platz wie möglich in Anspruch zu nehmen, aber es hat alles keinen Zweck; er ist außer sich – der Jura-Fachbereich nimmt zweimal soviel Erstsemester auf, wenn das so weitergeht, ein wirklich unmoralisches System, der arme Kerl ist ein Genie, aber überhaupt nicht diszipliniert, und möchte er wirklich Anwalt werden, das frage ich mich ständig, oder geht's bloß um die WASP-Superschwuchtel mit dem Brooks-Schlapperanzug und der monogrammierten Aktentasche von Mark Cross, aber eins ist sicher, er kann wirklich fies sein, wenn er von

WASPs redet, er sagt, er liebt mich, aber mein ganzer Weiberkram macht ihn total wuschig, er kann meinen Slip und den Hüftgürtel und das Make-up nicht ertragen, obwohl er im Schminken besser ist als ich, und er ist wirklich ein Tyrann, wenn's um mein Aussehen geht; O'Reilly meint, er ist ein Wahnsinniger, der entschlossen ist, seine Mutter umzubringen, aber könnte O'Reilly nicht ein ganz klitzekleines bißchen eifersüchtig sein, weil ich denke, William ist merkwürdig *heilsam* für mich, dadurch, daß er versessener aufs Äußere ist als ich, und durch ihn habe ich das Gefühl, den ganzen Narzißmus einfach satt zu haben, ich rede von negativer Psychologie, und er ist« – tiefer Atemzug, der Anflug eines Lächelns – »*wunderbar.* Das ist er wirklich, verstehst du.«

Wie ein Baby, das voll panischer Angst durch eine Röhre kriecht und lächelnd wieder zum Vorschein kommt, hatte Annie ihre Ängste beiseite geschoben und redete nun ruhig über »unsere Zukunft«, womit sie ihre mit William meinte. »Er möchte mich wirklich heiraten, zumindest haben wir stundenlang vor den Schaufenstern von Juwelierläden herumgestanden, und er ist sogar in einen reingetänzelt und hat sich die *kostspieligsten* Diamanten zeigen lassen.« Ich hörte William, wie er »kostspielig« sagte. »Und jetzt wissen wir beide alles über Nerze, wie man sie zuschneidet und die Felle zusammensetzt.«

In meiner Verbindung feierten wir die Gründernacht, einen »Junggesellenabend«, bei dem wir uns alle in unsere Smokings warfen, Krabbencocktails und durchgebratene Steaks aßen und dann ins Partyzimmer im Keller hinuntergingen und uns die Hucke vollsoffen. Der Stil des Hauses war niederdrückend: überaltert, gelangweilt, alkoholisiert. Unser Präsident – das war der, der wie frisch gepellt aussah – wachte abends um sechs auf, stieg aus seinem Trainingsanzug mit Kapuze und den zwei Paar Sportsocken, die seine Kostümierung zum Schlafen in dem ungeheizten »Frischluft«-Wohnheim darstellten, brauchte eine Stunde zum Rasieren und Duschen und erschien sodann rosig angehaucht in untadeligem Smoking und Diamantmanschettenknöpfen; von seinen üblichen Ausschweifungen kündete nur noch seine rote Nase. Er mixte starke Cocktails, aber er weigerte sich, sie zu servieren, ehe nicht alle Einzelheiten perfekt waren – richtiges Glas, richtig geeist, die richtige Garnierung, die richtige, mit Monogramm versehene Papierserviette.

Die Kameradschaft des Gründerabends erschien doppelt schlüpfrig, weil wir alle auf ungewohnte Art sittsam und untätig waren. Bei Tanzabenden widmete sich jeder spontan seiner Partnerin; bei den Wochentagsdinners fehlte ein Drittel der Mitglieder sowieso, ein zweites Drittel hatte einen gefährlichen Kater, und der Rest las Illustrierte, inszenierte trostlose Rülps- oder Furzwettbewerbe oder kotzte.

Bei den Gründerabenden jedoch war alles anders. Das Haus hatte der erste Musikdekan der Universität erbauen lassen, und der Speisesaal mit seiner Sängerempore war ihr erster Konzertsaal gewesen – Caruso hatte dort oben gestanden, genau dort, und »*Oh, Ginnie whisky late burn air*« gesungen. Das leuchtende, sehr dunkle und rauschhaft verzierte Balkenwerk ließ einen an jene Hobbyhandwerker denken, die Bildhauerisches aus ihren eigenen Körperausscheidungen herstellen und ihre erfolgreichsten Kreationen in Gläsern aufbewahren.

Nach dem Weiß- und dem Rotwein begaben wir uns singend, Arm in Arm, nach unten in den Keller. Ich vermute, für die anderen hatte so ein Galaabend ohne Frauen etwas Trauriges, und offenbar entwickeln Männer, wenn sie unter sich sind, nicht dieses Glitzern auf ihren Eckzähnen, sie drängen sich nicht mit derselben verbindlichen, auf Konkurrenz eingestellten Lust ins Gewühle – unter sich haben sie nicht einmal den rechten Grund, sich gegenseitig zu veräppeln.

Aber mir erlaubten die Smokings (die Kellner unpersönlich machen und Freunden Würde verleihen), das Bankett und die Trinksprüche, mir für ganze zwei Minuten hintereinander vorzustellen, wir wären eine Schar Verliebter – nicht die Freaks von den Toiletten oder diese Zombies, die unter den Duschen endlos an ihren Genitalien herumschrubbten, sondern normale Jungs, die sich in ihrer Haut wohl fühlen, mit einer fleischigen Hand in gewaltigem Bogen nachlässig nach hinten langen, um sich an einem Schulterblatt zu kratzen, große Pandaaugen, die die Welt aufnehmen, Stimmen, die zu laut für Innenräume sind. Sobald ich diesen Traum jedoch ausspann, löste er sich auf, denn ich wußte, ein Mann hörte in dem Augenblick auf, begehrenswert zu sein, in dem er einen anderen begehrte.

Früh um drei war der Punsch des Präsidenten als der *coup de grâce* für die wenigen Überlebenden aufgetischt worden. Auf jeder Ledercouch lagen bewußtlose Männer ausgestreckt, ebenso »in Trümmern« wie die Wagen, die sie zu Schrott fuhren. Manche von den Brüdern saßen kerzengerade, mit offenen Mündern und aufgeknoteten Schlipsen und Schuhbändern da, und ihr Schnarchen rasselte und keuchte wie im Wechselgesang von einem Zimmer zum anderen. Die Lichter brannten in allen vier Stockwerken. Ich war der einzige, der wach war.

Nein. Da war noch einer, auch einer, der der Verbindung beizutreten versprochen hatte, Mick, ein Junge, der zuviel grinste und mit einer gruseligen Begeisterung von Waffen und körperlicher Fitneß redete, als müßte jeder mit ihm der Meinung sein, sich ein Loch ins Eis zu hacken und im Lake Michigan baden zu gehen sei ein ebenso selbstverständliches Vergnügen wie die Aussicht, aus einem Flugzeug in vom Feind besetztes Gelände abzuspringen. Wie bestimmte fromme Fanatiker, die ihr eigener Beifallschor sind (»Das stimmt, Mann, weiß Gott!«), flüsterte er sich selber alle Bestätigungen zu, die er brauchte.

Mick war aus dem Süden. Alles an ihm war auf Hochglanz. Jedes Haar auf seinem Kopf sah aus, als sei es einzeln in heißes Nerzöl getaucht und aufgedreht worden. Seine markanten Schläfen, sein starkknochiges Kinn, die wie auf der Drehbank hergestellten Falze seiner Ohren, seine Robbenfellbrauen – auf allem strahlten Glanzlichter, und seine großen, schwarzen Augen sahen aus wie Gefäße, die Schmieröl enthalten, so wie seine leuchtenden schwarzen Brustwarzen aussahen wie Schaltknöpfe. Er war nicht »maskulin« in dem saftig-kraftvollen Sinn, den das Wort damals hatte. Er war mehr wie ein Frettchen – rasch, gespannt.

Und ein Einzelgänger. Er war immer allein, wenn er sich rückwärts mit einem Grinsen und diesem fast unhörbaren Jawoll-wird-gemacht-Gemurmel aus Zimmern schob (»Yessir, fangen Sie damit lieber an, wenn ich im Reserveoffizierausbildungscamp bin«). Und wenn die Älteren witzige Bemerkungen machten, wurde dieses Grinsen richtig breit. Man konnte kaum hinsehen, weil es völlig rückhaltlos war, und nur wenn ihn jemand hänselte (»Sei doch nicht so 'n Arschkriecher, Mick«), wurde es ihm bewußt. Dann benutzte er sein Lächeln defensiv: Er schaltete es auf noch breiter und strahlender, drehte sich im Kreis und schickte es in jede Zimmerecke. Die Verbindungsstudenten waren nicht der Ansicht, daß er ein »Gesichtsmensch« sei, weil er zu keiner augenzwinkernden Bewußtheit seiner eigenen Schönheit neigte. Aber er hatte wirklich dieses gute, ordentliche Aussehen, das zu einer Paradeuniform paßt. Man konnte sich sein Gesicht unter einem Helm vorstellen, die tiefsitzenden Augen im Schatten des Helmrandes versunken.

Er hatte eine Freundin, die er in einem fort anfaßte, wenn er mit ihr zusammen war – er fingerte an ihrem Schal herum, strich ihr übers Haar, massierte ihr den Nacken, klopfte ihr auf die Schulter, wenn er sie durch Türen führte. Sie waren immer die ersten, die bei einem Tanz ins abgedunkelte Knutschzimmer abzogen, und die letzten, die es total verwuschelt wieder verließen. Sie war keine »Griechin«, gehörte also keiner mit griechischen Buchstaben bezeichneten Studentinnenverbindung an. Tatsächlich hatte sie in unseren Augen kein anderes Merkmal, als Micks Freundin zu sein. Mick erschien in Sexangelegenheiten viel weniger kompliziert als alle anderen: Er redete nicht stundenlang über Cunnilingus und kotzte nicht bei seinen Rendezvous. Und auf dieselbe unkomplizierte Art schien er auf Männer neugierig zu sein. Wenn er Weckdienst hatte, tippte er mich an (ich schlief in einem oberen Bett) und starrte dann ungeniert auf die Morgenerektion in meinen Jokkey-Unterhosen. Dabei lächelte er nicht, es sei denn, ich sah ihn an; dann tauchte er gewissermaßen aus seiner

Trance auf und setzte sein Grinsen auf. Er war, was die anderen einen geilen Bock genannt hätten, nur trat er nie als einer auf. Vielleicht war er nicht sehr intelligent.

Nun waren er und ich also die einzigen, die in dem ganzen glitzernden Nach-Party-Chaos noch wach waren, umgeben von schnaufenden und schnatternden Pinguinen. Ich saß, dösig vom Saufen, auf einer zusammengebrochenen Couch auf dem obersten Absatz der großen Freitreppe. Neben mir war jemand ohnmächtig umgekippt.

»Hast du was dagegen, wenn ich mich zu dir setze?« fragte Mick. Es war fast so, als hätten wir eine Verabredung. Mehrere Male während des Essens hatte er mit seiner üblichen Neugier meine Aufmerksamkeit auf sich gelenkt. Seine schwarzen Haare hatte er sich eben erst sehr kurz schneiden lassen; ich hatte die allergrößte Lust, mit der Hand hindurchzufahren, und ehe ich mich's versah, hatte ich's auch schon getan, und plötzlich preßte sich sein Mund auf meinen, und wir wiegten uns gegenseitig in den Armen, und unsere Hände zogen blindlings an Hemden, um sie zu öffnen und die Haut darunter zu spüren.

Micks Mund schmeckte nach Pfefferminzlikör. Seine Hand war an meiner Hose nach unten gekrochen und lag auf meinem Schwanz, und ich dachte: Wir werden ein Liebespaar, wir leben für immer zusammen, ich liebe ihn, warum habe ich das nicht schon vorher gemerkt. Er sah aus und handelte wie ein Frettchen, und nun wurde auch seine Hand zu einem Frettchen, *meine* Hand streichelte ihm den Bauch, der von all seinen Sit-ups so drall war, daß eine Münze von ihm abgeprallt wäre, und ich dachte: Wenn er mich zu sehr liebt, wenn er mir im Verbindungshaus ständig um die Füße herumwuselt, wird er zu einer Landplage, und das hier ist wahrscheinlich ein Fehler, und ...

Und dann hatten wir uns halb ausgepellt, mein Kummerbund lag auf der Erde, meine Manschettenknöpfe waren weggesprungen, und wechselnde Ströme aus rotem und gelbem Licht und Hitze flossen von meinen Beinen herauf durch meinen Brustkasten und zogen lodernd über meine geschlossenen Augen. »Wir sind verrückt«, flüsterte ich ihm ins Ohr, »die anderen ...« Er lehnte sich zurück und sah mich spöttisch an, dann schlapperte seine Zunge, muskulös wie ein Schneckenfuß, über mein Gesicht, ihre Spitze stocherte in mein Nasenloch und leckte jetzt das Innere des Bogens über meinen Lidern und war eine Sekunde später wieder an meiner Zunge, und ich war dankbar für die Wildheit seiner Begierde, weil ich mich durch sie emporgehoben fühlte, gerade so, als flöge ich auf dem Rücken eines Storchs – ja, als sei ich eines dieser Babys, das der Storch zu seinen Eltern hinunterbringt.

Seine Hand, schwielig von seinem ganzen Kommandotraining, schloß sich um meine, und er führte mich in das Zimmer, das er mit drei anderen Typen teilte. Kein zärtlicher Händedruck, lediglich der grobe Druck der Geilheit. Seine Zimmergenossen schliefen, schnarchten oder stöhnten nur wenige Schritte von uns entfernt.

Wir beendeten das Entkleiden in Sekunden. Mick stand nackt neben mir, glatter Leib, pelzige Beine, als trüge er noch immer hüfthohe schwarze Strümpfe, habe aber das dazu passende Trikot abgelegt. Dann schlüpfte er neben mich in das Bett und ging in die vollen, und wir hatten und hatten unseren Spaß daran, uns gegenseitig überall an den geheimsten Stellen zu berühren, nach denen unsere Augen im Duschraum des Verbindungshauses heimlich und rasch Ausschau gehalten hatten.

Nun fanden meine Fingerspitzen diesen langen Muskel, der vom Anus zum Ansatz des Penis verläuft – diesen zweiten versenkten Penis, den Vaterpenis, der vom Körper selbst umhüllt ist. Und seine Finger gruben sich in meine Hinterbacken, als hoffe er, mich in sich hineinzudrängen, zwei willige, aber getrennte Wesen zu vereinen, weniger getrennt jetzt, da sein Mund an meinem Ohr war und donnernd den Atem ausstieß. Natürlich wogten und tobten meine Gedanken. Jetzt saß er rittlings auf meiner Brust, und sein Schwanz glitt über meinen Mund. Einen Augenblick später hatte er sich herumgedreht, und wir lutschten uns gegenseitig, auf der Seite liegend, Romulus und Remus, ehe die Wölfin kam und sie säugte. Im Ganglicht, das durch die offene Tür hereinkam, sah ich die roten Venen in seinem durchscheinenden Hodensack, wie die Adern in einem Herbstblatt, und ich blickte in die Kerbe seines Hinterns. Mein Geist wirbelte in einem betrunkenen Walzer zwischen meinem und seinem Schwanz hin und her, zwischen Nehmen und Geben.

Dann sagte er: »Warum steckst du ihn mir nicht rein?«

Ich sagte: »Okay ...«, mit einem leisen Zögern.

»Ich hab's noch nie gemacht«, sagte er.

»Ich auch nicht«, log ich. »Aber vielleicht geht das so«, und ich bog seine starken Beine nach hinten und bohrte mich in sie hinein, so wie sich ein Footballspieler in die Schulter seines Gegners gräbt. Seine Waden hakten sich über meine Schultern. Seine Beine, lang und fest in ihren schwarzen Pelzstrümpfen, fühlten sich kalt an. Er war wie eine Zaubertrickflasche, die ganz merkwürdig gedreht werden muß, bis sie gießt, aber dann gießt sie ungehemmt. Da er dazu erzogen worden war, unter dem Blick eines Generals regungslos strammzustehen, wußte er, wie man Befehle, selbst stille, entgegennimmt. Ausnahmsweise einmal war der Strom seiner Kommentare, mit denen er sich sonst Mut zusprach, versiegt. Er lächelte auch nicht.

Als ich in ihn einzudringen begann, sagte er laut »Herrgott« und verzog vor Schmerz das Gesicht. Der Zimmergenosse gleich neben uns bewegte sich. Ich zog meinen Schwanz raus, und er flitzte zur Toilette. Ich folgte ihm. Er saß bei offener Tür auf dem Klo und sagte laut: »Du gehst einem wirklich auf den Arsch«, und dabei zeigte er wieder dieses breite, unverhüllte Lächeln. Ich stand daneben, während er sich krümmte und redete und nach unten ins Klo guckte, um zu sehen, ob irgendwas rausgekommen war. Sein Körper war so oft von der Sonne gebräunt worden, daß er für immer die Badehosengrenze behielt.

Wir gingen nicht wieder ins Bett, weder damals noch überhaupt, aber im nächsten Semester hatte ich in einer kleinen Pension ein eigenes Zimmer, und Mick lieh es sich jeden Dienstag- und Donnerstagnachmittag aus, wenn ich in der Uni war. Er benutzte es, um mit seiner Freundin zu schlafen. Einmal fand ich einen einzelnen winzigen Blutstropfen auf meinem Laken, an dem ich oft schnupperte, um den Duft eines sauberen, aber sportlichen und unparfümierten Körpers zu riechen. Inzwischen war er im übrigen wegen seines Lächelns so oft gehänselt worden – es wurde sogar eine Karikatur von ihm gezeichnet, auf der er nur aus Zähnen bestand –, daß er seine Natürlichkeit eingebüßt hatte. Im folgenden Jahr verließ er die Uni und ging zu den Fallschirmjägern.

Zwei Tage nach dem Junggesellendinner rief mich nachmittags um drei William Everett Hunton an und bat mich, mal schnell rüber zum Juragebäude zu kommen. Als ich dort ankam, lag Annie in sich zusammengesunken vor seiner Tür, barfuß, in einem hübschen rosa Seidenslip und sonst nichts, und ihre Hochfrisur war verrutscht. Sie blickte mit großen, feuchten Augen zu mir hoch, aber dieser lichte Moment des Wiedererkennens währte nicht lang, und sie blickte verzweifelt wieder weg.

»Um Himmels willen, Annie, steh doch auf!« rief ich, so besorgt über den Skandal, den sie erregte, wie über den Kummer, an dem sie litt.

In dem Moment, als ich sprach, flog die Tür auf und William stand vor uns. »Dem Himmel sei Dank, daß du gekommen bist.« Er sah Annie voller Furcht und Abscheu an. »Ich sehe, mein kleines Hündchen hast du schon kennengelernt. Aber nicht streicheln. Wir lassen es hier draußen, um es zu bestrafen. Es hat die ganze Nacht gebellt. Du kannst es Sam rufen.«

Er zog mich ins Zimmer, nachdem ich flüchtig ein irres Grinsen auf Annies Gesicht wahrgenommen hatte, als der Name Sam fiel. Sie sprach ihn sogar lautlos nach. Und dann verzog sich ihr Mund von komisch zu tragisch, und ihre Augen füllten sich mit Tränen.

Kaum hatte William die Tür geschlossen, lehnte er sich dagegen, als wolle er Sam aussperren. »O mein Lieber, du würdest nie raten, was für ein billiges Taschenbuch ich aus meinem Leben gemacht habe, reiner *roman de gare* – warum war ich nicht damit zufrieden, eine gedankenlose, nach dicken Schwänzen suchende Tucke zu bleiben? Dieses WG (womit ich das weibliche Genital meine, um sie von uns zu unterscheiden, Liebling, uns, die wir Frauen aus freier Entscheidung, nicht aus Zwang sind, obwohl ich in deinem Fall die eiserne Hand des Schicksals sehe) – dieses WG hat mir das Leben zur Hölle gemacht, zur wahren Hölle. Ich habe seit mehr als einer Woche kein Seminar mehr besucht und, da, hör mal!«

Wir standen reglos da.

»Hörst du die Schreibmaschinen? Das tun die Kerle hier ununterbrochen, Tag und Nacht, sie tippen Referate und hören nie auf. Oder meinst du, es ist bloß eine Tonbandschleife mit Tippgeräuschen, um mich zu quälen? Ich bin ja vielleicht pfiffig, aber eher im Sinne von Ist-das-nicht-ein-pfiffiges-Hütchen, jedenfalls gibt es keine Möglichkeit, bei einer Prüfung über Zivilrecht zu schummeln, das ich sowieso als Zi-wenig-recht betrachte.«

»Aber was ist mit Annie? Wir können sie doch nicht so auf dem Gang draußen lassen.«

»Warum denn nicht, Miss Etepetete? Hast du Angst, sie klatscht es Sheila weiter?« Das war Williams Name für O'Reilly. »Zu spät. Du bist bereits im Knabenpuff bei Sheila, die, nebenbei bemerkt, auf dem Weg hier rauf ist (wenn sie nicht vorher einnickt), um Sam zu retten – wie leichtsinnig von dir, eine Dr. Klaps anzuheuern, die Säuferin ist und mit Pillen jongliert; *denk* dir, Liebste, ich habe die alte Vogelscheuche an der Strippe gehabt, und sie war so fahrig, wie ich es mit zehn Zoll Schwanz im Hintern werde, nur war sie nicht glücklich drüber. Sie hatte mehr Schaum am Hörer als du auf deinem Röckchen, wenn du dir einen Film mit Montgomery Clift ansiehst, der den nassen Schlüpfer nicht mal wert ist, denn Monty ist selber bloß 'ne abgelabberte alte Schwuchtel.«

»O'Reilly kommt her? Mein Gott!« Ich hatte die schrecklichsten Schuldgefühle. Der Tag war glitzernd kalt und sonnig; William hatte ein Fenster aufgerissen, das über der zischenden Dampfheizung die Kälte hereinließ.

Annie kam durch die Tür. Ihre Augen waren riesengroß, vergrößert durch das Geschmiere, das sie aus ihrer Wimperntusche gemacht hatte. In ihrem Slip wirkte ihr Körper noch ausgemergelter, und als sie zu schluchzen begann, sah ich ihren mageren, flachen Bauch unter dem dünnen Stoff zittern. William und ich saßen auf der Bettkante und sahen ihr zu, als sie sich über das Waschbecken beugte. Sie betrachtete ihr Gesicht in einem kleinen Spiegel. Dann klatschte sie sich Wasser über ihren ganzen Körper, was zuerst ganz normal aussah, nur daß sie damit nicht aufhörte. Sie beugte den Kopf immer tiefer und tiefer, schaufelte mit ihren Händen Wasser nach oben, schleuderte es sich über die Schultern und benäßte damit ihren Rücken und den lackierten Boden hinter sich.

»Herrgott im Himmel, Ophelia, gib doch mal Ruhe. Ärztliche Hilfe in Form von Bourbon, Amphetaminen und der dicken Sheila ist auf dem Weg, also hör einfach mal auf. Oder sauf dir einen an. Hier ist 'ne Flasche.«

Ich konnte weder ihre Not noch seine Giftigkeit ertragen. Bis zu dem Augenblick war mir gar nicht klar gewesen, wie sehr ich mir wünschte, daß sie sich gegenseitig glücklich machten, und wie satt ich das Kuddelmuddel hatte, das sie – Mann! vielleicht *ich* – angerichtet hatten. Ich legte Annie einen Arm um die Schulter, trocknete sie ab und setzte sie auf einen Stuhl. Sie war überraschend gefügig, aber in dem Augenblick, als ich mich umdrehte, um nach ihrer Bluse zu suchen, war sie schon wieder aufgesprungen, lief im Zimmer hin und her und faßte alles an, wie ein Geizhals, der seine Besitztümer zählt.

»Ich ertrag es nicht«, sagte William. »Ich dachte, ich bekomme 'ne Freundin, statt dessen habe ich mir eine von Sheilas Pfuschereien angelacht, nichts als Rühreier statt Hirn.« Er warf sich ein Tweedjackett über sein gestreiftes Button-down-Hemd und eilte zur Tür, aber Annie sank vor ihm zu Boden und umklammerte seine Beine.

»Geh nicht weg«, sagte sie mit normaler, freundlicher Stimme, »ich verspreche dir, unterhaltender zu sein.« Sie brachte tatsächlich ein betörend ungezwungenes Lächeln zustande, aber dann stieg plötzlich ein hoher Klageton, der Klageton einer algerischen Witwe, hinten in ihrem Hals auf und wurde immer lauter.

William war kreidebleich im Gesicht. Er sagte: »Du hast alles kaputtgemacht«, befreite sich mit einem Fußtritt von Annie und rannte hinaus. Dann waren wir alle drei draußen in dem strahlenden, blauweißen Tag, einem Tag, so chirurgisch sauber und scharf, daß selbst die Wolken wie alkoholgetränkte Wattebäusche aussahen. Es war gerade die Zehn-Minuten-Pause zwischen den Seminaren. Überall auf den Gehwegen, zwischen schneebeladenen Büschen, sah man rote Schals flattern, die hektisch im Wind zuckten wie Blut, wenn es in der Pipette nach oben steigt. William schritt flott voran, und seine weiten Khakihosen schlabberten ihm um die Beine. Er führte Selbstgespräche oder redete auf den Wind ein. Ich war verlegen, wünschte mir, mein Zigarettenrauch würde sich kondensieren und sich in neue Freunde verwandeln oder zumindest mich vor denen verbergen, die ich schon hatte. Als ich mich umblickte, was auch William gerade tat, sah ich Annie, noch immer in ihrem Slip, doch auf den Knien im Schnee, ihr Mund eine längliche Öffnung des Schmerzes, die Hände erhoben und verspannt. Sie rutschte auf ihren Knien über den Schnee.

Ich mußte die Sache in die Hand nehmen. Sie mußte ins Krankenhaus gebracht werden, aber das war nicht meine Aufgabe; aber ich konnte sie ins Trockene bringen, sie aufwärmen, anziehen, zu beruhigen versuchen. Mit einem Mal sah ich sie als meine Schwester, nicht die gefühllose, tyrannische Schwester, die ich in Wirklichkeit hatte, sondern als verlassenes Kind.

William war verschwunden. Er hatte seine Tür nicht verschlossen, und Annie und ich kehrten in sein Zimmer zurück. Stunden später, lange nach Sonnenuntergang, kam O'Reilly; seine Nase war knallrot, weil er mit seinen Mininägeln, die er fast bis aufs Fleisch abgenagt hatte, an der entzündeten Stelle unentwegt herumbohrte. Sein weißes Haar wallte. Er trug Sandalen, trotz des Schnees. Dazu hatte er einen teuren, seidengefütterten Kaschmirmantel an, wie ihn Börsenmakler tragen, aber darunter trug er einen bestickten Kosakenkittel und einen Strick als Gürtel. Er umarmte Annie, die ich in Williams karierten Bademantel gehüllt hatte. Er quetschte sie an seine Brust. Lange standen die beiden da und wiegten sich hin und her.

Ich wußte nicht, wo ich hingucken sollte. Ich empfand nur Verlegenheit und Erleichterung, Erleichterung darüber, daß ich nicht mehr verantwortlich war. Aber O'Reilly sagte zu mir: »Okay, du kannst herkommen und auch dran teilhaben.« Er hob einen Arm in die Höhe und winkte mich neben sich. Ich wollte nicht gehen. Ich wollte keine solche Liebe, Liebe von einem Mann, der mich eigentlich gar nicht mochte, obwohl er es beteuerte, eine erniedrigende Liebe, die »Regression« auslösen sollte, denn O'Reilly hing der Theorie an, seine Patienten müßten zur Kindheit zurückkehren und unter seiner gütigen Führung noch einmal ganz von vorn erwachsen werden. Ich zog Einsamkeit und Leiden vor. Der Wolf in mir trottete von dem Lagerfeuer fort, warf seinen fein modellierten Kopf zurück und heulte – aber das Schaf ging zu O'Reilly, weil ich nicht nein sagen konnte. Von seinem Arbeitszimmer entfernt und hierher verschlagen, machte O'Reilly einen wahnsinnigen und kranken Eindruck – aufgedunsen, verwirrt, schwer atmend, nach Bourbon stinkend. Ich schämte mich für ihn.

Im Verlauf der nächsten Wochen stellte Annie das Essen ein. Sie hatte sich in den Kopf gesetzt, William habe sie abstoßend fett gefunden, und sie fauchte voller Verachtung das Bild ihrer mageren Brüste und nahezu fleischlosen Hüften im Spiegel an. Sie sehnte sich nach der Reinheit eines Knabenkörpers (eines Knaben vor der Pubertät).

Sie hatte in der Uni ein Mädchen mit denselben fixen Ideen gefunden. Sie schliefen den ganzen Tag, bildeten sich was auf ihre intelligente Blässe ein, ließen sich die Haare sehr lang wachsen. Sie schrieben Gedichte und begannen auf Professoren-Cocktailparties zu gehen; außerdem wurden sie von einem Lehrbeauftragten in Kunstgeschichte eingeladen, mit dem sie sich angefreundet hatten. Um Mitternacht gingen sie dann zusammen in Annies Zimmer im Studentenwohnheim, zündeten Kerzen an und brachten mehrere Stunden damit zu, zwei Gurken zu verzehren. Die übrige Zeit lebten sie von Wodka, Zigaretten und schwarzem Tee. O'Reilly wies Annie ins Krankenhaus ein, weil sie sich zu essen weigerte, aber sie zog sich die Schläuche aus den Armvenen und rannte wie verrückt die Treppen rauf und runter, um die deformierenden Kalorien wieder loszuwerden.

Zu Weihnachten nahm ich sie mit zu meinem Vater. Meine Stiefmutter führte uns durchs Haus, wie das bei Leuten im Mittelwesten Sitte ist. Wir besahen uns Zedernholzschränke, den Wäscheschrank mit genügend Bettüchern, um ein ganzes Krankenhaus damit auszustatten, den ganzen gekochten Truthahn und den kalten Schinken, die im Kühlschrank auf unsere mitternächtlichen Imbisse warteten. Wir inspizierten den Keller, besichtigten den Heizkessel, die gegen diebische Dienstmädchen fest verschlossene Bar und den Pingpongtisch. »Kinder, wenn ihr Lust auf ein Spielchen habt«, sagte Dad, »auch mitten in der Nacht, nur zu, hier unten ist alles schalldicht.«

»Aber *du* bleibst auf jeden Fall oben«, sagte meine Stiefmutter mürrisch zu meinem Vater. Sie stimmte eine Litanei seiner störenden nächtlichen Angewohnheiten an. »Er steht erst am späten Nachmittag auf, und abends um sechs setzt er sich an sein Frühstück, das aus einem Pfund Schinken besteht. Ich mußte meine eigenen Wege gehen. Sonst hätte ich niemals was vom Leben gehabt.«

Und das war das Stichwort für meinen Vater, sich mit den gesellschaftlichen Erfolgen seiner Frau zu brüsten: als Vorsitzende der Freunde des Symphonieorchesters, als Führerin im Kunstmuseum und als der Star von Mr. Feltrinellis Malklasse. Sie sagte: »Ich habe deinen Vater als traurigen Clown porträtiert und dann so was Ähnliches wie eine Michigan-Landschaft gemalt, die mir nicht ganz gelungen ist, deshalb habe ich sie abstrakt gemalt, aber sie ist auch so irgendwie nett.« Außerdem hatte sie vor, den Geizhals in einer Weihnachtsinszenierung für das Altenpflegeheim zu spielen (»Wenn ich bloß den Text reinkriege. Würden Sie mir helfen, Annie? Ich habe mir schon ein herrliches Kostüm mit Bart und allem Drum und Dran ausgedacht«). In ihrem rührigen Leben wechselten sich Dia-Abende von Reisen nach Mexiko mit vierhändigen Klavierdarbietungen von »Mister« Haydns Symphonien ab (»Gott sei Dank hat er so viele geschrieben; wir Frauen bewundern ihn einfach, man kann beim Spielen leicht den Takt zählen, und der Baßpart ist gut für Anfänger«).

Mein Vater war mißtrauisch gegenüber Männern und fühlte sich in ihrer Gesellschaft nicht wohl, aber in der Nähe eines hübschen Mädchens kam er in Fahrt. Annie zählte als hübsches Mädchen trotz ihrer Magerkeit und ihrem professionell aufgelegten Make-up, das so ganz anders war als das superblasse Rosa, das sich unsere heimischen Debütantinnen auf die Lippen tupften und dann auf Kleenextücher hauchten. Zwar konnte sie »Scheiße!« schreien, wenn Krankenschwestern sie zwangsernährten, doch sie wußte auch die Manieren junger Mädchen nachzuahmen – oder doch beinahe. Denn Annie lächelte und schmachtete geziert, wogegen die jungen Mädchen entzückend aufgeweckt an alles herangingen. Ich bemerkte den Unterschied, und ich bin sicher, meine Stiefmutter bemerkte ihn auch, aber meinem Vater war der Kopf genügend verdreht, daß er seine Gewohnheiten änderte. Er, der gewöhnlich die ganze Nacht aufblieb und das ganze Haus bis zum Morgengrauen mit Brahms-Symphonien überschwemmte, der nie sprach, außer um zu belehren (»Du hast dich vielleicht über die beträchtlichen Vorteile von lang- gegenüber kurzfristigen Schuldverschreibungen gewundert«), setzte sich jetzt abends um neun an den Tisch, um ein richtiges geselliges Abendessen mit Kerzenschein und Konversation einzunehmen, ja sogar mit einer Flasche essigsaurem Wein, die er entstaubt hatte. »Für mich nur einen klitzekleinen Fingerhut voll«, sagte Annie, was ich übertrieben fand, denn sie lebte ja praktisch von Wodka.

»Ich bleib bei Kaffee«, sagte tadelnd meine Stiefmutter.

Mein Vater nannte Annie »junge Dame« und lachte über alles, was sie sagte. Wenn er lachte, neigte er den Kopf zur Seite und hielt die Zigarre vom Mund weg. Ich bekam Gänsehaut, wenn ich seine Zähne sah – zum Teil wohl darum, weil sie vom Tabak so gelb waren, vor allem aber, weil sein Lächeln so unecht wirkte.

Ich wußte, Herzlichkeit war ihm eine Last. Er zog die Einsamkeit vor, und wenn er schon zu gesellschaftlichem Umgang gezwungen war, dann wollte er ihn mit Leuten, die ihm untergeben waren. Hatte er seinesgleichen zu bewirten, dann war seine Vorstellung von einer Party ein alle zwei Jahre stattfindendes Freß- und Saufgelage, zu dem das Haus frisch gestrichen, Backsteine neu verfugt, Dachrinnen gesäubert, der Rasen gewalzt wurde. Jedes Zimmer auf jeder Etage wurde zu einer eingehenden Inspektion aufgerissen. Kein Staubkörnchen lauerte auch nur hinter einer einzigen Figurine, keine Vase war ohne Blumenstrauß, nicht ein einziger mundgeblasener, nierenförmiger Glasaschenbecher, der nicht makellos neben dem dazugehörigen, gähnend leeren Abfallgefäß stand, keine Lampe, die nicht eingeschaltet war, kein Badezimmergestell ohne seine volle Last an Gästehandtüchern. Draußen wurden Drinks serviert, eine Band spielte, und Paare tanzten in einem Zelt. Tagelang im voraus fragte meine Stiefmutter: »Meinst du, man wird einen Bananen-Daiquiri verlangen? Was ist, wenn jemand einen Rob Roy haben will?«

»Laß uns das alles besorgen«, pflegte mein Vater dann zu sagen. »Wir wollen doch nicht mit leeren Händen dastehen.« Genauso wie die Mormonen sich in Erwartung des Armageddon ihre Keller mit Lebensmittelkonserven und Waffen vollpacken, rechnete mein Vater bei jedem Fest mit der Apokalypse. Der schreckliche Augenblick, da Betsy McAllister, die ehemalige Präsidentin von United Fund, nach einem B&B fragen könnte und ihr gesagt werden müßte, es sei kein Benedictine da, mußte um jeden Preis vermieden werden, wie auch der gleichermaßen entsetzliche Moment, da ein Gast sich verletzte und nicht in jedem der sechs Badezimmer ein perfekt ausgestattetes Apothekenschränkchen vorfand. Doch ebenso, wie wirklichen oder potentiellen Gästen ein hoher Grad der Unversöhnlichkeit zugesprochen wurde, waren die Gastgeber erpicht darauf, ihre Freunde zu bekritteln. Ein Gast wurde belacht, wenn er Kölnischwasser benutzte oder auch nur den schlichtesten Ring trug oder seine Wade sehen ließ, wenn er die Beine überschlug, oder wenn er, wie's arme Leute tun, beim Platznehmen die Bügelfalte seiner Hose zur Seite drehte, und seine Frau hatte unweigerlich eine zu laute Stimme und trug zuviel Schmuck, und sie rauchte und trank zuviel – mit anderen Worten, sie bediente sich eben jener Flaschen, die wir extra beschafft hatten, und jener mit Filz unterlegten silbernen Zigarettenanzünder, die wir betont zwanglos auf Beistelltischen deponiert hatten. Es war eine Atmosphäre, in der selbst die beiläufigste Kenntnisnahme des Körpers als »zweideutig« galt.

Und ich bemerkte nun, da ich bereits mehrere Jahre von zu Hause weg im Internat und im College lebte, daß ich die zarte Membran durchstoßen hatte, mit der die schickliche Unterhaltung gegen die Anstößigkeiten der Welt geschützt war.

Am späten Abend zeigte meine Mutter Annie ihr Zimmer, das weit von meinem entfernt lag, denn damals kam es nicht in Frage, einen unverheirateten Mann und eine unverheiratete Frau auch nur in benachbarte Zimmer einzuquartieren. Mein Vater zündete sich noch eine Zigarre an und sagte: »Verdammt hübsche junge Frau. Und scheint einen guten Kopf auf den Schultern zu haben. Hat kluge, gründliche Fragen über Gruppenbeziehungsweise Einzellebensversicherungen gestellt.« Ich bezweifle, ob mein Vater Annie für gründlich oder hübsch hielt, aber sie *war* eine Frau – ein Schritt in die richtige Richtung.

Meine Stiefmutter entdeckte am Morgen, daß über Nacht aller Schinken und der ganze Truthahn aus dem Kühlschrank verschwunden waren. Und als mein Vater am Abend aufstand, stellte er fest, daß sein Waschbekken verstopft war. Das blockierte Rohr lag genau ein Stockwerk unter Annies Badezimmer. Als er sich seine spezielle, komische Klempnermütze aufgesetzt, seinen Overall angezogen und das Rohr geöffnet hatte, das von ihrem Waschbecken herunterführte, erlosch das schelmische Grinsen auf seinem Gesicht, sein Mund verzog sich angeekelt, und er zerrte mit bloßen Händen stinkende, halb gekaute Klumpen Truthahn und Schinken hervor.

»Ich verstehe nur nicht«, flüsterte meine Stiefmutter, »warum konnte deine Freundin sich denn nicht in die Toilette statt ins Waschbecken übergeben? Und es ist einfach so eine Verschwendung von gutem Essen – ich hatte doch ein kaltes Abendessen geplant.«

Annie hatte meinen Vater davon abzuhalten versucht, das Rohr aufzumachen, aber als es geschehen war, beruhigte sie sich wieder und packte ihre Reisetasche. Meine Stiefmutter fuhr uns zum Bahnhof und wartete, während ich sie in den Zug setzte. Auf dem Bahnsteig fragte mich Annie: »Bist du wütend?«

»Nein, es geschieht ihnen recht«, sagte ich lächelnd. »Ich wollte, ich hätte deinen Mumm – sie haben einen Schock nötig.«

»Ich habe sie nicht schockieren wollen. Aber egal. Ich verstehe nicht, daß du aus dieser Familie stammen kannst. Du bist so viel besser als sie – sanfter, offener.«

Ich ließ mir ihre schönen Worte schmecken, argwöhnisch freilich, als könnte das Bonbon vergiftet sein.

Wie meine Schwester, die unserer leiblichen Mutter die Angewohnheit übelnahm, sich selbst zu loben, hielt ich mich selbst nur für aufrichtig, wenn ich die schlimmsten Dinge über mich sagte. Jetzt, all die Jahre später, ist mir klar, daß die eine Selbsteinschätzung so wahr wie jede andere ist und daß der rücksichtslose Optimismus meiner Mutter eine weniger melancholische und viel wirkungsvollere Art war sich durchzuwursteln, als meine Schwermut und die finstere Ehrlichkeit meiner Schwester. Außerdem bewahrte die Ehrlichkeit meine Schwester nicht davor, sich selber zur Heirat eines Mannes zu überreden, den sie nicht liebte, und die Vorstadtmutti zu werden, die zu verkörpern sie zwar eine Neigung, aber kein Talent hatte. Meine Schwester schämte sich für meine Mutter und mich, weil wir so merkwürdig waren. Sie verbarrikadierte sich hinter der Normalität einer eisernen Jungfrau, die ihr keinen Raum zum Atmen ließ. Sie erstickte, während sie an trüben Wintermorgen eisigen Orangensaft mixte, im Elternbeirat der Schule saß, Brownies buk und die Liebesbeweise eines langweiligen, aber in sie vernarrten Gatten ertrug. Ihre Oberlippe schwoll jedesmal an, wenn er mit ihr schlafen wollte. Immer wieder trank sie kleine Schlückchen aus Schnapsflaschen, die sie im ganzen Haus versteckt hatte (Mundwasserflaschen, Parfumfläschchen, leere Colaflaschen unter der Spüle, eine Lysolflasche im Gästebad).

Als ich nach den Weihnachtsferien wieder an der Uni war, wurde ich von William Everett Hunton zu einem Schwulen-Ball eingeladen. »Wichs deine Mary Janes blank«, sagte er, »und bete darum, daß ein Kerl darin gespiegelt sieht, daß du unter deinem Rock keine Schlüpfer anhast, du ungezogenes Ding.«

Die Party fand in einer Atelierwohnung gleich über einem wissenschaftlichen Antiquariat an der Ecke eines Blocks statt, in dem es sonst keine Wohnungen gab. Dort fand ich mich an einem Samstagabend im Januar um zehn wieder, bewaffnet mit einer Zigarette und einem Bier (einer der vier Dosen, die William für mich von meinem Geld hatte kaufen müssen, weil ich noch zu jung war). Wir saßen auf Bücherstapeln, nippten an unseren Drinks und sahen den zwanzig Männern zu, die sich in dem kleinen Raum zusammendrängten. Ich kannte keinen von den anderen und hatte auch keinen von ihnen auf den Toiletten gesehen. Mir kam der Verdacht, daß sich alle hübschen schwulen Männer kannten und der öffentlichen Anschaffe aus dem Weg gingen. Zum ersten Mal wirkte William schüchtern, aber er sagte, er versuche einfach, es zu überspielen. »Hör zu, Schätzchen«, flüsterte er, »die Leute denken, 'ne Tunte ist 'n

Dreck, aber die, die Schwung in die Party gebracht hat, geht letztendlich alleine nach Hause, während alle anderen sich ein letztes, verzweifeltes Mal bei dem idiotischen Typen ins Zeug legen, der den ganzen Abend ganz allein in der Ecke gestanden hat. Mein Lieber, wer hat bloß die Beleuchtung hier gemacht? Ich sollte mir in meinen Verträgen meinen eigenen Beleuchter zusichern lassen, genau wie Marlene. Geht nichts über einen babyrosa Verfolger, um ein Mädel Jahre jünger zu machen.«

Mit seinen zweiundzwanzig hatte William panische Angst vor dem Altwerden. »Ich bringe mich um, wenn ich dreißig bin. Mit dreißig fängt bei Schwulen die Menopause an. Mir hat immer schon der Ausspruch gefallen: ›Lebe heftig, sterbe jung und hinterlaß 'ne schöne Leiche‹. ›O Rose, du bist blaß‹. Das wäre vielleicht ein guter Transi-Name für dich: Rose. Blaß bist du zweifellos.« Und William lachte mit seiner besonderen Mischung aus Übermut, die sich aus Humor, Trotz und Traurigkeit zusammensetzte, in einem Verhältnis, dessen auch er sich nicht sicher war, sondern das er nach Gefühl zusammenmischte.

Ich sah einen bulligen, blonden Mann in einem blauen, rund ausgeschnittenen Pullover und braunen Slacks, und plötzlich hatte ich den Eindruck, wir seien alle da, um ihn zu erfreuen, aber keiner sei dazu imstande. Heiden hätten gewußt, wie sie ihn als zeitweisen Sitz eines geflügelten Dämons verehren müßten, und die armen Monotheisten, blind für alle Götter außer dem unsichtbaren Einen, hätten ihr Interesse eher der Liebe als der Furcht zugeschrieben. Und dennoch hatte eigentlich jeder in dem Zimmer Angst vor Harry, dem bulligen Biologiehauptfächler aus Canton, Ohio.

Ich nicht. Ich hatte immer Glück bei Göttern gehabt, wenn ich mich dazu überwinden konnte, an ihre Verkleidung als Schäfer, Bote oder Biologiehauptfächler zu glauben.

Ich stellte Harry Fragen, die er mir durchaus höflich, aber aus großer Distanz beantwortete, als müsse der Nervenimpuls in mehrere Zwischencodes übersetzt werden, ehe die Fragen mich als Sprache erreichten. Zwei Sachen liefen gleichzeitig ab, die absolut nichts miteinander zu tun hatten: seine Antworten auf meine Fragen nach Trilobiten, wie ein Dialog zu einem *Encyclopaedia-Britannica*-Wissenschaftsfilm; und die verheerenden Auswirkungen in der Atmosphäre, wenn er sich bewegte oder lächelte. War sein Lachen ein hohles Dröhnen, seine Gesten angelernt und die zeitliche Koordinierung seines herrlichen Lächelns nur um eine Sekunde verzögert, so lag das daran, daß sein Dämon sich in dieser Inkarnation noch nicht richtig wohl fühlte – oder vielleicht erhielt er Instruktionen von einem anderen Stern, was die minimalen Verzögerungen erklärt haben würde. Ich sah mit Erleichterung, daß seine Augen, wild wie Raubtiere, im sicheren Käfig langer Wimpern gefangen saßen.

Ich bat ihn, mit mir zu tanzen. Er machte ob dieser Gottlosigkeit ein verdutztes Gesicht. Vielleicht war er gar kein Gott, sondern nur ein hübscher Bursche aus Canton (allerdings ein Außenseiter auf der High School), der jetzt endlich einmal mit einem anderen cleveren Typen tanzen wollte, nicht mit einem Troll wie mir (William nannte die Stammgäste in der Teestube »Trolle« oder manchmal auch »Drachen«). Vielleicht hatte Harry aber auch, wie ich, noch nie mit einem anderen Mann getanzt. Wer würde führen?

»Klar, warum nicht«, dröhnte er. Und eine Sekunde später war ich in seine Arme geglitten, seine Hände lagen auf meinen Schultern, meine Arme langten um seine Taille, wir schlossen die Augen, und der Blinde führte den Blinden. Brenda Lee sang: »*Break it to me gently*«, aber ich ignorierte die Worte. Ich lehnte meine Wange an seine Brust und dachte: Alles, was ich mir jemals gewünscht habe, ist, hier zu ruhen; das richtige Wort war wirklich *ruhen*. (Für mich ist Begierde immer statisch.) Ich dachte vage, daß ich auf Erden in der Rolle eines Erwachsenen, eines Mannes und Heterosexuellen herumwandern müßte, wo ich doch nichts von den dreien war. Aber ich hatte kein Verlangen, etwas präzise zu Ende zu denken. Es war einfach eine Wohltat, in diesem Augenblick diesen großen Mann zu umfassen. Er trug einen Kaschmirpullover, und wir schwitzten beide. Die beste Definition von Masochismus und sein besonderer Reiz bestehen darin, daß er die Scham gelten läßt; die ekelhafte Scham, die man runterschlukken und verstecken muß, wird endlich akzeptiert, angewandt, ja geliebt – die Scham über eine Verstümmelung, über dichte Behaarung, über zuviel oder nicht genug Fett, die Scham über den Wunsch zu dienen, Hund zu sein, Sohn, Ehefrau, Sklave, Pferd, Gefangener. Wenn das so ist, waren meine Gefühle damals masochistisch, denn jahrelang hatte ich mich für meine Sehnsucht geschämt, mit dem Kapitän der Schwimmannschaft zu tanzen, seiner würdig zu sein. Seitdem sind Scham und Dankbarkeit für mich die Kastenzeichen der Leidenschaft.

Und trotzdem gab es hier keinen Grund zur Scham, nicht einmal, als ich aufschaute, um einen Kuß zu erbitten, und auch einen bekam. Er begehrte mich nicht (welcher Gott würde das schon tun?), aber er ließ mich für dieses Lied oder auch noch das nächste in seinen Armen bleiben, und das war mehr, als ich jemals erwartet hatte. Natürlich kam ich mir albern vor: ein erwachsener Mann, der von einem anderen beschützt werden wollte. Selbst die zärtlichste Verbindung zwischen zwei Männern wird stets durch ihr überwaches Gespür für das Lächerliche in Frage gestellt. Die Freiheit, mit einem Mann zu tanzen (ich sage nicht, mit »einem anderen Mann«, denn er war der einzige, der hier als Mann zählte), erschien schon bemerkenswert genug, um ein einmaliges Vorrecht zu sein, aber Partys wie diese gingen vielleicht immerfort weiter. Gab es eine geheime Bruderschaft, die die Homosexuellen über Staaten, Länder, Jahrhunderte miteinander verband? Wurde ich umworben?

Scham und Dankbarkeit, sagte ich eben, aber sicherlich war Dankbarkeit ganz normal. Jedem gegenüber, der mich je in seinen Körper oder seine Arme einließ, fühle ich mich noch immer dankbar. Das ist wohl auch der Grund, warum so viele von meinen Freunden ehemalige Geliebte sind. Und dazu zählen in diesen Tagen auch sterbende und tote Freunde, mit denen das Fleisch, mein Fleisch, mich noch verbindet.

Die Gerüche von Schweiß und English Leather oder Canoe-Rasierwasser und Zigaretten und Bier und, gerade eben, von heißem Popcorn aus der Küche umschwebten mich. »Du hast ihm 'n Steifen gemacht«, zischte mir William ins Ohr. »Ich hab's an seiner Hose gesehen. Nicht so mächtig, wie er in Anbetracht seiner Größe sein sollte, aber akzeptabel; Familienmaß«, und er nickte weise, wie ein Großvater, der flüstert: »Eine annehmbare Mitgift.«

Bei William war die Größe eine fixe Idee, und weil ich so viel Zeit mit ihm zubrachte, begann auch ich, den Hosenschritt von Männern in Augenschein zu nehmen. Wir gingen zum Beispiel die Straße entlang, und er sagte: »Guck mal, der da. Er ist nicht so riesig, wie er uns vormachen will. Alles bloß die Eier, der Kerl hat'n Strandball als Skrotum. Aber *der da* ist groß – Liebling, guck nicht auf die Ausbuchtung in der Reißverschlußgegend. Die einen wirklich großen haben, können keine Jockey-Unterhosen tragen, zu einengend, genau wie die Liebe deiner Mutter. Nein, sie tragen Boxershorts und lassen ihn am Bein runterbaumeln. Halte nach ausgebeulten Hosen Ausschau. Glaub's oder glaub's nicht, die, die wirklich elefantöse Schwänze haben, sind verlegen, sie versuchen sie in losen Falten zu verbergen. Neger sind sichere Tips, aber nicht immer. Italiener sind verläßlich, wenn du nichts gegen Pelzbälle im Mund hast, so haarig sind die, und wenn du für Pecorino schwärmst.«

»Was ist das denn?«

»Italienischer Schafskäse. Sie sind alle unbeschnitten, und an einem heißen Sommertag kann-es-ziem-lich-stin-kig-da-drin werden.« Er schüttelte den Kopf und brummte: »*Toll.*« Ein Blick auf mein Entsetzen, und er fügte gelassen hinzu: »Ein anerzogener Geschmack.«

Er hatte noch andere Hinweise auf die Schwanzgröße – große Hände, große Füße, große Nase, fleischige Ohren, frühe Glatzenbildung (»aufgrund überschüssiger männlicher Hormone«), großer Daumen im Verhältnis zur Handfläche. Er zog Leute aus den Tropen denen gemäßigter Klimazonen vor, obwohl er herausgefunden hatte, daß, je dichter man an die Pole herankam, die Schwänze wieder größer wurden (»geht nichts über einen großen Schweden«). Kurze dicke (»aber *bierdo-*

*sen*dick«) hatte er lieber als sehr lange dünne. »Aber *du*, glaube ich, wüßtest nicht, was du mit einem wirklich großen Schwanz anfangen solltest, als ihn dir über die Schulter zu werfen, ein Bäuerchen machen zu lassen und zu weinen. Bist du irischer Abstammung?«

»Ja.«

»Ich *wußte* es, ihr irischen Jungs habt alle kleine Münder und kleine Schwänze, die schlechteste beider Welten. *Warum«*, und er rollte seine hervorquellenden Augen zum Himmel, »gerate ich immer nur an irische Jungs? Die Strafe dafür, daß ich im vorigen Leben ein klein-wenig-säu-isch war, meinst du nicht auch?«

Als das neue Semester begann, hatte ich mein eigenes Zimmer in einer Pension, und zum erstenmal im Leben war ich frei von jeglicher Beaufsichtigung. Ich war aus dem Verbindungshaus ausgezogen, obwohl ich dort weiter meine Mahlzeiten einnahm. Überhaupt jonglierte ich weiter mit all diesen Elementen herum – mit Verbindungsstudenten, Beatniks, Chinesisch und meinen anonymen, nur halb sichtbaren Liebhabern. Ich strich in meinem Zimmer alles weiß, bis auf den alten Schreibtisch, den ich in einem Trödelladen erstanden hatte. Er verfügte über ein winziges Schreibpult zum Herausklappen und einen kleinen, ovalen Spiegel, der hoch über meinem Kopf an einem Gestell aus geschnitzten schwarzen Leisten befestigt war, das die Wand mit einem Abakus aus Schatten überzog. Dort machte ich meine Hausaufgaben; alles übrige in meinem Leben war dermaßen chaotisch, daß ich unbedingt gute Noten brauchte. Über das Bett breitete ich eine weiße Decke, die mit schneeweißem, sehr breitem Band gesäumt war, und ich legte mich darauf und sah dem Sonnenuntergang dabei zu, wie er in diesem kleinen irischen Spiegelmund vor sich hinsang.

Ich lernte einen hübschen Koreaner kennen (»Koreaner kannst du vergessen«, zischte William wütend, »bloß Klitorisgröße«), der eine Tür weiter wohnte. Jedesmal, wenn die mechanische Welt ihn zur Verzweiflung brachte – wenn sein Fahrrad klemmte, die Waschmaschine seine Münzen schluckte, ohne zu waschen, oder sein Schlüssel in einem Schloß abbrach –, klingelte er bei mir, kam hereingestapft, zog sich aus, schichtete seine Sachen säuberlich auf meinen weißen Holzstuhl und legte sich mit dem Gesicht nach unten auf mein weißes Bett. Er nahm es wie ein Mann, biß ins Kissen, wenn ich ihm weh tat, und nichts hatte sich jemals auch nur annähernd so gut angefühlt wie diese kleinen, strammen Muskeln unter dieser chamoisweichen Haut, welche die Farbe von Zimt hatte, wenn er auf einen Cappuccino gesprenkelt wird. Das ist meine Art zu sagen, daß ein schwaches Feuer, eine Kontrolllampe unter dieser handschuhweichen Haut brannte, und daß er in erregender Weise nach diesem faulig vergorenen Kohl roch, den die Koreaner in kleinen Häppchen essen. Wenn alles vorbei war, zog er sich sofort an und ging, die Augenbrauen in quälendem Zweifel in die Höhe gezogen, als verstehe er nicht ganz, was eben passiert war. Er hatte blitzweiße Zähne.

Und dann, wenn ich die Tür geschlossen und verriegelt hatte, war ich allein. Ich hatte einen Plattenspieler und zwölf Platten, die ich immer und immer wieder spielte, besonders das Bartók-Violinkonzert, dessen Harmonien schroff genug waren, um mich modern zu fühlen, dessen Elan aber so romantisch ist, daß er mich in wilder Inbrunst immer wieder aufs Bett zurückschleuderte. Bis dahin hatte ich ständig den Wunsch gehabt zu schreiben, aber wenn ich es tat, schrieb ich nichts weiter hin als die Takt- und Tonartbezeichnungen meiner Gefühle oder ihre Akkorde. Der größte Teil der Melodie blieb in meinem Kopf, und die gesamte Orchestrierung. Endlose Szenen mit »er sagte – sie sagte« entströmten meiner Feder, die automatische Umsetzung dessen, was ich im Augenblick erlebte, aber meine Figuren blieben Stimmen im Dunkeln. Niemals beschrieb ich sie oder sagte ich, was ich fühlte. Ich belegte einen Kurs in Creative Writing bei einem bekannten Romancier, der mir in einer Privatbesprechung sagte: »Sie sollten die Substantive in jedem Absatz wie die Köpfe auf einem Bild von Uccello anordnen.«

»Utrillo?« fragte ich strahlend.

Er wandte sich empört ab.

Doch nun las ich eine Sammlung Kurzgeschichten neuer Autoren, und ich sah, daß sie etwas taten, was ich nur als »flechten« bezeichnen kann, das Verflechten von Redewendungen, Details, Dialogfetzen. Bis dahin hatte ich rückhaltlose Beichten niedergeschrieben und mich damit abgemüht, nicht in der steigenden Flut aus Verzweiflung und Verwirrung zu versinken, die man auch die Flut der Ausführlichkeit nennen könnte. Nichts war mir wichtiger erschienen, als wer was zuerst sagte und was sie darauf antwortete und wo es geschah, doch jetzt war mir angesichts meiner neuesten Lektüre der Gedanke gekommen, daß so etwas wie ein Plan, kein Schema, sondern ein Gewebe, aus all diesen Geschichtenknäueln herausgekämmt werden könnte.

Ich schleppte, einen nach dem anderen, Männer in mein Zimmer ab, und führte sie über die Feuerleiter durch mein Fenster; sie wollten von den anderen Pensionsgästen nicht gesehen werden, was mir ebensowenig recht gewesen wäre. Hinterher lächelten sie verlegen, zogen sich an, stellten sich auf die Zehenspitzen, um sich in meinem unnütz hohen Schreibtischspiegel die Haare zu kämmen, sagten: »Also, bis bald mal wieder« und verdrückten sich durch das Fenster und die verrosteten Eisenstufen hinab, die bei jedem Schritt leise dröhnten. War der Mann gegangen, kehrte ich an meine Geschichte zurück. Ich schaltete meinen Plattenspieler mit Puccinis *Manon Lescaut* oder Bartóks Violinkonzert an und goß mir einen Schluck Drambuie ein, einen Likör, von dem ich nicht wußte, daß er als eine Art flüssiges Dessert und nicht als Dauerdrink gemeint war. Kurz darauf lichtete ich den Anker, das weiße Zimmer trieb in eine reißende Strömung hinein, und ich war allein mit meinen Gestalten. Keine Mutter, die »Licht aus« sagte, kein Wohnheimvorsteher, der Kontrollgänge durch die Korridore unternahm, keine Mitstudenten, die mich störten, nur vier eigene Wände, die Miete bezahlt, und noch fünf Monate vor mir, bis die Sommerferien mir den Spaß verderben würden. Meine Lampen brannten bis zum Morgengrauen.

Zuerst fühlte ich mich einsam, ängstlich, unbehaglich, hatte große Angst, in meiner Geschichte fortzufahren, Angst, sie könne sinnlos sein, Angst, sie könne großartig sein, und ich sei dabei, sie zu ruinieren, Angst, sie könne besser sein, als mir das bewußt war, und ich würde nie wieder ihr Niveau erreichen, Angst, sie sei kalt, abstoßend, unmenschlich, und meine Freunde würden mich durchschauen und erkennen, daß ich schließlich gar nicht so ein netter Bursche war.

Ich sprang auf, lief im Zimmer hin und her, kletterte halb die Feuerleiter hinunter, auf der Suche nach dem dritten Sexualpartner der Nacht – und dann war ich durch meinen Teilrückzug genügend beruhigt, um das Signal zu empfangen, das meine Manuskriptseite leise piepend von sich gab. Was, wenn ich meine Figur, Sally, mit einer Spielart von Annies kümmerlicher Hochfrisur versähe?

Ich saß im Mittelraum des Studentenklubs herum und redete stundenlang mit anderen Beatniks über Kunst und Lyrik und Prosa (denn ich hielt mich für einen Beatnik, auch wenn ich nicht den Mut aufbrachte, einen schwarzen Rolli oder Sandalen zu tragen oder eine grüne Büchertasche mit mir herumzuschleppen), dieses ganze ernste Gerede, ebenso enthusiastisch wie ungenau, zwischen geselligen Schlafwandlern, jeder durch seine Träume isoliert, aber überzeugt davon, daß er sich in hieb- und stichfester Übereinstimmung mit den anderen befand.

An manchen Nachmittagen, nachdem ich zwanzig Stunden lang ununterbrochen geschrieben, gelesen, Drambuie getrunken, meine zwölf Schallplatten gespielt und mich tyrannisiert und gelobt hatte, taumelte ich in den Studentenklub, wo ich eine Bildhauerin traf, die die beunruhigende Angewohnheit hatte, zu nicken, ehe ich zehn Worte gesagt hatte, und zu murmeln: »Jawoll, das versteh ich.« An irgendeiner unwichtigen Stelle im Bericht über meine künstlerischen Krämpfe platzte sie heraus: »Das ist es! Bruder, genau das ist es«, und ich lächelte albern, nicht sicher, ob ich einfach weiterreden, ihr Mißverständnis korrigieren oder drauf abfahren und ihrem plätschernden Wohlwollen nachgeben sollte, so unangebracht es auch sein mochte. Normalerweise gab ich nach und sagte: »Gott, bin ich froh, daß wenigstens *du* mich verstehst.« Und sie schien tatsächlich das Wichtigste an meiner Arbeit zu verstehen, nämlich daß ich etwas durchgemacht hatte, wie einer, der ein Kind vor dem Ertrinken gerettet hat.

Dieser Raum war ein Debattierzimmer. Es war auch das Zimmer, in dem eine Keramikerin aus New York, die so schmalbrüstig und breitärschig wie ihre Vasen war, mir erzählte: »Vor sechs Jahren habe ich noch Mathe im Hauptfach studiert, bis ich eines Tages ein paar japanische Porzellangefäße sah und zu töpfern beschloß. Ich war ein Trampel durch und durch. Drei Jahre lang drehte ich Töpfe, Tag und Nacht, ehe es mir gelang, einen einzigen auch nur zum Stehen zu bringen. Jedes Kind im Werkunterricht war besser als ich. Ich heulte und ohrfeigte mich selber vor Wut.«

»Und jetzt?« fragte ich, auf die Fortsetzung begierig.

Sie zuckte mit den Achseln, und indem sie die Hände öffnete, als wolle sie mir vier Asse vorweisen, strahlte sie das ganze schlichte Glück eines aus eigener Kraft gewachsenen Genies aus. Ich beneidete sie auf eine so verwickelte Weise, daß ich zum Aufdröseln der Gründe dafür einen Augenblick Zeit benötigte. Ja, ich beneidete sie um ihre klare Vorstellung davon, was sie machen wollte, und um ihre Kraft, sich einer Disziplin zu unterwerfen, die sie sich ausgedacht hatte. Ich war nicht wie sie. Jeder sagte, ich sei intelligent, aber ich fürchtete, kein Künstler zu sein. Im Gegensatz zu der Töpferin war ich sehr gelassen, hatte aber kein Ziel und nur sehr wenig Geschmack. Meine Mutter hatte mir eingeredet, ich sei »brillant« oder werde es sein, und ihr Glaube an mich hielt mich am Schreiben. Aber meinen Instinkten traute ich nicht. Ich wußte nicht, was ich empfinden sollte.

Als das Semester eben zu Ende ging, kam Maria in ihrem alten Kombi vorgefahren, um ein paar Tage bei mir zu bleiben. Sie brachte eine Flasche Armagnac, eine Stange Zigaretten und Nietzsches *Also sprach Zarathustra* mit, das sie schließlich wütend durchs Zimmer pfefferte. »Ich hab's gern, wenn Poesie poetisch, Prosa prosaisch, Religion prophetisch und Philosophie kristallklar ist. Lieber jeden Tag Bertrand Russell.«

Die Tage waren heiß und die Nächte warm. Die Jungs von den Verbindungen begaben sich auf Schlüpferklau in die Mädchenhäuser, aber es war nichts Unbewußtes an diesen Bacchanalien: Alle beriefen sich sogar auf Bacchus, ohne jedoch große Begeisterung zu zeigen. Ich hatte Maria nie gestanden, daß ich einer Verbindung beigetreten war (obwohl ich die Verbindungsbrüder mochte und fast jeden Tag das Haus besuchte). Jetzt blieben wir in der Nähe der Beatnik-Dichter und Kumpels, die ich um mich geschart hatte: des schlaksig-hochaufgeschossenen Malers von nebenan, der Larry Rivers nachahmte und nackt durch die Gänge lief; seiner üppigen »Alten«, die meinte, er mache ihr ein Kompliment, als er sie »meine Venus von Willendorf« nannte, bis sie ein Foto der prähistorischen Fruchtbarkeitsgöttin zu Gesicht bekommen hatte; der New Yorker Dichterin, die voll Stolz behauptete, ihre Mutter habe sie in Greenwich Village empfangen, und deren Vater in der Lincoln-Brigade gekämpft hatte, inzwischen aber tagsüber in Fabriken Hausmeistervertretungen machte und abends Trotzkistenversammlungen besuchte; des bärtigen Bildhauers mit dem ewigen Lächeln, der in brüllendes Gelächter ausbrach, wenn er mit seiner Freundin fickte; und schließlich noch eines Bildhauers oben im Kälteturm unserer Pension. Ich fürchtete, Maria fände mich fade. Und so lud ich meine Freunde unentwegt zum Mittag- und Abendessen bei uns ein, bis Maria in Tränen ausbrach und darum bat, endlich mal einen Abend allein mit ihr zu verbringen.

Wir konnten stundenlang dasitzen und über Kunst, Liebe, Politik reden. Andere Frauen brachten mir als Mann Hochachtung in der einen Form entgegen (meine Ansichten waren ausschlaggebend) und erwarteten sie in einer anderen Form zurück (ihre Wünsche waren zu befolgen); Maria verschenkte und erwartete solche Höflichkeiten nicht. Sie gab mir Feuer für meine Zigaretten und sagte mir, daß ich ein Dummkopf sei. Und sie hänselte mich, wenn sie mitbekam, wie ich kokett zu jeder Dämlichkeit ja und amen sagte, die ein hübscher Muskelmann von sich gab.

In ihrem schwerfälligen alten Kombi fuhren wir nach Flint, um das Wochenende bei einer Tanzlehrerin vom College namens Anita zu verbringen, die Marias erste Liebe gewesen war. In Gegenwart Anitas wurde ich wieder zum Kind degradiert, und Maria kniff mich buchstäblich in die Wange und rollte mit den Augen, als wolle sie uns daran erinnern, daß Kinder doch die verflixtesten Sachen sagen. Anita gehörte nicht nur zum Lehrkörper, sie reiste auch mit einer nach der Martha-Graham-Technik arbeitenden Truppe herum, nur um Geld zu verdienen, damit sie ihre Schwester weiter auf die Uni schicken und ihre verwitwete Mutter unterstützen konnte. Ihre Familienfürsorglichkeit neutralisierte irgendwie ihren grauenhaften Status als Lesbierin. Ich tat zwar so, als sei ich in allem erfahren und könne Berichten über erotische Greuel ohne mit der Wimper zu zucken lauschen, aber insgeheim hielt ich uns alle für verworfen. Diese Kluft zwischen meinem äußeren Lächeln und den inneren Seelenqualen verurteilte mich dazu, meine Schuld im stillen auszukosten, eine Schuld, die ich nicht büßen konnte, weil sie durch und durch weltlich war.

Als wir nach dem Wochenende wieder in meinem weißen Zimmer waren, hörte Maria auf, die große Schwester zu spielen. Nach fünf Tagen Zusammenleben waren wir zu geselligem Schweigen übergegangen. So sehr wir uns auch unsere gegenseitige Liebe beteuert hatten, waren unsere Körper bis jetzt wie gespannte, gereizte Tiere gewesen, immer auf der Hut. An diesem fünften Tag seufzten sie und legten sich nebeneinander zum Schlafen nieder wie zwei Katzen, die endlich aufgehört haben, wegen ihrer rivalisierenden Ansprüche auf den Nähkorb fauchend umherzuschleichen, und ihre Kabbeleien um die Rangfolge am Wassernapf eingestellt haben.

Nun rekelten wir uns auf dem Bett, rauchten, lasen und hörten Bartók. Eines Nachmittags fingen wir an uns zu küssen. Im Handumdrehen waren wir entkleidet. In meinen Armen zappelte Maria mit unerhörter Leidenschaft herum, und ihr rauchiger Mund atmete kurze, in Worte gekleidete Keucher in mein Ohr. Sie war so zerbrechlich, so fügsam im Gegensatz zu all den großen, plumpen Männern, die ich kannte. Ich hatte gedacht, ein heterosexueller Mann müsse es leid sein, immer alles in Gang setzen zu müssen, aber hier ging es gar nicht um Aggression und Passivität, wir beide wurden wie Verliebte von einem Sturm erfaßt, der um uns herum und, ja, *für* uns tobte. Wir waren seine Opfer.

Maria blieb zwei weitere Tage. Wenn wir in den Studentenklub gingen, warf ich gierige Blicke zu den Jungen hinüber und brannte darauf, Maria zu entfliehen und mich dieser anarchistischen Bruderschaft wieder anzuschließen, die sich, statt mit einem geheimen Händedruck, mit gleichem Tippen der Füße auf dem Toilettenboden zu erkennen gab, und die statt einer einzigen Wahnsinnsnacht endlose Nächte voll perverser Freuden und quälender Gewissensbisse kannte.

Waren wir wieder allein, vergaß ich diese Ablenkungen, und Maria und ich lagen auf den weißen Laken, die in dem langen, späten Maiabendlicht einen Blaustich bekamen.

Ich fragte sie, ob sie mich heiraten wolle, und sie lachte, strich mir mit ihrem kühlen Handrücken über die Wange und flüsterte: »Mein kleiner Bräutigam …«

Sie zeichnete mich beim Schreiben. Im warmen Sommerregen spazierten wir durch die Nacht. Stundenlang saßen wir in einer hinteren Nische eines Chinarestaurants. Ich sagte ihr, ich sei überzeugt, die Buddhisten hätten recht, daß das Ich eine Illusion sei, und doch sei ich als Schriftsteller und sogar als Mensch (in dieser Reihenfolge) für die Individualität jedes Menschen, dem ich begegnete, empfänglich. Wie könnte ich meine religiösen Überzeugungen mit dieser künstlerischen Reaktion in Einklang bringen?

»Ich hab's!« sagte sie und brachte mich mit erhobener Hand zum Schweigen, während sie noch einem Gedanken nachging. Schließlich nippte sie etwas kalten Tee und sagte: »Aber genauso ist das amerikanische Leben doch eh schon, weil wir alle so viel herumziehen und ständig den Kontakt untereinander verlieren. Wir haben diese feurigen Begegnungen, bei denen wir einander alles erzählen und ewige Liebe geloben, und dann, einen Monat oder ein Jahr später, haben wir uns auseinandergelebt, wir legen neue Schwüre und neue Geständnisse ab und – verstehst du? Das Leben in Amerika ist buddhistisch und gleichzeitig ungeheuer persönlich.

Es besteht aus nichts als diesem leidenschaftlichen, intimen Sich-Zusammenkuscheln und aus mächtigen, treibenden Nebeln der Vergänglichkeit, die alles im Ungewissen versinken lassen. Schreib dieses Land, schreib über Amerika, und du wirst diese Gegensätze unter einen Hut bringen.«

Ich hörte Zweifel und den Tadel aus ihren Ausführungen heraus und überlegte, wie ich ihr klarmachen könne, daß ich mich nie von ihr entfernen oder aufhören würde, sie zu lieben. Ich wußte, wir hatten noch nicht die endgültige Form für unsere Liebe gefunden, und das lag zweifellos an der Rückständigkeit meiner gesellschaftlichen Vorstellungen. Ich besaß nicht die Überlegenheit des Insiders, öffentliche Formen so umzumodeln, daß sie meinen privaten Bedürfnissen entsprachen. Dennoch hatte ich eine schwärmerische Vorstellung von ihr, von dem, was sie mir bedeutete. Nie würde ich sie loslassen.

In diesem Frühjahr fuhr ich nach dem Semester drei Wochen zu meinem Vater, ehe ich zu den langen Sommerferien nach Chicago weiterreiste. Ich durfte einen der Cadillacs meines Vaters fahren und eine Debütantin zu einem Ball begleiten. Meine Stiefmutter hatte mir ein niedliches Mädchen aus einer *Nouveau-pauvre*-Familie ausgesucht. Sie war zu arm, um einen eigenen Ball zu geben, darum veranstaltete sie in der Scheune ihrer Großmutter einen Square Dance mit einem richtigen Country Caller und Fiedelspieler.

Beim Junggesellen-Kotillon, einem Gelage für zweitausend Gäste, lernte ich Everett Hunton kennen, den *echten* Everett Hunton, dem William den Namen gestohlen hatte – Williams »Cousin« oder »Gönner«, ich wußte nicht mehr, was. Ich erwähnte Williams Namen, und Everett, ein dünner, blonder Mann mit Halbglatze, dessen dürre Nase sich beim Sprechen bewegte und sogar weiß wie ein Handknöchel wurde, richtete rasch den Blick nach oben, um von der mit Putten überladenen Kuppel mein komplizenhaftes Schweigen zu erflehen.

Ich ließ mich davontreiben, aber eine halbe Stunde später war Everett an meiner Seite, führte mich durch eine Hintertür in einen Versorgungsaufzug und auf eine Hochhausetage hoch über der Stadt, wo er ein Zimmer für die Nacht gemietet hatte. Dort zogen wir uns rasch, wortlos aus, und er bestieg mich ohne einen Funken Zuneigung in seinem intelligenten, gleichgültigen Gesicht.

Wir wuschen und kleideten uns wieder an, alles sehr schnell. Beim Hinausgehen erwähnte ich William und nannte ihn seinen »Cousin«.

»Aber er ist bloß ein Flittchen, das ich aufgelesen und zur Schule geschickt habe, weil ich so – na ja, niemand hat jemals gesagt, ich sei *groß*herzig, aber weil ich so kleinmütig bin. Er hat mir leidgetan, aber er ist total verrückt. Er legte sich meinen Familiennamen zu, was wirklich nicht anständig ist, und er hat mir Dinge gestohlen, wertvolle Leder- und Kristallsachen, Goldknöpfe vom Blazer, eine Jagdmütze, den Siegelring meines Großvaters. Dann lernte er ein entsetzlich dürres Mädchen kennen, das nicht einmal aus einer richtigen Familie kam, sondern irgend sowas wie ein Mannequin oder ein kleines Nuttchen war. Schließlich flog er von der Schule und verschwand einfach. Einmal rief er mich betrunken aus einer Telefonzelle in Dayton an, aber ich habe das R-Gespräch verweigert.«

Als wir hinausgingen, klopfte er mir auf den Rücken und sagte: »Das Mädchen, dieses Mannequin – sie ist irgendwo in einer Nervenklinik, habe ich gehört. Oh, das Leben in Amerika, es ist unglaublich.« Schwaches Lächeln. »Aber einen blasen konnte er gut, stimmt's?«

# FÜNF

In diesem Sommer flog Maria heim nach Iowa, und meine Mutter fuhr für zwei Monate nach Europa. Sie ließ mir fünfundzwanzig Dollar pro Woche zum Leben und den Schlüssel zu ihrer Wohnung da. Sie hatte sich ausgerechnet, daß das Taschengeld groß genug sei, um mich zu ernähren, und klein genug, um mich zu zwingen, mir einen Ferienjob zu suchen. Und wirklich arbeitete ich eine Zeitlang, indem ich nachts Lastwagen belud. Um den Job zu bekommen, mußte ich dem Chef vorlügen, ich bliebe bis zum Herbst. Ich hätte die Schule abgebrochen, sagte ich, und suchte nicht bloß Beschäftigung für den Sommer. Aber als ich mit der Arbeit angefangen hatte, nahmen mich die anderen Männer einer nach dem anderen beiseite und sagten mir, ich solle besser wieder zur Schule gehen. »Versack hier bloß nicht«, sagten sie. »Der Job ist Scheiße. Er ist eine Sackgasse.«

In den schweißtreibenden Chicagoer Nächten standen wir mit nackten Oberkörpern in den Laderäumen von Sattelschleppern und stapelten Kartons aufeinander. Unsere schwitzenden Hände und Arme hinterließen braune Phantomabdrücke auf den bräunlichen Pappkartons. Mein Kollege, ein bierbäuchiger Mann, dessen Fünfuhrstoppeln sich bis zum Morgengrauen zu einem mitternächtlichen Schwarz verdichtet hatten, redete nie mit mir; ich konnte mir vorstellen, wie es wäre, ihn zu heiraten, mit ihm in einem Wohnwagen zu leben und ihm falschen Hasen zuzubereiten. Als wir die dritte Nacht zusammen arbeiteten, taute er endlich auf. Er erzählte mir, als er ein Teenager war, sei sein Vater, ein junger Arzt, plötzlich an einem Herzanfall gestorben. Als ältestes Kind habe er daraufhin zu arbeiten begonnen, um seine Mutter zu unterstützen und die drei kleineren Geschwister aufs College zu schicken. »Aber ich bin klebengeblieben. Jetzt haben sie alle Berufe mit schönen Häusern in den Vorstädten und schämen sich meiner. Haben's nicht gern, wenn ich vorbeikomme. Und so bin ich in diesem Scheißjob versackt.«

Wir sprachen über Bücher. Er mochte Stefan Zweig und Nelson Algren. Und er liebte Beethoven, vor allem die Symphonien. Wenn er über Bücher und Musik sprach, wurde seine flache Midwesterner-Stimme (er sagte *melk* statt *milk* und *warsh* statt *wash*) wärmer, fast so, als könnte ich durch das verrußte Fenster seines Gesichts einen jungen Mann näher kommen, lächeln und wieder weggehen sehen.

Zwei Nächte später hörte er auf zu reden, und wenn er etwas sagen mußte, brummelte er nur. Wieder wurde auf jedes Substantiv »Drecks« oder »Scheiß« aufgepappt.

Wenn ich in die Wolkenkratzerwohnung meiner Mutter zurückkehrte, sah mein Gesicht in seiner Kriegsbemalung aus Schmutz wild aus, und das T-Shirt klebte an meinem nassen Körper. In der Stadt war es endlich kühl, und auf den Straßen war der Verkehr versiegt. Ich beugte meinen Kopf zwanzig Minuten unter die Dusche, fast ohne mich zu rühren, und dann stand ich nackt am Fenster und sah zu, wie die Stadt unter mir sich langsam herausbildete wie Korallen im Dämmerlicht.

Mein Vater hatte mir erzählt, sein Vater sei Professor geworden, damit er nicht auf den Feldern der Farm seiner Eltern in Texas arbeiten mußte. Jetzt verstand ich meinen Großvater vollkommen. Ich war stolz auf meine Kraft und schämte mich zugleich wegen meiner Stellung, genauso wie die anderen Männer auch. Für ihre Arbeit achtete sie niemand in einem Land, aus dem die Vorstellung ehrenvoller Armut verschwunden war. Und doch hatten wir etwas geleistet, wir hatten Lastwagen beladen, die den Kontinent durchquerten. Mehr als die meisten Scheiß-Männer des Nachts taten.

Aber vor allem tat mir einfach alles weh. Die Arbeitsanstrengung, richtige Schinderei, hatte mir Splitter in die Muskeln getrieben, in die Hockmuskeln, die Klettermuskeln, die Bückmuskeln, die Hebemuskeln, die Einfach-Dasteh-Muskeln. Mein Oberkörper war in seinem Beckenknochenfundament total festgerostet und konnte sich nicht mehr drehen. Ich war ein müdes Tier und band mir einen Futtersack mit Milch und Haferflocken vor die Nase.

Ich konnte nicht sagen, ob ich groß oder klein war. In mancher Hinsicht fühlte ich mich groß, weil die Männer sagten, ich sei stark und könne noch stärker werden, aber der Junge in mir war mager und verlor in diesem Schwitzkasten rasch an Gewicht. Ich konnte meine Größe nicht erraten, denn innerlich modellierte ich unentwegt an einem Wachsbild von mir herum, mal zierlich, mal ein Riesenbär von Arbeiter, mal ein unterwürfiges Mädchen ohne Brüste oder Vagina, dennoch entgegenkommend weiblich. Behandle mich als Frau, und du kannst mich beherrschen. Das Wachs war weich und wurde immer weicher, fast flüssig, und beim Schmelzen wurde seine Farbe milchiger. Es rann aus den dicklichen, runden Formen eines Kindes, seinen drallen Beinen, dem dicken Kopf, den Lippen, durchsichtig wie Fruchtgelee, in die schlaksige Jugend hinein. Einen Moment später hatte es sich in einem dicken Genick, einer gewölbten Brust, sich verdickenden Bizepsen verfestigt, und selbst mein Penis, einen Augenblick zuvor nichts als ein winziges Urinhähnchen, verdickte sich und wuchs, das Geschlecht des Flußgottes in einem Bett aus faserigem Moos.

An meinem freien Tag ging ich an den Strand an der Oak Street. Luxuswohnhäuser säumten die Seepromenade und den sechsspurigen Outer Drive. Auf der einen Seite der Straße flanierten Geschäftsleute in Jacketts und Krawatten und Frauen in Kleidern und großen Sommerhüten. Auf der anderen Seite lag ein breiter, weißer Sandstrand, und Badende wurden von Lebensrettern beaufsichtigt. Zwischen diesen beiden Welten, die eine förmlich, die andere fast nackt, floß unaufhörlich der Verkehr.

Ich fühlte, wie mein Halt in diesem, dem »hübschen« Teil der Stadt schwächer wurde. Ich war nicht überzeugt davon, daß ich nach der Uni jemals einen anständigen Job erwischen würde. Würde ich dazu verurteilt sein, Lastwagen zu beladen? Meine Schultern verdickten sich jetzt schon tierisch.

Am Strand bemerkte ich eine Gruppe älterer Schwuler und breitete mein Handtuch neben ihnen aus. Sie verstummten, als ich mich bis auf die Badehose auszog, und einer setzte sich sogar die Brille auf. Ich konnte nicht sagen, wie ihr Urteil lautete.

Aber Midwesterner sind freundliche Menschen, die schnell mit Fremden plaudern und scherzen, und ziemlich bald unterhielt ich mich mit einem meiner Nachbarn, einem rosigwangigen Countertenor, dessen Rükken und Schultern ganz unerwartet mit einem Hauch seidigen Haars bewachsen waren. Seine Nase und der kahle Scheitel waren rot verbrannt. Er zog ein Hemd an und setzte sich eine Baseballmütze auf.

Neben ihm lag ein Mann, der mir als Lou vorgestellt wurde und mir seine warme, braune, schlaffe Hand in einer so merkwürdigen Haltung reichte, als erwarte er, daß ich sie küßte oder an meine Stirn führe. Er trug Bluejeans, die er zu den kürzesten Shorts abgeschnitten hatte, die mir je vorgekommen waren und die von einer dicken Fahrradkette samt Sicherheitsschloß als Gürtel und Gürtelschnalle zusammengehalten wurden. Er war mager, was ich in meinen Gedanken albernerweise der langen, schönen Narbe zuschrieb, die an der ganzen inneren Umgrenzung seines Brustkorbs entlanglief – von dem Kettengürtel hinauf, quer über das Sonnengeflecht und an der anderen Seite wieder hinab. Sein Haar war mit einer Nagelschere wuschelig kurzgeschnitten worden. Wenn er lächelte, sahen die Zähne wie teure Prothesen aus. Obgleich er glattrasiert war, markierten schwarze Benday-Punkte die schmale Spur seines dünnen Schnurrbarts und den getüpfelten Rand seines Kinns. Sein Kieferknochen und die Nase wirkten wie ausgerenkt, als habe er sie sich bei demselben Vorfall gebrochen, bei dem ihm die Zähne eingeschlagen und die Narbe eingeschnitten worden waren. Selbst den Zeigefinger seiner rechten Hand konnte er nicht völlig ausstrecken. Er sah aus, als sei er abgebissen, leicht gedreht und wieder angenäht worden.

Und trotzdem hatten diese Verformungen nichts Abstoßendes oder Unheimliches. Im Gegenteil, sie wirkten wie ein schmerzhafter, doch anmutiger Stammesschmuck, der ihm ins Fleisch eingewachsen war, eine Art Totalbeschneidung. Dieser Eindruck eines Stammesangehörigen wurde durch seinen haarlosen Körper, seine langen, glatten, leicht gebogenen Beine und sein kleinporiges Gesicht mit seinen hohen Wangenknochen noch betont, dessen Haut sich seinem Schädel dicht anschmiegte wie eine Badekappe. Er sei Halbindianer, erzählte mir später am Abend der Countertenor.

Ich schleppte den Countertenor zu mir nach Hause ab. Er drückte mich gegen seinen voluminösen Brustkorb und sang mit seiner durchdringend hohen Stimme. Später im Bett übernahm ich die Initiative, was den Sänger, der ernst und sentimental und mit Importbier aufgefüllt war, dazu veranlaßte, zu lächeln und mir Kußhände zuzuwerfen.

»Wohnst du hier ganz allein?« fragte er und blickte sich in dem vergoldeten Käfig meiner Mutter um.

»Ja«, sagte ich.

»Gehst du zur Schule oder arbeitest du?«

»Nein, ich tue gar nichts«, antwortete ich. »Ich weiß, das klingt furchtbar unamerikanisch, aber ich habe mich noch nicht entschieden, was ich mit meinem Leben anfangen will.«

Der Tenor nickte und umarmte mich.

Am nächsten Morgen verabredete er nach mehreren Telefongesprächen, daß wir uns mit allen anderen, die am Strand gewesen waren, zum Frühstück träfen. Es stellte sich heraus, daß Lou im selben Haus in der gleichen Wohnung, zwölf Etagen tiefer, wohnte.

Treffpunkt war ein Café an der Rush. Ich aß so viel mit Sirup vollgesogene Eierkuchen und trank so viel bitteren Kaffee, daß ich Bauchweh bekam. Vielleicht lag es auch an der Erregung, die ich verspürte, wenn ich Lou ansah und mit ihm sprach. Er trug ein Sweatshirt aus blauem Velours.

Niemand, den ich früher kannte oder seitdem kennengelernt habe, hatte seine merkwürdige Art, sich zu bewegen. Wenn ihn etwas begeisterte (normalerweise etwas, was er selber sagte), setzte er sich kerzengerade hin, riß die Augen auf und sprach mit gedämpfter, orakelhafter Intensität. Eine Sekunde später ließ Gott, dieser gelangweilte Puppenspieler, die Schnüre fallen, und Lou hing geradezu apathisch quer über den ganzen Tisch. Auf der Straße konnte er mitten in einem Fußgängerstrom stehenbleiben, um irgend etwas zu sagen, und dabei pflegte er dann meine Hand locker zwischen seine beiden Hände zu nehmen, aber locker, ganz lokker, fast so, als wäre er ein Medium, das lediglich die leiseste Berührung braucht, um den Kontakt zur anderen Welt herzustellen.

Ich erfuhr, daß er Werbefachmann war und Gedichte schrieb, aber als ich vor ihm mit meinen frisch erworbenen großstädtischen Sarkasmen renommierte (»Die Musen beugen sich dem Mammon«, habe ich, glaube ich, tatsächlich gesagt), wurde er rot vor Zorn.

»Ich kann spießiges Naserümpfen nicht ertragen«, sagte er. Er saß kerzengerade da, voll aufgepumpt. »Ich liebe die Werbung. Sie ist eine Kunst, die der Dichtung in keiner Weise nachsteht und nicht viel anders ist als sie. Hochmütige Verachtung gegen das Geldverdienen kommt mir vor wie …« Er brachte seinen Kopf in eine merkwürdige Schräglage. »Ja!« Nun ging die Hetzjagd los. »Ja! Dieses ganze wohlerzogene Naserümpfen! Das ist genau das, was ich an *The New Yorker* nicht ausstehen kann. Auf einer Witzzeichnung sieht man einen älteren Mann vor seiner Schreibmaschine sitzen und tippen: ›Dies ist die Geschichte meines Lebens‹ – und *das* soll ein *Witz* sein!« Seine Gesichtszüge erstarrten vor Entsetzen, während er durch mich hindurchsah. Dann platzte ein sattes Baritonlachen, das zu seiner hellen Sprechstimme völlig im Gegensatz stand, aus ihm hervor. »Ein *Witz!*« kreischte er in ungläubiger Raserei. Sein Lachen, Soundtrack für einen Horrorfilm, hallte durch das Restaurant.

Im Nu kehrte er zu seiner leisen Vater-erklärt-was-seinem-Sohn-Stimme zurück, ergriff über den Tisch hinweg meine Hand und sagte ernst: »Verstehst du nicht, Kleiner, spießige Scham entspringt einzig und allein aus spießiger Verlegenheit. Sie tut nichts anderes, als unsere edelsten Gefühle in den Dreck zu ziehen.«

Plötzlich erlosch das Feuer in dem Orakel, und Lou plumpste fast reglos auf den Tisch.

»Lou«, versuchte der Countertenor, mich zu verteidigen, »du machst ja fast einen Fall fürs FBI daraus, wahrscheinlich weil's dir peinlich ist, daß du so viel verdienst.«

Ich wollte auf keiner anderen Seite als auf der von Lou stehen. »Nein, nein, ich verstehe, was du meinst, und es tut mir leid, daß ich so etwas Gemeines gesagt habe.«

»Übertreib nicht«, sagte der Sänger zu mir. Den ganzen vorangegangenen Abend hindurch hatten wir viel von tollen Büchern gesprochen, feine Sticheleien und gemeinsame Schallplattenkenntnisse ausgetauscht aber jetzt merkte er, daß ich das alles dafür beiseite schieben wollte, was Lou repräsentierte, und das war etwas Neues.

Der Countertenor fuhr zurück nach Bloomington, wo er Gesang studierte. Lou sagte nichts, als ich ihm die merkwürdig aufwärts gestellte Hand schüttelte. Ich sagte: »Tja, wir wohnen tatsächlich im selben Haus. Es wäre schön, wenn wir irgendeinen Abend zusammen essen könnten.« Lou schlug die Augen nieder wie eine schöne Frau, die es gewohnt ist, Komplimente zu hören, und als er wie eine schöne Frau wieder aufblickte, sah er einfach durch mich hindurch.

Eine Woche darauf fand ich ihn am selben Strand. Er las *Cain's Book* von Alexander Trocchi. »Es ist wirklich eines der besten Bücher, die ich seit langem gelesen habe. Es handelt von einem Junkie-Künstler in New York.« Er sah mich an und wartete auf eine Reaktion. »Hört es sich sehr nach Damenklub an, wenn man Ansichten über Bücher hat?« Sein Horrorfilmlachen packte ihn, und er wälzte sich lachend auf seinem Handtuch. Ich fand, er war jemand ohne jeglichen Sinn für Humor, ganz gleich, wie man ihn definierte.

Mir tat der ganze Körper von meiner Nachtarbeit weh. In einer Stunde mußte ich wieder zum Dienst, obwohl wir vom Vorarbeiter jeden Morgen bar ausgezahlt wurden und es niemanden interessierte, wenn wir nicht kamen. Es war ein Job für Gammler und Alkoholiker; die Männer gingen des öfteren eine Woche lang auf Sauftour, wenn sie ein bißchen Überstundengeld verdient hatten.

Plötzlich hörte er auf zu lachen und hatte meine Hand in seine Hand genommen, die schwer und unmenschlich war wie eine ausgestopfte Hundepfote. »Die Wahrheit ist«, und er blickte mir gerade in die Augen und brachte seine sanfte Tenorstimme an den Mann wie ein lyrischer Jazztrompeter, der die Melodie ausnahmsweise mal normal spielt, mit Dämpfer, »ich habe nicht das Recht, über Bücher zu sprechen. Ich habe nie ein College besucht. Ich habe nie Englisch studiert.«

»Ich doch auch nicht«, sagte ich triumphierend und erzählte ihm von meinen Chinesischseminaren bei der »geraden Lady«. Aber Lou nahm von meiner Erklärung keine Notiz, weil sie nicht zu dem paßte, was er gerade sagen wollte.

»Du hast die Klassiker studiert«, sagte er leidenschaftlich. »Du hast solide Grundkenntnisse der Weltliteratur. Du kannst mit Verständnis Ezra Pound lesen. Pound ist sicher einer deiner Lieblingsschriftsteller. Er hat das vollkommenste Ohr für die englische Sprache seit Herbert. Nie auch nur eine mißlungene Zeile.« Er legte mir seine Hand, schlaff und ausdrucksvoll wie die des toten Christus in einer marmornen Pietà, auf den Hintern.

»Können wir heute abend zusammen essen?« fragte ich ihn, obwohl ich sagen wollte: »Kann ich mit dir schlafen?« Die Pietà, ja, genau das war er, mit seiner Magerkeit, seinem mißhandelten Fleisch, der verletzten Hand, den gequälten Haltungen, die er einnahm. Aber auch, dachte ich, ein Indianerhäuptling: dicke Nase, gelbbraune Haut und Augenbrauen, die buschig zusammenwuchsen. Pontiac. Dieser Ottawa-Häuptling, der ein Indianerbündnis gegen die Engländer angeführt hatte.

Lou hatte die geschmeidigen, starken Beine eines Indianers, und ich wünschte mir, daß sie sich um mich schlangen, doch jetzt waren seine Augen wie in einem Ohnmachtsanfall geschlossen, der Schlaf überkam ihn so plötzlich wie in einem Märchen, und ich war mit meiner Erektion in der Badehose und diesem auf hübsche Art häßlichen Mann im grandiosesten Sonnenlicht allein. Er trug ein dickes silbernes Identitätsarmband, wie ich es auf der High School getragen hatte, und während er seine sensible defekte Hand auf meinen Rücken gelegt hatte und schlief, brannten sich die Metallglieder kalt in meine Haut.

An diesem Abend aßen wir im Cape-Cod-Saal des Drake, und ich gab zwanzig von den fünfundzwanzig Dollar aus, die mir meine Mutter für die ganze Woche zugeteilt hatte. Ein dicklicher, glatzköpfiger Mann namens Charlie gesellte sich zu uns, und ich erfuhr, daß er Konzertpianist sei oder gewesen war, jetzt aber aus irgendeinem Grund nicht mehr in der Öffentlichkeit spielen konnte.

Er mochte mich, das sah ich, und wir diskutierten über Tschaikowsky. Damals erlebte die Barockmusik gerade einen grandiosen Aufschwung, und ich hatte sehr schnell mitgekriegt, daß die Romantiker als hohlköpfige Schwärmer abzutun seien. »Aber was ist mit Tschaikowskys Kontrapunkt?« fragte Charlie. »Wenn du den bei Bach und Händel so sehr bewunderst, dann mußt du auch Tschaikowskys innere Melodien bewundern, die so unverbraucht sind – und ständig von dieser atemlosen, leidenschaftlichen Synkopierung angetrieben werden!«

Ich konnte nichts anderes bewundern als uns, uns drei mit unseren weißen Hemden und dunklen Krawatten und noch dunkleren Jacketts und sonnengebräunten Gesichtern. Mein ganzes Leben hatte ich mit meiner Mutter und meiner Schwester in Restaurants gesessen und die hübschen jungen Männer am Ecktisch betrachtet. Nicht, daß viele Männer damals zusammen gegessen hätten, aber wenn sie es taten, goß ich mich in den Wein, den sie tranken, und webte mich in die Servietten ein, die sie betasteten.

Nun war ich einer von ihnen. Es war eine angenehme Sommernacht, und es regnete. Wir waren hier, tranken zuviel, alberten mit den Kellnern herum, die ja schließlich auch Männer waren, und unsere Hände wirkten neben dem Silberweiß der Manschetten sehr braun. Der Fluch, der kleine Widerling zu sein, von dem meine Schwester behauptete, er rieche nicht gut, der stadtberüchtigte Schwule zu sein, der von einer Toilettenkabine zu einer besseren, eben frei gewordenen hastete – diese Schmach schien behoben durch den zarten Steinbutt, den blaßgrünen Pouilly Fumé, die gespaltenen grünen Bohnen mit gerösteten Mandeln.

Lou und ich verließen Charlie an der Ecke. Er sprang in ein großes Taxi. Und dann saßen wir in unserem Taxi, das in die entgegengesetzte Richtung den geschwungenen Inner Drive entlangfuhr, der Lou, wie er sagte, immer an New York und den Riverside Drive erinnerte. Er hielt meine Hand, nicht mit bewußtem Forscherdrang, sondern mit zudringlicher Vertrautheit. Er lümmelte sich auf den Rücksitz und hakte ein Bein über meine. Ich war zwar zehn Jahre jünger als er, aber ich war derjenige, der sich verknöchert und ziemlich alt vorkam. Ich sah den wütenden, mißbilligenden Blick des Fahrers im Rückspiegel, genau den Teil des Gesichts, der auf Pornofotos von schwarzen Streifen ausgeblendet wird.

Wir machten kurz an einer Bar halt. Ich habe nicht viel von ihr in Erinnerung, abgesehen von der Zuneigung, die Lou für sie empfand. Ein großer ovaler Tresen mit zwei Barkeepern, die in ihn eingesperrt waren, eine Jukebox, Rauch, der durch bunte Lichter schwebte – ich verstand nicht, warum wir hier waren, statt zu Hause im Bett. Er berührte mich unentwegt, entweder an meinem Knie oder an der Schulter, manchmal tätschelte er mich, dann wieder überließ er seine kraftlose, unerwartet schwere Hand meiner Fürsorge. »Na, guck dir doch bloß mal den kleinen Jimmy hier an«, sagte er mit dem Stolz eines Krankenpflegers, »ist er nicht toll?«

Ein pausbäckiger Mann von dreißig, der wie zwanzig auszusehen versuchte, mit hautengen, schwarzen Jeans und weißen Stiefeln und einem offenen weißen Hemd, das über der Taille zusammengebunden war, um die unbehaarte Bauchpartie der Besichtigung freizugeben, kam auf uns zugeschwirrt. Er küßte Lou in der knappen Stilisierung eines Kusses und drehte sich in seinen Armen herum, als Lou von seinem Barhocker herunterlangte, um ihn zu umarmen.

»Hi, Schätzchen, wer ist denn das superkluge Küken da?« Jimmy nickte mit dem Kopf zu mir herüber, nahm mir ohne Umschweife meine entsetzliche Brille vom Gesicht und setzte sie sich auf die Spitze seiner reizenden Stupsnase. »Laß dich von mir nicht verrücktmachen, Kleiner«, flüsterte er mir zu, ganz unter uns Pastorentöchtern, »ich bin einfach so 'n lustiger Typ.«

Lou schlug die Augen nieder, von solcher Unverschämtheit bezaubert.

Wir tranken Bier um Bier, flitzten über die Straße in eine andere Bar, damit ich die »vollkommenen Arschbacken« des Barkeepers dort besichtigen konnte, dann begaben wir uns die Rush hinunter auf den Chicago River zu, wo ein kleines schwules Tanzlokal hinter einem Restaurant mit karierten Tischdecken versteckt lag. Wir sahen Paaren zu, die Wange an Wange Foxtrott tanzten, während Timi Yuro *»Make the World Go Away«* sang. Ein Schwarzer, dunkel und glänzend wie eine Aubergine, tanzte mit einem weißen Jungen, dessen Körper die Form und die goldenen Blässe einer Birne hatte. Ein Schläger mit flachem Filzhut und Zigarre bewachte die Tür.

Zum Schluß torkelten wir in ein Taxi. Ich stieg eine Querstraße vorher aus, weil ich nicht wollte, daß Gerald, der Portier, mich mit Lou sah. Gerald war mit meiner Mutter dick befreundet. Aber dann war ich schließlich in Lous Wohnung; er verriegelte die Tür, und wir standen in seinem Wohnzimmer, in dem wir nicht über der nächtlichen Stadt schwebten wie in der Wohnung meiner Mutter, sondern eher von ihr umgeben waren. Zwischen zwei dunklen, glasverkleideten Gebäuden sah ich den Michigansee und seine Gischtstreifen auf schwarzem Wasser. Wir bahnten uns im Dunkeln den Weg durch das Chaos und tranken auf der niedrigen Couch noch ein Bier. Lou döste in einem fort weg. Schließlich zogen wir uns aus, unsere Sachen auf den Boden werfend. Aber als ich Lou in meinen Armen hielt und ihn überallhin küßte, flüsterte er: »Laß uns bis morgen warten. Ich möchte gern beim Schlafen meinen Hintern gegen deinen Steifen drücken«, und nickte ein.

In den Bars hatte er mich mehrere Male lachend als seinen neuen »Collegeboy-Freier« vorgestellt, und nun erkannte ich mich als genau das. Es paßte alles zusammen, der Bürstenhaarschnitt, die Brille, die verknöcherten Ansichten, das Naserümpfen über die Werbung, selbst meine steinharte Collegeboy-Erektion, die zwischen den glatten, muskulösen Hinterbacken eines älteren Mannes lag, der weder maskulin noch *femme* war, sondern so plüschig mehrdeutig wie das blaue Veloursweatshirt, das er zum Frühstück in dem Café getragen hatte, oder wie der Stoppelputz, der zu seiner gebrochenen Nase paßte, um ihm das brutale Aussehen eines Boxers zu geben, nur daß ich jetzt, als ich ihm mit den Händen über die Borsten strich, nur an das seidige Fell einer Perserkatze denken konnte, wenn sie sich genüßlich gegen eine Hand schmiegt. Denn Lou, obwohl er schlief, kuschelte sich eng an mich, und einen Moment lang kam er mir wie eine schöne Mätresse vor. Er hatte den Sender mit der klassischen Musik angelassen, und Brahms' Violinkonzert, die Lieblingsmusik meines Vaters, begleitete eine zärtliche Sehnsucht, die endlich ein Ziel hatte. Wenn ich früher auf meines Vaters grün-weiß gestreifter Couch die Nacht durch wartete, seine Pfeife roch und seiner Rechenmaschine lauschte, hatte ich mich in leere Trauer gehüllt, meine Arme vor die Brust gepreßt, und dabei allen möglichen Krimskrams an Phantasien durchsortiert, von denen keine so gehaltvoll war, um in den Flickenteppich der Begierden einzudringen. Aber hier lag ich nun, plötzlich hellwach, während das Zimmer jedesmal, wenn ich die Augen schloß, betrunken um mich wogte, und hielt einen schwelgerisch schlafenden, erwachsenen Mann in den Armen, dessen Körper ein Grad wärmer als meiner und dessen kurzgeschorener Kopf voll leidenschaftlicher Ansichten war; als dann die Violine wie Sternenlicht schimmerte, erst blau, dann grün glitzernd, irgend jemandem, bloß nicht mir, Signale gab, hatte ich endlich das Gefühl, ich hätte den Code erhalten, um die Botschaft zu entschlüsseln. Ich hielt still, wollte Lous Schlaf nicht stören, aber ich wärmte mich an seinem Körper.

Am nächsten Morgen, im Katzenjammerschweiß leicht mit Silber überzogen, ließ er mich endlich in diesen starken Hintern eintauchen, aber erst, nachdem er mich mit KY eingeschmiert und sein »Fickhandtuch« hervorgeholt hatte. Er wollte nicht küssen oder sich von mir ansehen lassen, als ich ihn nahm. Aber ich konnte mit den Händen um seine Taille fassen und die beweglichen Muskeln an diesem langen flachen Bauch zucken fühlen, als er sich wand und sich rückwärts gegen mich drängte. Mir kam der Gedanke, daß die Bauchnarbe daher rührte, daß ihm die Ärzte Extramuskeln eingesetzt hatten – die inneren Muskeln, die mich jetzt umschlossen und packten. Ich mußte das Alphabet rückwärts hersagen, um nicht zu kommen; in dem Moment, wo ich einen Blick auf das warf, was ich mit ihm machte, wäre ich schon bereit gewesen zu explodieren. Mein Samen wollte in ihn eindringen, um wenigstens den kleinsten Anspruch gegenüber jemandem geltend zu machen, der mir in jeder Weise überlegen schien. William Everett Hunton hatte behauptet, der, der das Ficken vollzieht, sei der »Mann«, aber bei Lou ergab das nicht viel Sinn. Offensichtlich hatte er alles, was wir taten, unter Kontrolle. Dabei kam mir gar nicht der Gedanke, daß dieses unerhört heftige Vergnügen begehrt sein könnte. Wenn man jemand ist, dem es vor allem darauf ankommt, andere zu befriedigen, denkt man über das eigene Vergnügen nicht viel nach; Vergnügen zu haben ist kein Überlebensgrund; es zu schenken ist es ganz sicher.

Lou und ich sahen uns jeden Tag. Ich ging nicht zur Arbeit, aber das machte nichts, denn Lou hatte jede Menge Kleingeld in der Tasche und bezahlte die Restaurantrechnungen, anscheinend ohne es zu bemerken; seine Sorglosigkeit machte all die Stunden, die ich im Inneren von Lastwagen gehockt hatte, zur Farce. Mit rotem Gesicht begann ich die Lüge zu erklären, die ich dem Countertenor aufgetischt hatte, aber als ich gestand, daß die Wohnung eigentlich meiner Mutter gehöre, war Lou weder an der Wahrheit noch an ihrer Verdrehung interessiert. Er hatte nie gestutzt und sich darüber gewundert, daß ein College-Kid eine eigene

Wohnung an der Gold Coast hatte oder warum sie mit matronenhaften Kleidern vollgestopft war.

Er war ausschließlich daran interessiert, seine eigenen Mythen zu verwirklichen und sie mir zu erklären, um wiederum sich selbst zu überzeugen. Er fand alles Extreme »schön« oder »bewegend«, ja »herzzerreißend«, und sein Lieblingsausdruck war »schimmernd vor Vieldeutigkeit«. Er unterteilte alle Homosexuellen in »Jungs«, »Männer« und »lasterhafte alte Tunten«. Ein Mann (Arbeiter, Lastwagenfahrer, selbst ein »mächtiger Angestellter«) mußte einen Jungen begehren und lieben, der »schön« oder zumindest »süß« war, aber zu plötzlichen Schwärmereien neigte, normalerweise leichtsinnigen und albernen. Ein Mann war muskulös und grausam, außer zu dem Jungen, den er zärtlich liebte, das allerdings schon manchmal auf grausame Weise. Dem Mann konnte man verzeihen, wenn er jemanden zusammenschlug, dem Jungen, wenn er sich das Haar bleichte. Der Junge hatte eine natürliche Neigung zu Mädchen, mit denen er ständig Schminktips austauschte. Der Mann hatte früher einmal mit Mädchen gevögelt, fand jetzt aber keine Verwendung mehr für sie.

Wenn der Mann den Jungen fickte, streckte der, auf ein Kissen gestützt, immer seinen Hintern in die Luft, und der Mann leckte ihm den Anus und steckte ihm die Zunge und einen Finger hinein, bevor er ihn mit KY einsalbte und lange und heftig fickte, während der Junge sich vor Schmerz oder Lust krümmte. Solange er gevögelt wurde, vergaß der Junge seinen eigenen Schwanz und verlor sogar seine Erektion, ein Beweis dafür, wie vollkommen er sich auf seinen Hintern konzentrierte. Hatte der Mann seine Ladung verschossen, blieb er in dem Jungen, sie rollten sich auf die Seite, und der Junge hatte nun Gelegenheit, rasch zu masturbieren, während ihn die Arme seines Mannes eng umschlungen hielten. Hin und wieder wurde dem Jungen zugestanden, den Mann zu ficken: als liebevolles Zugeständnis an des Jungen eigene Männlichkeit, die zwar spaliert, dennoch unverhüllt am Leben war, schimmernd vor Vieldeutigkeit. Sobald es dem Jungen kam, wischten sie es mit dem bereits steifen und vollgeschmierten Fickhandtuch weg, und der Junge setzte sich aufs Klo und schiß Sperma aus. Lou hegte eine besondere Verachtung für Jungen, die auf dem Weg zu einem Mitternachtsfilm ihren Liebhabern zuflüsterten: »Ich habe immer noch deine Babys in mir.«

»Wissen sie denn nicht, daß diese *Babys* eine leblose Suppe sind, die in ihren dreckigen Spundlöchern verfault!«

Ein richtiger Junge, jemand Mageres und keine zwölf, der mit offenem Mund herumlief, brachte Lou in Ekstase. An einem schwitzigheißen Nachmittag in Chicago fuhren wir Hochbahn und saßen hinter einem Jungen von vielleicht elf Jahren, der Shorts und T-Shirt trug. Der Junge guckte aus dem Fenster und wippte mit seinem rechten Bein unablässig, gedankenverloren gegen sein feststehendes linkes. Man sah, wie sich in den weißen Shorts eine harte kleine Erektion flach gegen seinen Bauch preßte. Unbewußt klopfte er immer wieder mit dem rechten Handrücken auf die Erektion, bald von der einen Seite, bald von der anderen, als müsse er trotz allen Herumprobierens noch die richtige Stelle finden. Seine Haut hatte keine Poren, keine Buckel und glänzte nicht – sie war matt und dicht wie Gesichtspuder, nur daß sie kühl, fest und lebendig aussah. Sie trank das Licht, wie die Erde das Wasser aufsaugt. Seine Schultern und die schmächtigen Arme hingen schlaff, wie nicht zum Körper gehörig herab, während seine Schulterblätter unter dem Baumwollstoff knotig wirkten, als wollten jeden Moment Flügel aus ihnen hervorbrechen. Derselbe feine, fast unsichtbare Goldflaum, der seine Wangen bedeckte und sich in einem feinen Hauch genau unter dem Ansatz seines hellbraunen Haars versammelt hatte, bestäubte seinen Nacken in einem strengen Muster in Gestalt eines kursiven M, das sich zu beiden Seiten erhob und in der Mitte zu seiner Wirbelsäule hin absank. »Ja«, seufzte Lou, »wie aus Gold …, sieh dir diesen Nacken an.« Lou sprach so laut, als unterhielte er sich in einer Sprache, die nur wir verstanden.

Ich möchte nebenbei nicht den Eindruck erwecken, daß ich gegenüber irgend etwas, was Lou sagte, ablehnend oder etwa kritisch war oder bin. Sein Bild vom Sex, von Jungen und von der Dichtung, ja sogar (wie ich herausfinden sollte) von den Drogen war meine erste und heftigste Begegnung mit einem reinen Schönheitsideal. Bisher hatte ich nur Loblieder auf vernünftige, praktische Werte gehört, aber sie waren die einzigen, nach denen ich mich je gerichtet hatte, und eine ständig wiederholte Beipflichtung schien überflüssig. Nun war ich endlich dem Mann begegnet, vor dem mich jeder gewarnt hatte.

Mir wurde klar, daß er mich niemals lieben würde. Nicht, daß an mir irgend etwas so verkehrt gewesen wäre, aber wir gaben kein Paar ab, das wir als sexy betrachtet hätten. Wir konnten miteinander umgehen, aber ich war zu erwachsen und gebildet, um »der Junge« zu sein, und um viele Jahre zu jung, um »der Mann« zu sein. Eine Woche oder zehn Tage lang versuchte Lou, aus mir den Mann zu machen, aber ich war, wie ein kleines Hündchen, viel zu anschmiegsam. »Ich fürchte, du steckst mir einfach deinen Schwanz rein, Kleiner, zappelst ein bißchen rum, küßt mir den Nacken und spritzt los wie ein Zwölfjähriger«, sagte Lou, »das ist goldig, aber ineffektiv. Du mußt dich intensiver auf Schwanz und Arsch konzentrieren, zieh ihn weiter raus und stoß ihn tiefer rein, balanciere dein Gewicht auf Ellbogen und Zehen aus, das verschafft dir eine bessere Hebelwirkung, mach langsam. Tu alles mit Bedacht.«

Ich war schrecklich verletzt. Bis dahin hatte ich nie irgendwelche Angst von dem Auftritt gehabt, weil ich gar nicht bemerkt hatte, daß ich mich auf der Bühne befand. So wie William mir die Augen über Schwanzgrößen geöffnet hatte, machte Lou mich so unsicher, was das Ficken anging, daß ich ständig meine Erektion verlor. Mangels Masse wurde ich der »Junge«, und hin und wieder fickte Lou dann mich.

Lou wurde aus seinem Job in der Werbung gefeuert, aber er erzählte mir, das komme in der Branche sowieso alle sechs Monate vor. »Jedesmal, wenn ihnen ein dicker Auftrag durch die Lappen geht, schmeißen sie das ganze Team raus. Ich würde gern ein Buch schreiben mit dem Titel *Ich mag dich, mag deine Arbeit, muß dich aber leider feuern.*« Jetzt, wo keiner von uns beiden arbeitete, stand es uns frei, jeden Tag zum Strand an der Oak Street zu fahren oder manchmal ein, zwei Meilen weiter nördlich zu ein paar zerborstenen Betonklötzen, den Belmont Rocks, wo die Schwulen einen Claim abgesteckt hatten. Lou hatte ihn »Homolulu« getauft. Nun lernte ich die ganze Welt der Jugend kennen, die ich verpaßt hatte, die Welt fauler Sommertage mit blechern tönenden Kofferradios und Kokosöl, mit Handtuchschwof und gemeinsam getrunkenen Colas, mit wirren Ausrufen

(»Aua! Hat mich doch dieser Käfer tatsächlich gebissen!«), gefolgt von wellenumsäuselter Stille und dem wiedergutmachenden Streicheln der glänzenden Schulter oder des seidenweichen Schenkels. Lou schrieb ein Gedicht über die nächtliche Partnersuche am Oak-Street-Strand, aber er war der Meinung, die einzige gelungene Formulierung sei »das pollengeäderte Laternenlicht.«

Ezra Pound war seine wahre Penelope, und selbst Pounds schlimme politischen und seine seltsamen ökonomischen Überzeugungen konnte Lou rechtfertigen, wenn seine Stimmung entsprechend war. Für Lou war Pound in jedem Verzicht auf Eliots lächerlich englisches Posieren ein Stratege, und beide Männer überragten gelassen das lokale amerikanische Kampfgetümmel zwischen Beatniks und Akademikern. Ein Akademiker konnte Lou nicht sein. Seine Furcht vor Schulen und sein Haß auf sie verbot es, ebenso die Verachtung, die er für sterile Übungen hatte. Aber den Beats fehlte trotz ihres interessanten Drogenkults und ihrer Whitmanschen Aufrichtigkeit die kühle Eleganz, die Lou verehrte. Die Werte, die er sich wirklich bereitwillig zu eigen machte, waren die der schwarzen Jazzmusiker, die die Welt in das unterteilten, was *square*, also konventionell, und was *cool* war. Doch, was mit *cool* bezeichnet wurde, war äußerst kontrolliert, wenn auch manchmal beliebig und dekorativ, und es umfaßte eine relativ schmale Bandbreite von Gefühlen: leichtherzigen Überschwang, intellektuellen Eifer oder auch eine diffuse, von Lebensangst geprägte Schwermut.

Bei jedem der wenigen Male, wenn Lou sich bemühte, jemanden über fünfzig gernzuhaben, wiederholte er Pounds Satz von den »alten Männern mit schönen Umgangsformen«. Erst zwanzig Jahre später stieß ich tatsächlich auf diese Zeile und kam dahinter, daß Pound damit die Staatsmänner verhöhnte, die den Ersten Weltkrieg ausgelöst hatten. Lou hatte keinen Sinn für Ironie oder Geschichte, und keinen für Komik, bis auf das Grand Guignol seiner Empörung. Etwa um diese Zeit erschienen in Kalifornien die ersten Nummern einer Homosexuellenzeitschrift namens *One*. Lou war entsetzt. »Warum sollte man einem Rudel Verbrechern erlauben, eine *Zeitschrift* zu haben, Herrgott noch mal. Da könnte man ja genausogut Diebe *Die Geldschrankknacker-Revue* publizieren lassen. *One,* also wirklich ...«

Wenn ihm eine Entschuldigung von Homophilia auch als schlechter Witz vorkam (oder fürchtete er, sie könnte das schwule Leben zu konventionell erscheinen lassen?), so war Lou doch ein andächtiger Leser der Jungenbücher, die damals aufkamen, dieser Magazine voller Schwarzweißfotos von halbwüchsigen Jungen mit rasierten Brustkörben, eingezogenen (wenn untrainierten) Bäuchen und winzigen Stofftangas, die auf einem Podium standen, Silhouetten vor gleißend hellem, falzlosem Papier. Sie waren dargestellt, wie sie einen Speer hoben oder einen Diskus warfen: Die klassisch-griechische Homosexualität konnte so als Alibi herhalten. Lou brüllte vor Lachen über die kurzen Artikel eines Priesters über christliche Kameradschaft oder eines Sportlehrers über den gesunden Geist in einem gesunden Körper oder eines »Gelehrten« über die griechische Liebe, aber er starrte stundenlang die Jungen an, besonders einen, Bobby Phalen, dem er von einer Publikation zur nächsten folgte, von einem Monat zum nächsten, und dessen schönste Fotos er vergrößern und rahmen ließ. »Sieh dir bloß diesen perfekten Arsch an, Kleiner, der schon fast zu groß ist, niggergroß, aber gerade eben dran vorbei, weil er nicht entsprechend hoch und hart ist, sondern vollkommen rund, prall vor Jugend, gerade so, als wäre er mit einem Zirkel gezeichnet, da gibt's keine Abflachung, kein Durchhängen, und dann diese *Rundung!* dieser haarlosen Arme und Beine, stell dir bloß vor, wie sie im Querschnitt aussähen, und der volle, vulgäre Mund, der durch diese wahrhaft klassische, so strenge und martialische Nase wieder wettgemacht wird, das einzig wirklich Griechische an diesem scheißbilligen Fetzen.«

Ich sagte: »Hmm, ja, Lou, er ist gut gebaut.«

Lou sah verblüfft zu mir hoch, dann polterte ein Juxbudenlachen aus seinen Tiefen hervor: »Gut *gebaut!*« Das Lachen beschleunigte sich vor Erstaunen, wurde rasend schnell. »Kleiner«, sagte er und rang nach Luft, »du siehst so gequält aus. Wie entsetzlich für dich, mit einer verrückten alten Tunte wie mir zusammenzusein«, und er rollte in närrischer Ausgelassenheit auf seinem Bett herum.

Das einzig Entsetzliche für mich war die Erkenntnis, daß ich mit neunzehn für Lou bereits zu alt war. Ich hatte Jahr für Jahr gewartet und gewartet, um erwachsen zu werden, damit ich endlich das schwule Leben führen konnte, und unterdessen hatte ich mein kostbarstes Kapital verschleudert, meine Jugend. Nun wurde mein Gesicht bereits durch einen Bart entstellt, den ich jeden zweiten oder dritten Tag rasieren mußte, meine Beine waren grotesk behaart – zumindest war unter den Waden etwas Flaum –, und ich hatte nichts mehr von dem Babyspeck, den Lou an Bobby Phalens Schenkeln oder direkt oberhalb seiner schmalen Taille mit einem Vergrößerungsglas aufstöberte (»Siehst du, die schimmernde Vieldeutigkeit dieser impertinenten, geilen, jungen Männlichkeit und dieses Päckchen mädchenhafter Zartheit, genau wie bei Donatellos *David?*«).

Lou erkannte, wie es jeder erkennen mußte, daß Homosexualität eine Krankheit sei; genauer, er betonte die Krankheit mit Nachdruck. Obwohl nicht spontan zu Tuntenhaftigkeit neigend, fing er mitten in seinen lustvollen Betrachtungen von Bobby Phalens Schenkeln meinen Blick auf, faßte sich mit seiner großen, gebrochenen Hand an die Brust und murmelte: »Ich bin *keine* gesunde Frau ...«

Aber durch irgendeine seltsame Alchimie hatte er unser Kranksein damit wieder wettgemacht, daß er Schönheit darin fand. Er liebte Baudelaire – und wie Baudelaire suchte er Schönheit in allem, was verdorben, künstlich, verdammt war, obwohl diese Worte, zu europäisch, um »in« zu sein, ihm peinlich gewesen wären. Er liebte alles, was durch den Willen zur Schönheit häßlich geworden war, ob es die verstümmelten Füße und der Entengang eines Ballettänzers, die Blässe und der rasierte Kopf einer Nonne oder die gespaltenen, schwammigen Lippen eines Trompeters waren. Damals war S & M noch nicht populär. Lou war gezwungen, Dinge zu bewundern, die für seinen radikalen Geschmack zu zahm waren (gebleichte Haare, ein Mann in Frauenkleidern), aber die bewunderte er voll Ingrimm.

Während William Everett Hunton normal werden wollte (wenigstens sagte er das) und viel Zeit damit verbrachte, sich vage vorzustellen, wie sicher und geborgen Männer sich in der Ehe fühlen müßten, verachtete Lou Spießbürger. Stolz hielt er mich bei der Hand, während wir die Straße entlangspazierten, und er liebte es, die kleinen alten Damen in unserem Apartmenthaus mit seinen abgeschnittenen Bluejeansshorts zu schokkieren. Wenn ich zu einer Kellnerin zu umgänglich-freundlich wurde oder eine Meinung äußerte, die unseren Vätern angestanden hätte, wurde er rot und ließ den Kopf sinken. Weder besuchte er Museen noch las er geistig anspruchsvolle Bücher, zumindest nicht systematisch; ihn interessierte es nicht, seinen Geist zu bilden oder als kultiviert zu gelten. Doch er schätzte seinen Geschmack hoch ein, und ihn zwang er tyrannisch den wenigen Leuten auf, die er mochte.

Er und Maria unterschieden sich sehr stark voneinander, und ich machte sie nie miteinander bekannt. Sie las zwanghaft, aber keine Gedichte, nicht viel Prosa, massenweise Philosophie. Lou las dieselben Bücher immer und immer wieder, während er versuchte, ihnen ihre Geheimnisse abzuschmeicheln, nicht die Geheimnisse ihres Sinns, sondern die ihres Rhythmus. Er liebte die Gedichte von John Wieners und zitierte immer wieder die Strophe:

> Er ging und nahm
> mein Morphin mit.
> O Johnny. Frauen in
> der Nacht stöhnen dn. Namen.

Oder er sagte: »Findest du nicht toll, wie er Eigennamen benutzt, wie zum Beispiel in:

> Und ich irre herum neben den Pelzen
> und Homburgern an der Fifth und
> Fifty-seventh, wo Black Starr
> & Frost ihre
> alljährliche Diamantenversteigerung abhalten?

Könnte etwas schöner sein als Black Starr & Frost, was wirklich die *Definition* eines Diamanten schlechthin ist?«

Verse aus Songs berührten in ebenso sehr. *»I'm Travellin' Light«*, murmelte er, oder *»God Bless the Chile That's Got His Own«* oder *»Good Morning, Heartache«*, was, wie er behauptete, die einzige Möglichkeit sei, den Titel von Françoise Sagans neuem Roman, *Bonjour Tristesse*, zu übersetzen. Er konnte nicht viel darüber sagen, warum diese Wendungen schön waren, aber offensichtlich prüfte er seinen kleinen Schatz genauestens mit einer Juwelierslupe, zog oftmals alle Edelsteine ans Licht und legte sie einen neben den anderen auf das Plüschkissen seiner Bewunderung.

Eines Tages kam er von einem Fummelwettbewerb zurück und erzählte, ein mexikanischer Junge namens Spinoza habe ihn gewonnen (sein Tuntenname: Gigi). »Kleiner, da waren alle diese anderen müden Nummern mit ihren Gummititten und dicken Puderschichten und falschen Zöpfen, aber Spinoza kam einfach rausspaziert, mit seiner brutalen, kleinen Fresse, die nicht geschminkt war, seiner Entenschwanzfrisur, seinen Kleinjungenarmen mit der Tätowierung in der Haut zwischen Daumen und Zeigefinger und seinen nackten Immigrantenfüßen und nichts weiter als einem doofen schwarzen Kleid, dessen Reißverschluß am Rücken kaputt war, und er sah aus wie ein halbwüchsiger Killer, den jemand mit vorgehaltener Pistole gezwungen hatte, einen Fummel anzuziehen, und – oh!« Lou ließ seinen gespannten Blick dahinschmelzen. Er schlug die Augen nieder, während ein Lächeln, ein scheues Lächeln, erwachte: »Oh, Gigi. Frauen in der Nacht stöhnen deinen Namen.«

Wir lagen in seiner lotterigen Wohnung auf schmutzigen Laken, umgeben von Schimmel ansetzenden Kaffeetassen und abgelegten Kleidungsstücken. Da Lou aus seiner Stellung gefeuert war, stand er nie so früh auf, um noch rechtzeitig zur Wäscherei zu gelangen, ehe sie zumachte; seine einzige Möglichkeit war, sich am verkaufsoffenen Abend, mittwochs, bei Brooks Brothers neue Hemden zu kaufen. Von Stop 'n' Shop ließ er sich teure Delikatessen kommen, aber er vergaß sie zu essen oder auch nur in den Kühlschrank zu stellen. Sie vergammelten und mußten in die Müllverbrennungsanlage geworfen werden. Ich hatte Freunde zu besuchen und Sachen zu erledigen, aber wie ein Vampir haßte Lou das Tageslicht und schlüpfte bei jedem Morgengrauen in einen Lakensarg, um am Abend tadellos gepflegt wieder aufzutauchen. Ich vermute, er und ich ähnelten mit unseren gegeneinander versetzten Tageszeiten meinem Vater und meiner Stiefmutter.

Ich liebte seine lohbraune Haut und die Orden aus Haar, die sich strahlenförmig aus jeder Brustwarze hervorkringelten, als wär er zweimal für dieselbe Heldentat ausgezeichnet worden. Ich liebte seine ganz besondere, zwischen männlich und weiblich oszillierende Vieldeutigkeit. Er konnte sich an mich kuscheln wie eine Frau, seine vollen Hüften rückwärts gegen mich drücken und sicher sein, daß er mich damit erregte. Im Fernsehen war eine weitverbreitete Vorstellung von einer Wahnsinnstanznummer, daß eine schöne Blondine an einer Reihe entgeisterter Männer vorbeimarschiert und die ganze Korona nur mit der Fingerspitze umlegt: Genau diese Wirkung erzeugte Lou in mir. In seiner Gegenwart hatte ich eine Dauererektion, und ich zwang mich dazu, hin und wieder anderer Meinung als er zu sein, damit ich ihn nicht mit der Gleichförmigkeit meiner Bewunderung langweilte. Was den Mann in Lou betraf, so sah ich in ihm immer nur Pontiac, den Indianer. Sein Sinn für Rituelles am Sex unterstrich diesen Eindruck nur, als habe er sich die Ehrfurcht eines indianischen Kriegers vor jeder physischen Prüfung bewahrt. Von Zeit zu Zeit hatten wir noch Sex miteinander, aber ich vermutete, Lou tat's teils darum, weil er niemand anderen gefunden hatte, und teils, weil seine Lebenspoetik den nächtlichen Beischlaf verlangte. Zwischen uns war Sex nie Liebe, dieser plötzliche Gefühlsstrom, der zwei Menschen dazu bringt, im Gehen innezuhalten, einen Schritt zurückzutreten und sich lächelnd anzusehen. Lou hielt nie im Gehen inne. Er grub sich mit einer Kraft und Regelmäßigkeit in mich hinein, die von Worten oder Küssen oder keuchenden Atemzügen nicht unterbrochen wurde. Er verabscheute einen Anfall von Freude fast ebenso, wie er jede plötzliche Anwandlung von Gefühl verabscheute, das eine gewisse Form durchbrach. Er war ein Sexualformalist.

Spät, sehr spät in der Nacht, fing er dann an zu toben. Zum Beispiel versuchte er, mich von Absurditäten zu überzeugen, die ihm nur deshalb zusagten, weil sie das Gegenteil dessen waren, was alle rechtschaffenen Leute glaubten. Er war gegen die Scheidung, weil sie entzweite, was Gott zusammengefügt hatte. Dennoch war ich sicher, daß seine Opposition durch die Schönheit des Wortes *entzweien* beflügelt war. Er suchte die Gelegenheit, es auszusprechen, und zwar es in der einzig angemessenen Art auszusprechen, nämlich mit alttestamentarischem Zorn. Oder er wetterte gegen das Reisen und beharrte darauf, daß jeder in seinem eigenen Land bleiben solle, von seiner heimatlichen Scholle genährt. Er kam zu dem Schluß, Zensur nach sowjetischem Muster sei vertretbar, ja zu empfehlen, weil die Leute kein

Bedürfnis hätten, zu erfahren, was in anderen Ländern passiert.

In einer heißen Sommernacht, so spät, daß alle Wohnungsfenster in der Nachbarschaft dunkel waren, beschloß er, wir sollten ausgehen und sehen, ob es nicht irgendwo Jazz zu hören gebe. Er duschte und kämmte sich sein nasses schwarzes Haar zurück, nahm ein neues Hemd aus seiner Brooks-Verpackung und zog sich einen tadellos gebügelten Anzug an. Er sah elegant und verletzlich aus, und seine Augen, in einem Gesicht delikater Ungesundheit, wichen jedem Blick aus. Er rauchte so, wie er auch alles andere tat, neugierig, den Blick auf die Zigarette gerichtet, als wisse er nicht ganz genau, wozu sie gut sei, als rauche er sie zu Versuchszwecken.

Eine halbe Stunde später betraten wir einen Klub, in dem ein junger Weißer eine Trompete in der Hand hielt und mit unschuldiger Stimme – unschuldig, aber linkisch – »*This Is Love*« sang. Sein Publikum saß an ganzen zwei Tischen, alle schweigsam, die Hände strahlendhell unter Lampen, die Gesichter im gefilterten Schatten verschwunden. Der rauchige, intensive Geschmack von Whisky schnitt ein umgedrehtes Fragezeichen aus Wärme, das ein Lot in meine Brust warf und in meinem Magen herumwirbelte. Ich wurde betrunken. Lous Gesicht funkelte von Schweiß; ein paar feuchte Punkte, klar umrissen wie die Punkte auf Würfeln, waren gleich oberhalb seiner Nase hervorgetreten. Seine dunklen Jackenärmel hatte er hochgestreift und die schweren weißen Hemdmanschetten entblößt, die die Hände so säuberlich umschlossen wie Gaze die schlanken Fesseln eines Vollbluts. Er nippte an Zigaretten, er nippte an Drinks mit Lippen, die sich durch die üppige Melancholie der Musik von neuem verschmälert hatten. Nichts geschah. Die Geschichte hat keine Pointe, und ich erzähle sie nur, weil die Momentaufnahme von Lou, so verloren und distanziert, untadelig trotz des Chaos in seiner Wohnung, dennoch mit der ganzen Kraft eines Ereignisses zu mir spricht (alle meine Plots sind Sammelalben).

Als wir in dieser Nacht im Bett lagen, schlingerte Lous Zimmer bisweilen, als werde die Kamera von einem Schlittschuhläufer in der Hand gehalten. Er erzählte mir, daß er Jazztrompete gespielt habe, als er neunzehn war. »Ich verliebte mich in unsere Sängerin, eine Negerin, die ein paar Jahre älter war als ich, und als sie schwanger wurde, bestachen meine Eltern sie mit Geld, damit sie woandershin zog. Und so habe ich einen zwölfjährigen Sohn, der in der Gegend herumzieht –«

»Bist du sicher, daß es ein Sohn ist?«

Lou schaute zuerst verblüfft, dann irritiert drein. »Sicher weiß ich überhaupt nichts, aber ich träume von einem Jungen – in den Nächten, in denen ich von etwas träumen kann.«

Ich fragte ihn, was danach mit ihm, Lou, passiert sei.

»Ich wurde heroinsüchtig, und meine Eltern steckten mich in eine teure Nervenklinik, in eben jene, in die die Filmstars gehen. Mein Bruder war auch schon dort.«

»Was für eine verrückte Familie!« rief ich, obwohl mein Begeisterungsausbruch das ganze Zimmer gefährlich zum Schwanken brachte. Ich lehnte mich gegen zwei Kopfkissen, die schon lange keine Bezüge mehr gesehen hatten, und betete um festen Grund.

»Ja«, sagte Lou mit einem vernichtenden Blick, »ziemlich *verrückt*. Mein Bruder beging bald nach meiner Ankunft Selbstmord. Nach fünf Jahren fachkundiger Behandlung lebte er auf einer Rehabilitationsstation.« Die kleine schwarze Kröte eines Lachens hüpfte ihm über die Lippen.

»O Lou«, sagte ich, »es tut mir leid.« Ich hätte ihn gern berührt, aber ich fürchtete, sein Körper sei kalt.

»Aber die *Verrücktheit* meiner Geschichte fängt erst an«, beharrte Lou.

Er erzählte mir von einem Familientreffen kurz vor dem Selbstmord seines Bruders, zu dem die beiden Jungen Urlaub von der Klinik bekommen hatten, und die ganze Familie hatte die Sache mit einem Besuch in der Lyric Opera gefeiert. Sie saßen zusammen in der Familienloge, aber während des zweiten Akts gerieten die beiden Brüder in Streit. Alle, die Eltern eingeschlossen, waren sternhagelvoll, ein Messer zuckte aus einer Tasche hervor, Lou verspritzte Blut, seine Mutter kreischte lauter als der Sopran, Schließer und dann Polizisten kamen durch die Tür, das Orchester brach ab und verstummte piepsend, das Publikum war in Aufruhr, und das Saallicht ging an.

»Damals bekam ich das hier ab«, sagte Lou und zeigte auf seine Bauchnarbe. »Nicht von meinem Bruder. Ich verlor so viel Blut, daß ich ohnmächtig wurde, und als ich wieder aufwachte, lag ich im Methodist Central. Eine dämliche Fotze von Krankenschwester hatte mich mit dem Thermometer im Mund allein gelassen und war aus dem Zimmer gegangen – und du kannst dir vorstellen, daß man so was mit einem Patienten im Koma niemals machen darf –, und ich wußte, das könnte der Ausgangspunkt für einen wirklich harten Fahrlässigkeitsprozeß werden, und so zerkaute ich das Thermometer einfach sehr langsam und verschluckte es, die Glasscherben samt Quecksilber, und ich wußte, entweder würde ich sterben, was *cool* war, oder reich genug aufwachen, um meine Eltern ein für allemal verlassen zu können. Ich erwachte. Sie hatten mich aufgeschnitten und mehrere Fuß Darm entfernt, das ist der Grund, warum ich jetzt so oft essen muß, sonst rutscht das Essen einfach durch mich durch –«

»Aber du ißt ja nicht!« jammerte ich. »Genau das ist doch–«

Lou brachte mich zum Schweigen, indem er mir die offene Hand über den Mund legte; dann spielte er mit seinen Fingern eine kleine Melodie auf meinen Lippen. »Aber ich hatte nicht mit meiner Sucht gerechnet, die so kostspielig wurde, daß ich, ehe ich das Schmerzensgeld bekam, in das Haus meines Vaters einbrechen mußte, womit ich eine gottverdammte neue Alarmanlage auslöste, die er eingebaut hatte, seit ich abgehauen war, und so wurde ich geschnappt, die Bullen fanden die Einstiche an meinen Armen, es war alles ziemlich *verfahren*, so daß die einzige Möglichkeit, einer Verurteilung zu entgehen, die war, wieder in dieselbe Klapsmühle zurückzugehen.«

Ich weiß nicht, wie klar sich Lou über das sexuelle Verlangen war, das er in mir weckte, aber während er mir seine Geschichte erzählte, zog er mich immer enger und enger in seine Umarmung hinein. Oder er benutzte mich als Gitarre, auf der er herumklimperte, oder als Flöte, die er blies, etwas von sich aus Langweiliges, dem er interessante Töne entlocken konnte. »Dann brachte sich mein Bruder um – er hatte ein Verhältnis mit einer Frau in der Stadt und besuchte die Klinik nur jeden Nachmittag, und die Frau, ein Mädchen aus dem Ort, konnte ihn nicht mehr ertragen, er war einfach zu irre für sie, und so gab er sich den goldenen Schuß, vielleicht wollte er nicht mal sterben und sie bloß aufrütteln.«

Obgleich ich ihn trösten oder ihm durch Gesten zu verstehen geben wollte, daß er zumindest vor so einem Schicksal sicher war, sicher in meinen Armen, wußte ich, daß es in dieser Geschichte für mich keinen Platz gab.

»Das war, als ich mich in Charlie verliebte, den Pianisten, den du kennengelernt hast. Er war ein Wunderkind gewesen, hatte mit dem Cleveland- und den New Yorker Philharmonikern gespielt, aber dann, noch als Teenager, hielt er die Verantwortung nicht mehr aus, er wurde ebenfalls süchtig, und schließlich verhaftete man ihn. Tja, wir waren beide Musiker und Junkies, nur, daß er ein richtiger Musiker war. Oft lagen wir draußen am Pool, sonnten uns und dösten, und ich sah auf seine starken Arme und Schultern, ›die ließen die Musik schlafen in der Stille, dunkler und anmutiger als Rosen‹. Das ist das Ende eines Gedichts, das ich über ihn geschrieben habe.«

Er lachte und richtete sich auf. »Weißt du, Kleiner, es gibt nichts Romantischeres als einen Konzertpianisten, besonders einen, der nicht mehr auftritt. Er spielt für mich, aber nur zu Hause; er hat einen Steinway-Flügel. Und du solltest ihn mal hören, wenn er durchs Dritte von Rachmaninow rast, dir würden die Haare zu Berge stehen.«

Plötzlich erschien mir mein eigenes Leben jämmerlich ereignislos. Ich wünschte mir den Mut, etwas Leichtsinniges zu tun, und die Jahre, es zu bedauern.

Das einzige Licht kam von einer schrecklichen Neonröhre im Badezimmer, die unsere Körper larvenhaft erscheinen ließ und unter Lous Augen trübe Ringe zum Vorschein brachte. Wenn ich meinen Kopf über das Kissen hängen ließ, sah ich die Skyline auf dem Kopf stehen. Der kreisende Scheinwerfer auf dem Dach des

Drake-Towers strahlte durch tiefe, sich daherwälzende Wolken, als lasse ein Zirkusdompteur seine Peitsche unter den stampfenden Leibern schweißschäumender Pferde kreisen. Hier und da leuchteten noch Fenster ferner Wohnungen.

Lou ließ seine Vorhänge offen, und wir wachten am Mittag auf, nackt in einem Blutsturz aus Sonnenlicht unter den Blicken von Büroangestellten im Nebengebäude, so nahe, daß wir sehen konnten, wie eine Stenotypistin ihre Brille abnahm und sich den Nasenrücken massierte.

An den Nachmittagen gingen wir manchmal an den Strand, aber Lou kam ständig mit so vielen Problemen, Ängsten und Einwänden an, daß wir normalerweise nicht vor Abend das Haus verließen. Da er eigentlich sechs kleine Mahlzeiten pro Tag einnehmen sollte, bestellte er sich, während er noch mit der ersten herumspielte, eine zweite und ließ dann beide stehen.

Ich zeigte ihm eine Geschichte, an der ich gerade arbeitete. Ich wollte sie für viel Geld an den *Esquire* oder *The New Yorker* verkaufen und hoffte mich damit endlich von meinen Eltern befreien zu können. »Aber deine Prosa ist so geistlos«, kritisierte Lou. »Zum Beispiel dieser Satz, wo du schreibst: ›Ich hatte keinen Gedanken im Kopf‹: Ich meine, du hältst niemals inne, um nachzudenken, stimmt's, Kleiner, du plapperst einfach weiter. Ich kann dieses Geschwärme nicht vertragen. Und dieser Kronleuchter. Der einzige Grund, weshalb du dir die Mühe machst, ihn in die Geschichte reinzunehmen, ist der, daß er am Schluß herunterkrachen kann, was ein lächerlich billiger Trick ist. Aber das Schlimmste ist dieses kindische Geschwärme, diese lippenschmatzende Befriedigung, die dir diese grauenhaften Mittelstandslangweiler mit ihren Problemen verschaffen, als wäre Probleme zu haben ein automatischer Appell ans Mitgefühl statt einer Aufforderung zu Unduldsamkeit und Verachtung.«

Seine Worte schmerzten mich. Jede Kritik schien unwiderleglich, wenn auch vorerst unverdächtig. Es stimmte, ich liebte meine Charaktere, denen ich die verschiedenen Gesichter und Süchte meiner Freunde verliehen hatte. Es stimmte, ich schrieb in Trance und verbesserte nie; meine Mutter hatte mir gesagt, ich sei ein Genie. Ein Genie mußte nicht tastend suchen, lernen, umarbeiten oder überhaupt arbeiten. Und es stimmte, ich schrieb, um bewundert zu werden – von meiner Mutter vor allem, und danach von Lou oder von demjeningen, mit dem ich gerade zusammen war. Ja, ich wünschte mir Ruhm, und wenn das Feuer der Phantasie, von Drambuie angefacht, in meinem weißen Zimmer in mir brannte, hatte ich das Gefühl, ich sei bereits berühmt. Aber es gab noch einen anderen Grund zu schreiben: die Sünde meines Lebens wiederzugutmachen, indem ich sie in die Tugend der Kunst verwandelte.

Bis jetzt hatte ich meine Geschichten nur verständnisvollen Lesern gezeigt. Andere junge Autoren überhäuften mich mit Komplimenten, und im Gegenzug lobte ich wiederum ihre Werke. Die übliche Inspirationsquelle für meine Prosa war das »bedeutende« Fernsehdrama mit seinem behaglichen Menschenbild, seiner melodramatischen Handlung und seiner inhaltlichen Botschaft. Um jedoch zu beweisen, daß dies Literatur war, streute man ein, zwei Symbole ein, vorzugsweise etwas aus der Leidensgeschichte Christi, und legte einen dichterischen Schleier aus Wendungen darüber, die man den besten Autoren aus dem Süden abgewann. Eine Epiphanie wurde über Unmassen aggressiven Dialogs gestülpt, der leicht zu schreiben war, auch wenn man so tat, als sei dies überaus schwierig. Alle Personen waren entsprechend niedergeschlagen und empfindsam.

Lou hatte ein zu feines Gehör und einen viel zu großen Horror vor dem Offenkundigen, um meine aufgeblähten Dramolette zu mögen. Außerdem war er zu unglücklich und ängstlich, um sich für das Leben anderer Menschen zu interessieren. Er konzentrierte sich auf einen kleinen Kanon von Büchern, in denen er sich selbst wiederfand: John Rechys *City of Night*, das gerade kapitelweise in Zeitschriften erschien, die paar vereinzelten Skizzen von Burroughs, die er gedruckt finden konnte, Jean Genets *Notre-Dame-des-Fleurs.* In diesen Büchern sah er seine eigene Düsternis gespiegelt. Es sagte ihm zu, daß in ihnen keine Spur des amerikanischen Optimismus zu finden war. Und es gefiel ihm auch, daß sich diese Bücher »geilen Tunten« widmeten und daß jede Seite den Leser etwas Samen kosten konnte.

Lou, der nie eine normale Familie gekannt hatte, erschien bürgerliches Leben als vage – vage lächerlich, wenn er darauf aus war, sich mit Spießern anzulegen, vage reizvoll, wenn er die Unordnung seines eigenen Lebens satt hatte. »Oh, Kleiner«, sagte er irgendwann spät nachts zu mir und umarmte mich, wobei er diesen starken Geruch von Leuten ausströmte, die aus täglicher Reue über nächtliche schlechte Angewohnheiten zu viele Vitamintabletten schlucken, »ich bin kranke Schwuchteln und besoffene alte Tunten so leid. Ich habe die Männer so satt! Ich glaube, ich ertrage es nicht mehr, den Bart auch nur eines einzigen Mannes zu fühlen. Mittlerweile bin ich dreißig Jahre alt und sollte meine eigene süße kleine Familie gründen, aber immer noch tobe ich in Bars herum, begrapscht von Fingern, zerfleischt, vollgestopft mit Schwanz, und jeden Morgen wache ich mit einem Kater und brennenden Hämorrhoiden auf, das Schamhaar verklebt mit dem Samen von irgend jemand anderem.« Erstaunte Pause, aufgerissene Augen, erschreckter Ausruf: »Und mein Gesicht zerschunden von kratzenden Bärten!« Er erschauerte, streichelte mir das Gesicht, dessen lästigen Borsten ich nur allzugern den Rückzug befohlen hätte. Dann begann er ein überschwengliches Loblied auf die Ehe, das so banal, so schrecklich dumm war, daß ich unentwegt nach dem ironischen Lächeln suchte, das seinem Schwulst vielleicht irgendeinen Sinn verleihen würde. Mir hatte Lous Bereitwilligkeit gefallen, ein Leben voller homosexueller Todsünden zu führen, aber nun überredete er sich selbst zu Ehrbarkeit.

Ich hörte zu, nickte und fühlte mich verpflichtet, mich seiner Meinung anzuschließen. Ich mußte alle Chromosomen meiner Überzeugungen durcheinanderquirlen, damit sie mit seinen, Gen für Gen, zusammenpaßten. Aus meiner Psychoanalyse und meinen eher privaten Selbstzweifeln – der Gewißheit, daß alle grundlegenden Dinge in mir verkehrt seien – hatte ich die Angewohnheit übernommen, meinen Instinkten zu mißtrauen.

Aber während die Wochen mit Lou vergingen, rebellierte etwas in mir. Ich wollte meinen eigenen Weg gehen. Wenn ich meinen Willen vorübergehend zurückstellte, tat ich es, um von Lou zu lernen, denn noch nie war ich jemandem begegnet, der so sehr Künstler und so wenig Intellektueller war. Wenn ich einer Geschichte einen übertrieben raffinierten Titel gab, sagte er: »Aber ein Titel sollte auf schlichte Weise sagen, was vor sich geht, wie eine gute Bildunterschrift. *Familien-*

*bildnis* ist ein guter Titel, auch *Früher Tod.*« Bedächtiges Lächeln. »Natürlich sind Faulkner-Titel die besten. *Light in August.* Wußtest du, daß *light* ein altes Wort für ›schwanger‹ ist?«

Lou haßte »pennälerhafte« Werbesprüche, geschickte Verballhornungen von Shakespeare oder der Bibel (»Der Weingeist ist willig, aber das Fleisch ist schwach« für eine Pille gegen Kater). »Nein, je dümmer, desto besser. *Schrumpft , Hämorrhoiden* ist immer noch klassisch«, sagte er, wobei er dem Wort »klassisch« einen durchtrieben heiteren Unterton gab.

Lous seltsamer Ästhetizismus – auf seiner Überzeugung beruhend, daß er ein perfektes Gehör und ein untadeliges Gefühl für Anstand besitze – nahm es mit allem und jedem auf. Er hatte eine Religionsästhetik (katholische Orthodoxie stand über sentimentalem protestantischem Hosiannagesinge), eine Ästhetik der Psychoanalyse (Freud, nicht dieser miese Jung), eine Drogenästhetik (besser der tödliche Nachtschatten des Heroins als das »Tollkraut« Marihuana; »Pot ist was für Leute, die sich *komisch fühlen* wollen, wie die Kühe, die von Tollkraut high werden und gegen Elektrozäune rennen«).

Eines Nachts gegen Ende August schlief ich oben in der Wohnung meiner Mutter. Ich hatte den ganzen Abend auf seinen Anruf gewartet und ihn mehrere Male erfolglos anzurufen versucht.

Nun wollte Lou, daß ich runterkäme. Er atmete geräuschvoll und sagte mit schwerer Zunge: »Kleiner, ich brauche –«, und dann mußte ihm der Hörer aus der Hand gefallen sein, denn ich hörte ihn weiter vor sich hinbrummeln. Ich eilte im Fahrstuhl nach unten. Wieder und wieder läutete ich an seiner Tür und klopfte sogar, aber ich wollte kein Aufsehen erregen. Seine Nachbarn hatten sich sowieso schon bei der Verwaltung beschwert.

Schließlich öffnete er. Ein Zentimeter Zigarette qualmte in seiner Hand. Hinter ihm lagen in Schwaden schummrigen Lichts die Trümmer seiner Möbel aufgehäuft. Er hatte den schwebenden Gang eines Menschen, der von einer Strömung, nicht von seinem Willen bewegt wird.

»Lou, Liebling, was ist los?« fragte ich. Ich folgte ihm ins Schlafzimmer. Seine schwarze Katze fraß sich an einem umgekippten Karton Chop Suey voll, den Lou sich offensichtlich hatte nach Hause liefern lassen. Ich sah zu, wie die Katze Brocken für Brocken das klebrige Gemüse verschlang, das über den ganzen Teppich verteilt war. Ihr sich heftig bewegender Hals wurde im Spiegel reflektiert, der vom Haken gefallen war, er war in zwei Teile zerbrochen, aber aufrecht stehengeblieben. Rum-und-Cola-Gläser standen leer oder halbvoll auf jeder ebenen Fläche. Man hatte den Eindruck einer Spießerwohnung, in der ein Rudel Gammler wochenlang gehaust hatte. Die Neonröhre im Bad und der ohne Bild flackernde Fernseher spendeten das einzige Licht.

»Kleiner«, sagte er, während er auf das ungemachte Bett sackte, »verschaff mir …« Atmosphärische Störungen in der Leitung, aber einen Moment lang meinte ich, er habe wirklich gesagt: »… eine wirksame Darmspülung.«

Schließlich wurde mir klar, er *hatte* »eine wirksame Darmspülung« gesagt, was immer er auch damit meinte. In schmerzgepeinigten Satzfetzen erklärte er, wenn er sich einen Schuß setze (Heroin? Er sagte es nicht), »blokkiere« sein Verdauungstrakt manchmal als Folge der

Tatsache, daß er so viele Meter Darm verloren habe. Die einzige Möglichkeit, die Peristaltik wieder in Gang zu bringen, sei, jemanden mit der notwendigen altmodischen Ausrüstung (schwaches Lächeln) für diese unangenehme Prozedur (noch schwächer) zu finden.

Es war ein Uhr nachts, und ich blätterte in unterdrückter Panik in den Gelben Seiten herum. Bei den ersten beiden Nummern ging niemand ran, aber bei der dritten meldete sich eine dünne, durch Lord Calvert und Kools gefilterte Männerstimme, eine untergebene Mafiastimme.

Zum Glück war Gerald, der Portier, nicht im Dienst, und das Foyer war unbeaufsichtigt. Es nieselte. Lou war so schwer in das Taxi zu bekommen wie ein junges Pferd – er war nichts als steife Beine, schlaffer Körper und spitze Ellenbogen. Er roch merkwürdig, und ich hatte Angst, der Fahrer würde meckern, aber nein, wir fuhren schweigend durch die menschenleeren Straßen. Die Scheibenwischer schlugen einen leisen Zweivierteltakt, der erste Schlag auf dem G unter dem eingestrichenen C, der zweite eine Oktave darüber, gespielt über Jazzbesen auf Becken – dem unter unseren Reifen zischenden Regen.

Die Praxis des Arztes lag im Loop zwischen zwei Kinos und über einem Laden mit kandierten Äpfeln. In einer schmutzigen, weißen Nylonkluft, die hinten zur Hälfte aufgerissen war, ließ er uns durch die Rauchglastür herein. Er führte uns durch einen düsteren Raum. Wir liefen über dreckiges Linoleum, das mit dem Geruch von Lysol und Zigaretten imprägniert war. Lous wackeliger Gang überraschte den Mann nicht. Wir kamen in ein kleineres Zimmer; es wurde von einem erhöhten Operationstisch und glänzenden Aluminiumröhren beherrscht, die aus einer häßlichen Kachelwand über einem Waschbecken kamen.

Wie ein übermüdetes Kind wimmernd zog Lou sich aus und kroch auf den Tisch, wobei er seinen geübten Hintern automatisch in die Höhe streckte. Weitschweifig erklärte ich dem Arzt, daß Lous Peristaltik zum Stillstand gekommen sei, daß Krankenhäuser aus irgendwelchen Gründen nicht mehr die notwendigen Geräte besäßen, daß –

»Sicher, sicher.« Das gelbzähnige glucksende Lachen des Mannes und die Vertraulichkeit, mit der er Lous Hintern tätschelte, sagten mir alles: Lou war früher schon hier gewesen. Der Mann drückte seine Zigarette aus und machte sich an die Arbeit. Lou blickte mit Augen zu ihm auf, die um einen sehnsuchtsvollen Fixpunkt herumschwammen. Dieser Mann hatte etwas getan – oder konnte etwas tun –, was Lou dringend brauchte. Der Mann zog sich durchsichtige Plastikhandschuhe an.

Er bestrich das Ende eines Rohrs mit KY und führte es in Lous After ein. Der machte den Rücken krum und reckte den Hintern noch höher. Das elende Zimmer, das Unheimliche dieses Vorgangs, das gluckernde und rauschende Wasser, die entsetzlich späte Stunde – alles ließ mich frösteln. Ich war über den Rand der Welt ins Leere gefallen. Mein Held war ein Perverser, seine Lider sanken vom Heroin schlaff herab, das Arminnere war blau von Blutergüssen, und jetzt gurrte er wie ein Baby. Er hatte sich, auf der Seite liegend, zusammengerollt und blickte staunend auf zu seinem Erlöser, seinem Peiniger.

# SECHS

Gerald, der Portier, war natürlich hinter alles gekommen. In jeder freien Sekunde überprüfte er die Stockwerksanzeige über dem Fahrstuhl. Da es nur vier Wohnungen auf jeder Etage gab und er wußte, wer zu Hause war, hatte er ganz einfach gefolgert, daß ich ständig von der Wohnung meiner Mutter zu der von Lou hinunterfuhr.

Als meine Mutter aus München zurückkam, sagte sie mir, sie sei besorgt, weil ich mich mit einem zehn Jahre älteren Freund eingelassen habe, einem berüchtigten Homosexuellen und Drogenabhängigen, dessen Familie, wenn auch einstmals anständig, mittlerweile keineswegs mehr als anständig angesehen werden könne.

»Liebling«, sagte sie und sah mich aus ihren braunen Augen an, die sanft wie meine, doch viel eindringlicher waren, »was geht mit dir vor? Alle deine glänzenden Geistesgaben ruinierst du, deinen Ruf und deinen Charakter.«

Ich wußte, sie hatte recht. Aus ihrer kleinen warmen Hand, die in der meinen lag, sprach unerträglicher Vorwurf. Ich sprang von der Couch auf und begann im Zimmer herumzulaufen. »Ich weiß, was ich tue.«

»Reiß mir nicht gleich den Kopf ab«, sagte sie und wurde nachdenklich. »Trotzdem, Liebling, ich glaube, du weißt es *nicht.* Du hast mich kompromittiert, und ich muß in diesem Haus hier leben. Außerdem hast du den Sommer vertrödelt. Du hast kein Geld für die Uni verdient. Du siehst blaß und ungesund aus; du hast nicht einmal ein bißchen wohlverdienten, gesunden Spaß mit Kindern in deiner eigenen Altersklasse gehabt.«

Sie war so klein, daß, wenn sie sich auf ihrem Stuhl zurücksetzte, ihre Füße nicht mehr ganz den Boden berührten. Obgleich sie versuchte, die Ruhe zu bewahren (sie hatte den Kopf gehoben und zu einer edlen Schrägneigung zurückgelegt, die es wert gewesen wäre, gerahmt zu werden), schien ihr Gesicht sich aufzublähen, sich vor Erregung dunkler zu färben. Langsam wurde sie gänzlich davon erfaßt. »Du bist ein besonderer Mensch, ein vornehmer Mensch. Ich weiß nicht, warum du dich an minderwertige Menschen wegwerfen mußt. Wir sind in unserer Familie nie minderwertig gewesen. Ich arbeite so hart, und dein Vater, na gut, er mag schreckliche Fehler haben, aber er ist immer anständig gewesen. Die Scheidungsvereinbarung hat er bis auf den letzten Buchstaben erfüllt, das muß man ihm lassen. Aber vielleicht haben wir dich überschätzt; schließlich haben wir dich nie richtig testen lassen, wir wissen nicht mal sicher, ob du wirklich so intelligent bist.«

In dem Augenblick, als sich ihr die schreckliche Möglichkeit eröffnete, daß ich nur normal intelligent sein könnte, nahm das gekränkte Gesicht meiner Mutter einen boshaften Ausdruck an. Sie zupfte an der maßgeschneiderten Jacke ihres Kostüms, damit sie sich besser um den Körper schmiegte. »Ich weiß nicht, woher diese Neigungen bei dir kommen – vielleicht von der Seite der Mutter deines Vaters. Meine Familie ist auf beiden Seiten vollkommen normal. Mein Vater, Gott hab ihn selig, hatte eine richtige Romanze mit seiner Angebeteten, meiner Mutter, und der Vater meiner Mutter zeugte zwölf Kinder, nichts verkehrt rum dabei, nichts homo oder – ha!« – und sie stieß angesichts der Erinnerung einen Freudenschrei aus – »keine *Morphroditen,* denn so haben sie unten im Süden Homosexuelle genannt. Keine Morphroditen in unseren Familien!« Die Lustigkeit der Erinnerung wich dem Ernst der erbhygienischen Forderung und der damit verbundenen moralischen Lektion, und ihr Lächeln schwand dahin. Wieder zupfte sie hier und da an dem steifen Stoff ihrer Jacke. In ihren Augen waren Kleider ein untrügliches Charaktermerkmal: Wenn sie die Vorzüge von Leuten aufzählte, führte sie oft auch deren Garderobe an. Vielleicht fummelte sie an ihrer Kleidung herum, um mir ihre Unempfindlichkeit gegen meine moralische Verderbnis zu beweisen.

»Du widerst mich an«, schrie ich. Sie streckte ihr Kinn vor, das ganz weiß wurde, und ihr Mund wirkte zugenäht und klar umrissen, wie die Naht an einem Baseball. »Ist dir nicht klar, daß ich weiß, daß ich neurotisch bin, daß ich ein intelligenter Mensch bin, der an einer schrecklichen Krankheit leidet, daß ich Tag und Nacht fieberhaft daran arbeite, mich kurieren zu lassen, und daß ich alles, was du gegen mich sagen kannst, bereits in allen Einzelheiten mit Dr. O'Reilly durchgekaut habe?«

Eine Sekunde lang fürchtete ich, sie könnte mich nach einem Beispiel für diese neuen Überlegungen fragen; mir fiel kein einziges ein. Ich hatte das Gefühl, ich sei ein Simulant, jemand, der an Gedächtnisschwund leidet, und ich improvisiere mein Leben von einem Augenblick zum anderen. Nichts bliebe an mir haften, am wenigsten Erkenntnisse über mich selbst. Selbst die Essays, die ich in Eton geschrieben hatte, wirkten inzwischen völlig fremd auf mich. Sie offenbarten eine durchschnittliche

Intelligenz und ganz verschrobene Einsichten, die mir inzwischen völlig entfallen waren. Jede Nacht wurden mir die Erfahrungen geraubt, die ich während des Tages gemacht hatte.

Während des Sommers hatte ich nichts außer einer Geschichte der Philosophie des 18. Jahrhunderts gelesen, und selbst von der war kaum etwas hängengeblieben, weil mein Geist ständig um Lou herumbrodelte (wo war er? wann würde er mich das nächste Mal anrufen?). Doch ein Gedanke, der sich eingeprägt hatte, war Humes merkwürdig buddhistische Vorstellung, daß es kein Ich gibt. Wir sind nur eine Reihe einander folgender, abstrakter Bewußtseinszustände, und unsere sogenannten Erinnerungen sind lediglich Täuschungen, die im Augenblick ... und jetzt ... und jetzt erdichtet werden.

In meinem Falle tilgte der Gedächtnisschwund, dieser nasse Schwamm, der den Kreidezeichen nachfährt, sogar die nützliche Illusion der Kontinuität. Ich fühlte mich durch und durch als Sklave der Gegenwart, die mein Leiden noch heftiger werden ließ, da ich meinen Schmerz nie in die richtigen Verhältnisse rücken konnte, es sei denn durch Humor; herumzukaspern hatte bei mir den Platz des Gedächtnisses eingenommen.

»Wir werfen O'Reilly dieses ganze Geld in den Rachen«, sagte meine Mutter gerade, »aber dir geht es anscheinend kein bißchen besser. Schuld ist meiner Ansicht nach dein Vater. Jeder Junge braucht ein männliches Vorbild.«

Das stimmt, dachte ich. Ich stellte mir Bobby Phalen, Lous Lieblings-Pin-up, als *mein* männliches Vorbild vor.

»Ich mußte sowohl Vater als auch Mutter für dich sein. Aber jetzt? Jetzt bist du erwachsen, und was geschehen ist, ist geschehen. Dir scheint's immer schlechter zu gehen. Du bist so nervös und, ehrlich gesagt, wirst du immer weibischer. Nebenbei, ich habe von irgendwelchen interessanten Hormonbehandlungen gegen dein Problem gelesen, womit sie in England Versuche machen; in einer einfachen Operation pflanzen sie dir weibliche Hormone ins Bein ein und –«

*»Weibliche?«*

»Ja, weil Östrogene deinen Sexualtrieb insgesamt neutralisieren; sie machen dich geschlechtslos, und bald bist du in der Lage, ein normales Leben zu führen.« Ihre rechte Hand vollführte eine kleine Kreisbewegung in der Luft, als sie *normal* sagte. Ich sah, daß das rein Technische an der Hormonbehandlung ihrem praktischen Sinn entgegenkam.

»Sei nicht albern«, sagte ich, aber ein plötzlicher Schauder erfaßte mich, als würden meine Lungen von kalten Händen zusammengepreßt. Meine Mutter schloß die Frage an, ob ich denn meine, ich sollte in eine Nervenklinik gehen – und die Hände drückten fester zu. Mir dämmerte, daß diese Frau, die mir so vertraut und anstößig vorkam wie mein eigener Körper, es sich in den Kopf setzen könnte, mich hinter Schloß und Riegel zu bringen. Schließlich widersetzte ich mich ihr nicht auf schüchterne, hinnehmbare Art und Weise, indem ich Chemie statt Physik als Studienfach gewählt hatte. Nein, für sie war ich so etwas wie ein Verbrecher; ich hatte das Verbrechen gewählt, Sexualverbrechen.

Ich wollte heterosexuell sein, jedenfalls sagte ich mir das. Als angehender Schriftsteller, das war mir klar, wäre ich niemals in der Lage, Ehe, Geburt, Elternliebe, Eheintimitäten, die pikanten Ängste der Erwachsenen – eben keines der wichtigen Ereignisse in einem Leben – überzeugend darzustellen, wenn ich mich nicht von diesem

Übel befreite, das mir hinderlich war. O'Reilly hatte mich gewarnt, daß mich die Homosexualität zu einer einbalsamierten Jugend verdammen werde, daß ich einem schalen Narzißmus nie entwachsen würde.

Und dennoch: Etwas Ungezähmtes und Freies in mir wollte sich ihnen nicht fügen, diesen dicken, labberigen Erwachsenen. Nein, wenn ich vollkommen ehrlich gewesen wäre (aber das konnte ich nicht sein, mir fehlte das nötige Vertrauen), hätte ich zugeben müssen, daß es eine Welt gab, die von Frauen und weiblich gewordenen Männern (nicht weibischen, sondern verweiblichten Männern) regiert wurde und der ich zu entfliehen wünschte, einer Welt sanfter Vorstadtpaare, bei denen sein und ihr Hals gleich dick und faltig, das weiße Haar ähnlich geschnitten war. Der harte, heiße Penis, nach dem ich unter der Trennwand der Toilettenkabine griff, oder das langsame Augenzwinkern einer Fummeltrine, die sich über ihre räudige Fuchsboa hinweg nach mir umsah, kurz bevor sie um die Ecke bog – diese Momenteindrücke reizten mein Verlangen nach Freiheit, trotz meiner Sehnsucht nach Anständigkeit.

Ich war der Meinung, ich schuldete niemandem etwas. Meine einzige Pflicht war, mich aus dem Kreuzfeuer zu verdrücken. Homosexualität stellte keine Gesellschaft dar, nur eine Krankheit, im Gegensatz zu vielen anderen Krankheiten war sie allerdings anstößig – eine Lustseuche. Konnte man sich gegenüber der Syphilis loyal verhalten?

Und doch war die Syphilis kein Verlangen, das man erstrebte; hatte man sie sich mal zugezogen, war man ihr ausgeliefert. Aber ein Homosexueller konnte genau darum verurteilt werden, weil er darauf bestand, sein Laster zu *praktizieren.* Wenn ich Schwule verachtete, mißtraute ich allen anderen. Natürlich mußten Heterosexuelle besänftigt und amüsiert werden. Wenn ich mit ihnen zusammen war, prägte ich mir ihre Verschwiegenheiten und Begeisterungen ein, die Themen, über die sie schallend lachten, und die, die sie verlegen überhörten. Aber ich fühlte mich absolut mit keinem anderen menschlichen Wesen verbunden.

Dieses Mißtrauen bestätigte sich, als ich zur Uni zurückkam und eine Reihe Schwuler in den Toiletten festgenommen wurden. Ein Maschinenbauprofessor, der Pächter der »betriebsinternen Beköstigung« (der Cafeteria) und vier Studenten wurden geschnappt. Ihre Namen, allerdings nicht ihre Fotos, wurden in der Lokal- und der Universitätszeitung veröffentlicht. Ich kannte einen der Studenten, Jeremy, einen großen, dicken Jungen mit roten Backen, noch röteren Lippen, Ohren, so adrett und abstehend wie der Henkel an einem präkolumbianischen Gefäß, und einer feisten Sopranstimme, die er urplötzlich einzusetzen in der Lage war, blendend und biegsam wie eine Säge im Sonnenlicht. Er saß in seinem Abteil, eine glucksende Henne auf der Stange, und plötzlich blitzte, laut und verwirrend, dieses Falsett hervor.

»Es war eine Falle«, erzählte er mir. »Da war ein Typ – ich hätte gleich Verdacht schöpfen sollen. Seine *Schuhe*, keine Tunte würde sich in solchen klobigen Botten fangen lassen und sich damit ihren Fummel, ihre Linie ruinieren, verstehst du. Er zeigte mir sein mächtiges hartes Mordsding, ich meine, es war *hart*, das kann man nicht vortäuschen, sie war 'ne erregte *Zippe*, und dann, verstehst du, als nächstes fühlte ich mich irgendwie gegen meinen Willen hingezogen, und ehe du *wunderbar!* sagen konntest, beugte ich mich über diese Bratwurst, als er plötzlich seine Hände öffnete, und da, Fräulein Dingsbums, *da«* – Jeremy holte tief Luft, hob seine Hand, stülpte seine Lippen vor wie ein übertrieben munterer Spaßmacher auf Kindergeburtstagen, der die Sache spannend machen will – »*da* lag seine Polizeimarke.«

»Wie entsetzlich! Was hast du gemacht?«

»Erst einmal richtete ich mich entrüstet auf und dachte: Wenn ich mich ganz wie eine Dame benehme, wird mir nichts wirklich Unangenehmes passieren. Ich zog eine Braue in die Höhe, warf mir den Schal um den Hals und drehte mich herum, um erhobenen Hauptes hinauszumarschieren, aber als nächstes knallte er mir so ein ziemlich sperriges Identitätsarmband um mein Handgelenk, was raffiniertenweise mit einem passenden Armband an *seinem* Handgelenk verbunden war. Einen Moment dachte ich, wir wären ein *Paar.*«

Er bekam eine siebenjährige Haftstrafe auf Bewährung, vorausgesetzt, er meldete sich jeden Monat bei seinem Bewährungshelfer und besuchte dreimal die Woche einen staatlich bestellten Psychotherapeuten. Er, der immer so schrill gewesen war, der uns glauben machen konnte, sein schäbiger Strickschal sei eine Boa aus Marabufedern, wurde grau und unscheinbar, sein mächtiger, fleischiger Körper war nicht länger die Leibesfülle einer Diva, sondern nur noch eine schwere Strafe, die es zu verbergen galt. Er summte auf den Gängen nicht mehr laut vor sich hin, er schnitt sich die Haare (»Ich bin in meine empfindsame Lesbenperiode eingetreten«, verkündete er feierlich), und er begann sogar pflichtschuldig ein Mädchen ins Kino zu begleiten.

Obwohl ich furchtbare Angst hatte, verhaftet zu werden, konnte ich es mir nicht verkneifen, die Toiletten zu besuchen. Wenn jetzt jemand hereinkam, der verdächtig aussah, rauschten alle Toiletten in panischem Chor, und wenn der Fremde auch nur eine Sekunde zu lange dastand, konnte er das ganze Haus leerfegen. Wenn jemand es dennoch wagte, in der Nachbarkabine auf die Knie zu sinken, blies ich ihm einen, gierig und ohne zu zögern. Ich saugte seinen Schwanz so schnell und so tief wie möglich in mich hinein.

Ich wußte, daß ich Dr. O'Reilly aufgeben mußte. Annie Schroeder hatte sich ein Küchenmesser ins Herz gestoßen. Sie war in die Klinik eingewiesen und wieder entlassen worden und hatte sich ein zweites Mal ein Messer in den Leib gerammt. Jetzt befand sie sich auf einer Hochsicherheitsstation. O'Reilly selbst verfiel rasch, er schlief immer öfter während meiner Sitzungen ein, vergaß meinen Namen und murmelte unverständliches Zeug vor sich hin.

Ich wußte, daß ich mit den Sitzungen bei ihm aufhören mußte, aber sogar mein Körper rebellierte gegen eine derartige Rebellion. Ich wurde krank und bekam hohes Fieber; dann tanzte ich eines Abends auf einer Verbindungsfete in so engen Schuhen, daß ich drei Tage später an meinem linken Fuß einen Abszeß bekam und ins Krankenhaus mußte. Der Fuß schwoll schmerzhaft an und mußte schließlich aufgeschnitten werden. Danach wurde er in eine Art Hundehütte aus Aluminium gesteckt, die ihn vor der Berührung von Laken und Decke schützte.

Aus irgendeinem Grund kam ein Psychotherapiestudent im höheren Semester an meinem Bett vorbei, als ich noch im Krankenhaus war. Draußen fiel der erste Schnee des Jahres. Der Therapeut, dessen Stirn rot war und sich schuppte, trug ein Tweedjackett und roch nach süßem Tabak. Sein Mund zuckte auf der einen Seite in einem ironischen *accent aigu* nach oben.

Wir sprachen nicht sehr offen miteinander. Ich teilte das Zimmer mit jemandem, der anscheinend schlief, aber er könnte auch simuliert haben. Ich äußerte die Vermutung, daß ich mich gegen einen Bruch mit Dr. O'Reilly sträubte. »Das nehme ich jedenfalls an. *Fühlen* tue ich natürlich nichts, da ich die Angst somatisiert habe.«

Der Student berührte seine Lippen mit seiner erkalteten Tabakspfeife, als brauche er die Berührung des kühlen Bernsteinmundstücks, um seine Gedanken oder Worte herauszulassen. »Aber warum gehst du denn überhaupt zu einem Psychoanalytiker?«

»Ich möchte mich ändern.«

»Was denn ändern?«

»Meine Objektwahl.«

Er blickte mir gespannt ins Auge, und nun sah ich, daß auch er wahrscheinlich homosexuell war. »Aber die Menschen verändern sich nicht wirklich«, sagte er. »Der Versuch ist zwecklos. Es geht eher darum, sich anzupassen, zu lernen, mit den Karten zu spielen, die man zugeteilt bekommen hat.«

»O nein«, sagte ich wütend. »Ich *tausche um,* ich *muß* umtauschen. Ich würde mich umbringen, wenn ich merkte, daß ich auf diesen Karten festsitze, die, ehrlich gesagt, lausig sind – und du weißt es.«

Sein Gesicht klappte zu, und er ging, nachdem wir miteinander ein paar der notwendigen Banalitäten gewechselt hatten. Ich fühlte mich als Sieger.

Ich erholte mich nicht, sondern blieb in der Krankenabteilung, erst in der einen Station, dann in einer anderen. Ich sah zu, wie der Schnee fiel. Mein Fuß heilte, aber nun bekam ich einen Nesselausschlag. Kaum klang der Nesselausschlag ab, streckte mich ein schwerer Durchfall nieder. Meine Zimmergenossen kamen und gingen. Einer von ihnen, der im Streckverband lag, brachte eines Abends die Unterhaltung auf Mädchen, dann eher unbestimmt auf Sex, schließlich auf Männer. Ich sah zu, wie seine Erektion unter seinem Laken wuchs. Meine preßte sich gegen den Bauch wie ein Lineal gegen die Tafel, während Stunde um Stunde die langsamen Routineprozeduren des Krankenhauses abliefen. Nach dem Lichtausmachen humpelte ich hinüber an sein Bett und lutschte ihm den Schwanz, der fast schwarz war und wie der von einem Pferd aussah; dieselbe massenhafte Vorhaut.

Schließlich wurde mir klar, daß ich niemals gesund würde, wenn ich nicht zu O'Reilly ginge und alles in Ordnung brächte. Einer meiner Verbindungsbrüder, ein Junge mit einem Prachtgebiß und dem Talent, für alles aufgeschlossen zu sein, fuhr mich hin und wartete draußen auf mich, während ich drinnen auf den Schnee hinaussah, der O'Reillys Garten füllte und sich wie ein Kaninchenmuff über den gefalteten Händen des vergoldeten Kamakura-Buddha sammelte.

O'Reilly nickte nur, polkte an irgendeinem Grind in seinem Gesicht und sagte: »Ja, ich gebe zu, du hast recht, unsere Arbeit läuft nicht gut. Das beste ist, du suchst dir jemand anderen.«

Und schon war alles vorüber. Seine Schandtaten gegen mich, sein nicht erfülltes Versprechen, mich zu heilen – all die Klagen, die ich aufgehäuft hatte, wurden gestrichen wie Schulden, die von einer neuen Regierung für ungültig erklärt werden. Weder schuldete er mir etwas, noch ich ihm, und auf der Rückfahrt fühlte ich mich einsam und verletzt und beneidete meinen Freund um seine breiten Schultern, um eine ruhige Hand am Steuerrad, um seine Männlichkeit, die so durchdringend war, daß ich sie sogar roch, obwohl ich von ihr keinen Gebrauch machen konnte. Ein paar Wochen später erlitt O'Reilly einen Nervenzusammenbruch und kam ins selbe Sanatorium, in dem seine geliebte Annie bereits Patientin war.

Als ich wieder gesund war, ging ich ins Klubbad und stellte mich unter die Duschen. Nach zwei Monaten Krankenhaus war ich bleich und mager geworden.

Ich lernte einen Mann kennen. Er stand in der Dusche mir gegenüber, groß, älter, mit glatter Haut, sein Gesicht olivfarbener als sein Körper. Ich hatte ihn noch nie gesehen. Er lächelte mich an. Sein Lächeln beruhigte mich, als sei ich eben erst der menschlichen Rasse wiedergeschenkt worden.

In der Garderobe lächelte der Mann mich wieder an, nicht auf die übliche heimlichtuerische Art (verführerisch, feindlich, ängstlich), sondern geradeso, als seien wir bereits Freunde. Er hatte wunderbare grüne Augen und ein gewinnendes Lächeln, obwohl ein Zahn von zart keksbrauner Farbe war. Seine Schultern reflektierten das Deckenlicht. Als er sich umdrehte, sah ich, daß seine Hinterbacken jede Bewegung, die er machte, in sehnigem Detail wiedergaben; sie waren nicht hochgetürmt, wie die Arschbacken halbwüchsiger Jungen, die mich immer an steife Hügel aus Schlagsahne erinnerten. Nein, seine Hüften waren schmal und fließend.

Niemand sonst war in dem Umkleideraum, nur zwei, drei Stimmen hallten vom Schwimmbad herüber. Der Chlorgeruch begann mir Kopfweh zu machen. Wir kamen ins Gespräch, und er nickte und lächelte zu allem, was ich sagte. Manchmal glaubte ich, er machte sich über mich lustig. Was mich verwirrte, war, daß jemand so Hübsches sich für mich interessieren sollte. Als er sich anzog, sah ich, daß er schöne Kleider hatte, und auch das schüchterte mich ein.

Er lud mich zu einer Tasse Tee in seine Wohnung ein. Draußen war es schon dunkel. Ein kalter Wind, der Schnee vor sich hertrieb, blies beständig. Am Nachmittag war es so warm gewesen, daß der Schnee auf den Bürgersteigen geschmolzen war, aber jetzt war er weiß wie Milchglas gefroren. Insgeheim war ich ein bißchen stolz darauf, daß ich mit einem so hübschen Menschen zusammen war. Sein sorgfältig gekämmtes Haar gefror in der Kälte, seine vorspringenden Wangenknochen glänzten und fingen die vorbeiziehenden Lichter ein. Die Vertrautheit zwischen uns erschien mir so plötzlich und übergangslos gekommen zu sein, wie in einem Traum. Als wir in eine dunkle Seitenstraße gelangten, steckte er meine bloße Hand in seine Tasche und hielt sie, ohne ein Wort zu sagen, fest.

Seine Wohnung war groß und karg möbliert, als habe eine Flutwelle den Inhalt eines einzigen Zimmers auf mehrere verteilt. Er ließ mich auf einem Stuhl Platz nehmen, der mitten auf einem nackten Holzfußboden gestrandet war, doch als er zurücktrat und mich dort wie ausgesetzt sitzen sah, lachte er und lud mich in sein Schlafzimmer ein. Sein Name, sagte er, sei Fred. Der Lichtschein aus seinem Fenster warf ein gelbes Trapez auf den reinen, blauen Schnee draußen. Vor dem Haus stand ein Baum, dessen schwarze Rinde der Wind mit Schnee nachgezeichnet hatte. Das Radio spielte einen leisen Tango. Fred löschte das Licht. Der Schnee wirkte flockiger, als sei noch frischer hinzugekommen.

Wir legten uns vollkommen angezogen nebeneinander quer auf das Bett – unsere nassen Schuhe hatten wir auf den Fußboden gestellt – und starrten zur Decke hoch. Freds Stimme und der Tango erkundeten die Windungen meines Gehirns wie ein tödlicher Parasit, dessen Umsichgreifen erst bemerkt wird, wenn er beginnt, wichtigere Funktionen außer Kraft zu setzen. In der Deckenmitte hatte eine Rosette aus gepreßtem Metall unter jeder neuen Farbschicht ihre Konturen verloren. Freds Stimme brachte mein Ohr zum Glühen; oder war es die Kälte? Er erzählte mir, er sei gerade aus einer Nervenklinik entlassen worden.

»Ich war ein Jahr drin. Deshalb möchte ich nicht sofort mit dir schlafen. Ich bin sehr empfindlich, wie ein Krebs in seinem Panzer.« Wir lachten beide über dieses Bild. Unsere Äußerungen verlangsamten und zerstreuten sich; für einen Komponisten wäre es nicht einfach gewesen, sie zu instrumentieren.

Meine Füße wurden langsam wieder warm. Fred erschien mir absolut perfekt, weil er mich brauchte. Ich hatte eine Funktion zu erfüllen. Normalerweise konnte ich mir nämlich nicht vorstellen, welchen Nutzen ich für jemanden haben könnte. Ich fragte ihn, was er studiere. Er sagte, er beende gerade eine Examensarbeit in Englisch. »Ich schreibe über Herrick, über sein ›Corinna's Going a-Maying‹, was mitten im Schnee eine komische Vorstellung ist.«

Ein langes seufzendes Schweigen, das Seufzen der Zufriedenheit. »Was bedeutet eigentlich *green-gown?*« fragte ich.

»Ein *green-gown* ist ein Sichwälzen im Gras. Ich nehme an, im Adamskostüm.« Und wir lachten beide. »Aber sicherlich wußtest du das schon. Du *mußtest* es wissen, um fragen zu können«, und wir lachten beide noch lauter. Mir gefiel, wie unser Lachen klang, auch wenn ich über das Geräusch meiner Sprechstimme noch immer zusammenzuckte. Ich war einfach nicht in der Lage, sie zu senken. Physisch konnte ich es, aber psychologisch erschien es mir vermessen, als sei es anmaßend, wie ein Mann und nicht wie ein Junge zu klingen.

Er erzählte mir seine Geschichte. Als ich zu ihm hinübersah, ragte sein Adamsapfel so weit vor wie sein Kinn und seine Nase. Die Vorstellung, daß seine Stimme in diesem Gehäuse saß, faszinierte mich. Ich wollte es berühren.

Ich sagte ihm, ich müsse mit ihm schlafen, weil meine Unsicherheiten sexueller Natur seien.

»Aber dann möchtest du mich vielleicht nicht wiedersehen. Und das könnte für mich ein bißchen … riskant sein.« Er sagte, seiner Meinung nach verlören schwule Männer das Interesse, wenn sie die »Tat der Dunkelheit« getan hätten. Ich sagte, ich sei kein echter Schwuler.

»Ich möchte natürlich nicht in der absurden Situation sein, dich zurückzuweisen«, sagte er, »denn für mich bist du ein herrlich romantischer junger Mann. So heftig. *Leidenschaftlich.* Das ist das richtige Wort.« Und er öffnete mir das feuchte Papayafruchtfleisch seines Kusses. Wir küßten und entkleideten uns. Die Laken rochen frisch gebügelt und fühlten sich zart wie Rosenblüten an. Wir sprachen kein Wort mehr, was mich zuerst leicht irritierte, weil ich meinte, Sex sei ein Verbrechen, das man so rasch wie möglich beging. Vielleicht war ich vom Toilettensex beeinflußt. Aber dann berührte mich die *Wirklichkeit* dessen, was wir taten. Ich lag hier in einem Bett mit kühlen Laken, die wir langsam aufwärmten, und jeder Teil meines Körpers, den er streichelte, setzte in ihm einen neuen Gedanken und in mir ein neues Gefühl frei. Der Bombast sexueller Ekstase war durch seine Stimme ersetzt worden, die mir im Dunkeln Geheimnisse anvertraute – dem Dunkel, das von den Reflexen der weiten, herrlichen Meilen Schnee draußen erhellt wurde.

Und doch rief ich ihn am nächsten Tag nicht an. Und am Tag darauf konnte ich es nicht, und der dritte Tag bestätigte mein Schweigen, und ich verstand nicht, warum ich Fred verraten hatte, mich verraten hatte. Es hatte schließlich den Anschein, daß ich auch nur so ein Schwuler war, der nach der »Tat der Dunkelheit« das Interesse verlor.

Maria rief mich aus Chicago an, um mir mitzuteilen, daß Paul sich umgebracht habe Paul, der Maler, den ich so bewundert hatte, als ich in Eton war, und der mir gesagt hatte: »Eines Tages wirst du mehr Freiheit haben, als dir lieb ist.« Maria hatte es von Pauls Freundin erfahren, die Marias Telefonnummer in Pauls Notizbuch gefunden hatte. Offenbar war Paul in Brooklyn in den Vorort Sheepshead Bay gezogen, wo er in einem alten Holzhaus den Dachboden gemietet hatte. Er hatte ein bißchen gemalt, aber derart den Mut verloren, daß er sich von der Staten-Island-Fähre gestürzt hatte. Es hieß, es werde eine Gedenkausstellung seiner Werke im Eton-Museum organisiert.

Die Freunde, die ich mir ausgesucht hatte, schienen entweder verrückt zu werden oder zu sterben oder verhaftet zu werden oder den Drogen zu erliegen. Die Selbstzerstörung überall um mich herum machte mir angst. Maria weinte am Telefon. Ich wußte, sie und ich, wir mußten aufeinander aufpassen. Paul hatte mir mal gesagt, die Kunst solle ein Trost fürs Leben sein, keine

Spiegelung seiner Widerwärtigkeit. Bis jetzt hatte ich in meiner Schriftstellerei nichts weiter als einen Test am Lügendetektor gesehen, aber nun ließ mich das Leid, dessen Zeuge ich wurde, meine Arbeit neu überdenken. Da ich Freudianer war, sagte ich mir, daß zum Nachahmungszwang als einem Motiv für die Kunstherstellung die Erfüllung von Wünschen hinzukommen sollte. Freud zufolge durchlebten die Menschen die schmerzlichsten Ereignisse ihrer Vergangenheit immer aufs neue, um sie in den Griff zu bekommen – meine Prosa war bis jetzt offenbar aus einem eben solchen Zwang geboren worden. Doch jetzt riefen mich die frischen Farben einer ersehnten Welt, eines Utopia, in dem Freundlichkeit regierte. Der Puritaner in mir fürchtete, dieses Tal der Tränen zu verfälschen, wenn er es als Freudental darstellte, aber Lou hatte gesagt, die Wahrheit müsse der Schönheit geopfert werden, was freudianischen Sinn ergab, wenn *Wahrheit* Nachahmung bedeutet und *Schönheit* unsere kühnsten Wünsche auf der Suche nach Erfüllung.

Ich trampte die dreihundert Meilen nach Chicago und blieb bei Maria. Wieder setzten wir jede Nacht Segel und hißten die Farben der Kunst und der Liebe. Wieder tranken wir Wein und hörten uns *Manon Lescaut* an, eine Oper, in der der verworrene Text kaum die wirren Duette und ekstatischen hohen Töne rechtfertigt – eine Unvereinbarkeit, die unserer, Marias und meiner, Liebe glich, die, wenn auch glühend, so verschwiegen war. Halb mutwillig spielten wir mit dem Gedanken zu heiraten.

»Würde ich meinen Namen ändern müssen?« fragte sie.

»Ich würde meinen in deinen ändern.«

Wir trugen Tüten mit Lebensmitteln heim, machten eine Spritztour durch die Vororte, schmiegten uns zum Fernsehen aneinander. Maria genoß die Welt, den Zauber der Welt, ohne ihr den Preis dafür zu zahlen. Sie weigerte sich einfach, unsere Homosexualität oder unseren Altersunterschied als Problem anzusehen, und reden wollte sie nicht darüber. Sie kam mit der Idee an, daß Bohemiens von den üblichen Normen befreit seien.

Wir besuchten zusammen eine Lesbenbar. Maria betrat das Volley Ball ganz in Schwarz: ein schwarzer Trenchcoat über schwarzen Jeans und einem schwarzen Herrenoberhemd. Ihre zarte weiße Haut wirkte so vergammelt wie Elvis Presleys flackerndes Bild im Fernsehen. Wir sahen zu, wie die Frauen miteinander tanzten, während die Band, bestehend aus drei alten Schwarzen, deren Gesichter zu Gleichgültigkeit versteinert waren, dazu tutete und trommelte. Von einer Clique begleitet, kam eine blonde Nutte herein, die unter einer Schlagsahnefrisur auf Pfennigabsätzen dahinschwankte, und ihre pummelige Hand fuhr immer wieder in die Höhe, um eine lose Strähne in den sahnigen Kuppelbau zurückzustecken. An der Wand hing ein verblichenes Schild voller Fliegendreck, auf dem stand: »Schlechte-Zeiten-Party heute abend«. Maria erklärte, das Schild beziehe sich auf ein Kostümfest und sei ein Trick, das Gesetz zu umgehen, das Frauen verbiete, mehr als drei männliche Kleidungsstücke zu tragen – sagen wir: Jeans, Stiefel und T-Shirt. Ein paar Geschäftsmänner, deren Phantasien zu lesbischen Paaren hinneigten, saßen um die Paare herum, ihre Blicke klebten an der Tanzfläche. Ein Rausschmeißer hielt sie von den Frauen fern – ansehen ja, anfassen nein! Die einzige Toilette war eine halbe Stunde lang nicht verfügbar. Zwei Frauen hatten sich zum Knutschen darin eingeschlossen. Die meisten Frauen redete sich mit Namen an, die Kinderbüchern entstammten (»Schweinchen«, »Eeyore« und »Pooh« waren bevorzugt), oder mit männlichen Spitznamen (»Andy« und »Tony« schienen beliebt zu sein).

In Marias Wohnung roch es nach Ölfarbe und Terpentin. Ihr Vater hatte ihr zu Hause in seinem Kellerladen eine Großvateruhr geschnitzt. Die Couch von der Heilsarmee hatte Maria mit steifem, blau-weißem Matratzendrell bezogen. Gewöhnlich saß sie in einem weißen Arbeitskittel auf einem hohen Hocker, und in ihrer Hand qualmte eine Zigarette wie Weihrauch vor einem Heiligenbild.

Ich saß ihr Modell, aber sie sagte, ich sei nicht gut dafür geeignet. Die meiste Zeit verbrachte sie damit, aus Ton zwei weibliche Aktfiguren zu modellieren, deren ineinandergreifende Arme und Beine den ovalen Rahmen eines Spiegels bildeten.

Sie klammerte sich an mich, als ich abfuhr. »Du hast mich mit deinem Besuch total verwöhnt. Wie soll ich jetzt zu meinem Altjungfernleben zurückfinden?«

»Ich schreibe dir jeden Tag und komme in ein, zwei Wochen wieder her, spätestens in drei.«

Ich wollte Maria heiraten und der Einsamkeit und den Leiden entgehen, die, wie mir jeder gesagt hatte, die Homosexualität mit sich brächte. Ich dachte, eine Heirat würde mir meine nebulösen Gefühle für Maria klarmachen; wenn ich verheiratet wäre, wäre ich ein Ehemann.

Aber etwas hielt mich zurück, ihre Briefe zu beantworten. Jeden Morgen faßte ich den Vorsatz, ihr zu schreiben; doch jeden Abend ging ich zu Bett, ohne einen Brief an sie eingesteckt zu haben. Ihre Briefe fielen regelmäßig in meinen Briefkasten. Dann zwei Wochen

Schweigen. Dann dieser Brief: »Wonneproppen, Du hast einen Monat weder geschrieben noch angerufen; ein verletzendes Schweigen, das ich nur als absichtliche Zurückweisung auffassen kann. Kein Liebhaber würde sich so wie Du verhalten. Ich klage Dich schwerer Mißachtung an.

Aber es ist eh' alles gleich. Im Grunde jagen mir Jungen keinen Schauer ein. Letzte Woche habe ich im Volley Ball einen tollen Dyke namens Maeve kennengelernt, der genau wie Anthony Quinn aussieht und mich mit Champagner und kiloweise Schokolade bombardiert hat. Dank dem Himmel, daß es kesse Väter gibt, wo sonst würde ein Mädchen ein bißchen Ritterlichkeit finden? Sicher nicht bei Dir, Du ungezogener, unachtsamer Wonneproppen.«

# SIEBEN

In meinem letzten Jahr auf dem College wurde ich zu einem Fachseminar an der Harvard in Chinesisch zugelassen, aber mein Vater hatte keine Lust, mich weiter auf seiner Lohnliste zu führen, und sein Einkommen war zu hoch, als daß ich mich hätte für ein Stipendium qualifizieren können.

Nach dem Examen im gleichen Sommer wußte ich nicht, was ich mit mir anfangen sollte. Ich wohnte bei einem Freund aus der Kindheit, Tommy, im Keller des Hauses seiner Familie. Er begann eine Ausbildung zum Busfahrer. Ich arbeitete für einen Zustellservice in Des Plaines und lieferte von Haus zu Haus Fruchtsaft und Eier aus.

Wenn ich mittlere Angestellte, wie sie mein Vater beschäftigte, sagen hörte, sie verdienten hohe Gehälter, weil zu ihrem Job gehöre, daß sie Verantwortung übernähmen und Entscheidungen fällten, schnaubte ich verärgert. Ich wußte, daß sich derartige Willenskundgebungen auszahlten, wogegen es alles andere als ein Picknick war, in der Julisonne einen Lastwagen durch die Chicagoer Vororte zu fahren.

Lou teilte mir mit, daß er nach New York umziehe. Er forderte mich auf mitzukommen. Von einem Moment zum anderen entschloß ich mich mitzugehen, obwohl ich nur zweihundert Dollar besaß. »Ich schicke dir das

Busgeld zurück in den Mittelwesten, wenn du mal ordentlich ranklotzt«, sagte mein Vater zu mir.

Lou und ich wohnten im YMCA in der Sixty-third Street West. Ich gab zehn meiner kostbaren Dollars dafür aus, meinen Lebenslauf zu tippen und vervielfältigen zu lassen. Ich schickte ihn an ein paar Firmen, aber das schien hoffnungslos oder zumindest utopisch.

Ich hatte einen einzigen Anzug, der zu warm für die Hitze war, drei bügelfreie, kurzärmelige, weiße Hemden, einen schmuddeligen Schlips, zwei Paar schwarze Strümpfe und ein Paar schwarze Schnürschuhe, die an den Seiten entsetzlich abgeschabt waren. Ich hatte nie gelernt, auf mein Aussehen zu achten. Meine Mutter hatte das ganze Problem ignoriert. In der Prep School hatte ich geduscht, weil ich's mußte, aber auf dem College waren meine Hygiene und meine Garderobe sehr oberflächlich geworden. Ich war ein Schlafwandler.

Nun mußte ich aufgeweckt, verläßlich wirken. Der Arbeitsmarkt schien unberechenbar und grausam, so ganz anders als die Leistungsgesellschaft der Schule, in der Fleiß entsprechend mit hohen Noten belohnt wurde und eine Stufe ganz natürlich zur nächsten führte. Die Arbeitswelt kam mir dagegen so vulgär und einfältig vor, daß ich mir nicht denken konnte, warum uns so viel über Konfuzius, Kant und Renoir beigebracht worden war. Ich bekam ein Einstellungsgespräch für eine Praktikantenstelle als Werbetexter in einer Branchenzeitschrift für Elektrotechnik. Was nutzte mir jetzt mein Seminar über die Musik Bela Bartóks?

Den ganzen Tag saß ich in der Kellercafeteria des YMCA über eine Tasse Kaffee gebeugt und versuchte, den Mut zu fassen, ein Telefonat anzumelden oder bei einer Stellenvermittlung vorbeizugehen. Nachmittags um drei kehrte ich mit Kopfschmerzen und Selbstmordgedanken in mein Zimmer zurück, masturbierte und machte ein Nachmittagsschläfchen. Ich dachte, lieber würde ich sterben, als jemand Fremden anzurufen und um eine Gefälligkeit zu bitten.

Lous Gelecktheit ließ mich noch linkischer erscheinen. Sein Zimmer war genauso lausig wie meines, aber er sorgte dafür, daß sein Äußeres tadellos blieb. Er wurde von einem führenden Abwerber zu Gesprächen ausgeschickt. Er hatte Gehälter von vierzigtausend Dollar im Auge, während meine Anfangsposition als Zeitungspraktikant 1962 nur fünftausend Dollar einbrachte.

Der August kam näher, und bald würden alle die Stadt verlassen, um in die Ferien zu fahren. »Die ganze Stadt macht dicht«, teilte mir eine Dame in einer Agentur mit. Sie stellte mir Fragen, hörte zu, hüllte uns beide in ihren Zigarettenrauch ein, hustete eine volle Minute und sagte schließlich: »Irgendwie bist du komisch, verstehste, aber mir gefällt das. Mir gefällt das Ganze. Ich denke, ich kann's an den Mann bringen. Sag mir, daß ich verrückt bin. Ja, ich bin verrückt. Aber ich denke, ich kann's an den Mann bringen.«

Lou kundschaftete die Gänge des Y aus und kam mit Beschreibungen von dem zurück, was er gefunden hatte: »Alle diese netten Typen, die Normalen, die in dem pseudomaurischen Empfang rumsitzen, fernsehen, Orangensoda süffeln und die Durchreisenden beim Anmelden unter die Lupe nehmen. Nach dem Spätfilm in der Glotze ab ins Bett, aber nicht, bevor Fred aus Toledo nicht noch rasch auf 'ne Tasse koffeinfreien Instantkaffee vorbeikommt, den Bill aus Tampa mit einem Tauchsieder heißmacht, und dabei hören sie sich das neue Ferrante-und-Teicher-Album an. Verstehst du, Bill hat sein Zimmer richtig gemütlich gemacht, gedämpfte Lichter und so weiter. Fred kommt auf die fabelhafte Idee, sie sollten Thanksgiving gemeinsam verbringen, ist ja nie zu früh, um für diese gottverlassenen Feiertage vorzuplanen, wir machen ein Truthahndinner im Schrafft's, es ist nicht allzu teuer und sehr nett, und danach ziehen wir uns 'ne Show in der Radio City rein. Sie werden sich einig und küssen sich teilnahmslos. Keiner kriegt 'ne Erektion, darum lachen sie und sagen: ›Ist es nicht albern, daß wir uns küssen, wo wir doch bloß Schwestern sind?‹« Ich vermute, Lou hat sich das alles ausgedacht.

Es hatte den Anschein, daß außerhalb des Y alle auf der Straße lebten und kein Mensch jemals schlafen ging. Lou und ich nahmen die U-Bahn zum Village, kamen Ecke Sixth Avenue und Eighth Street raus und spazierten die Greenwich Avenue hoch. Die meisten Flanierer waren Heteropärchen, aber hier und da flitzte wie ein bunter Sittich eine schrille, kleine Tunte vorbei, einen Straßclip an einem Hemd, das sein Leben als Bluse hätte beginnen können, der Schritt kompliziert vor lauter Extrabewegungen, irgendwie hinzugefügten Mikrobewegungen, als habe ein wahnsinniger Wissenschaftler, nachdem er das Gehen in seine Einzelteile zerlegt hatte, Schwierigkeiten gehabt, die Elemente wieder zu einem überzeugenden Ganzen zusammenzufügen.

»Aber wir gehen doch alle so«, sagte Lou. »Wir Tunten sind so gehemmt, unsere Köpfchen so berauscht schon von dem puren Nervenkitzel, in der Öffentlichkeit zu existieren, daß wir nicht mal durch ein Zimmer gehen können, ohne affektiert zu lächeln oder zu trippeln. Es ist nicht so, daß wir von vornherein effeminiert erscheinen wollen. Sondern wir benutzen die Effeminiertheit im nachhinein als Alibi für unsere Verlegenheit, unsere blumigen, aber irgendwie unkoordinierten Gesten, die bizarre Neigung unserer Köpfe, unsere –« Aber an dieser Stelle löste sich sein Vortrag in tränenreiches Gelächter auf, denn Lou liebte es, einen mit Ausdrücken zu überfallen, die dermaßen ins Extrem getrieben waren, daß selbst er ihre Absurdität erkannte.

Wir kamen unter dem Frauengefängnis Ecke Eighth und Sixth gleich neben dem alten Jefferson Market Courthouse vorbei, und zwei Frauen auf der Straße schrien zu den vergitterten Fenstern hoch. »Lorine, wennde mich betrügst, du Miststück, hau ich dir den Arsch blau, hörste? Ich lieb dich, Schätzchen, heb deine Liebe für Mama auf.« Über das Motorengebrumm und das Alarmgeheul ungeduldiger Hupen hinweg riefen diese Frauen einander zu, und ihre New Yorker Stimmen waren durchdringend und verzweifelt.

»Guck sie dir an, Kleiner, sie sind so furchtlos, diese Dykes, sie scheren sich einen Dreck um alle diese Village-Beatniks und Dumpf-Normalen, sie wollen ihre Liebe einfach herausschreien, diese Knastfotze bis zur Entlassung bei der Stange halten, ah!«, und Lou drückte sich die gebrochene Hand gegen die Brust, als sei er ein von Melancholie durchbohrter heiliger Sebastian. »Sie ist so schön, diese schöne Poesie des schwulen Lebens.«

An diesem heißen Juliabend wimmelten die Straßen von Menschen. Hier umringte eine Menge einen Straßenkünstler, der einen ernsten jungen Mann mit welligem Haar und pickeliger Haut skizzierte. Das Modell posierte, als komme sein Profil auf eine Münze des Königreichs. Er war der einzige, der nicht sah, wie die Skizze vorankam, diese Enttäuschung, die ihm geduldig bereitet wurde. Dort, in dem kleinen Park gegenüber vom Kino am Waverly Place, war ein improvisiertes Basketballspiel losgegangen, und nackte, schwitzende, schwarze und braungebrannte Oberkörper blitzten durch die Dunkelheit und spiegelten die Lichter, die die Sixth entlangwogten.

Auf der MacDougal wühlten sich Autos langsam durch die Leute wie Büffel durch überschwemmte Reisfelder. Der Lärm von Stimmen, von Straßenmusikanten hallte von den Backsteinmauern der Mietshäuser wider. Oberhalb der Straßenlaternen saßen schattenhafte Familien auf metallenen Feuerleitern. Nun kamen wir an einem protzigen italienischen Café vorbei, in dem mit Fliegendreck beschmutzte Spiegel in goldenen Rahmen hingen, düsterer als ein Helm auf einem Rembrandt. Der Adler oben auf der Espressomaschine flog gebieterisch durch eine Dampfwolke.

Auf diese Seite der Sixth Avenue schienen sich keine Tunten verirrt zu haben, aber kaum hatten wir sie wieder überquert, waren wir erneut unter den »Cha-cha-Queens, Lockentrullen und Drüsenkranken«, wie Lou sie nannte. Ein Trio, zischelnd wie Klapperschlangen in einem herumgeschwenkten Korb, hing über der Brüstung einer kleinen Veranda, die Lippen mit Schaum besprenkelt. Ein Paar tanzte im Wasser eines aufgedrehten Hydranten, die Hemden zusammengebunden, um ihre Kinderbäuche vorzuzeigen. Lou war wie im Rausch: »Kleiner, wir sind zu Hause, du kannst das Ohr gegen das Pflaster drücken und den Herzschlag der Heimat hören«, und obwohl er mir das Gefühl gab, ein fürchterlicher Tugendbold zu sein, machte mein Herz einen Hüpfer angesichts all der Möglichkeiten, Männer kennenzulernen. Vorher hatte ich Schwule immer nur flüchtig erblickt, aber wie ein Jäger, der sein Wild tief in den nächtlichen Wald verfolgt, war ich endlich auf eine mondbeschienene Lichtung gelangt, auf der Tausende sich bewegender Geweihe, alle diese Männer, versammelt waren.

Lou hatte die Adresse eines schwulen Restaurants im Village. Während wir von einer majestätischen Persönlichkeit namens Mutter Oberin an unseren Tisch im Garten geleitet wurden, musterten uns die anderen Gäste, und erst, als wir Platz genommen, unsere »Austern Rockefeller« (mit Pernodsauce auf Spinatbett) bestellt und an unseren Daiquiris genippt hatten, entspannten wir uns und blickten uns um.

Eine schwule Bar, eine Klappe – das verstand ich, aber ein schwules Restaurant? Die Vorstellung, daß schwule Männer, wie Schwarze, Vergnügen am Umgang miteinander haben sollten, erstaunte mich.

Die Stadt erschien mir wie eine wilde Party, die zu lange gedauert hatte. Sogar Kinder spielten noch um Mitternacht. Eine Blinde stand an einer Ecke und sang mit bibbernder Stimme das Lied, das mir meine Mutter, als ich klein war, zum Schlafengehen gesungen hatte: *»I'll be seeing you in apple-blossom time.«* An Verkehrsampeln drängten sich Wagen gegenseitig zur Seite und zwängten sich nach vorn, um ein paar Zentimeter Vorsprung an der Startmaschine herauszuschinden. Während wir in einem Taxi die Park Avenue hochfuhren (Lou lud mich dazu ein), lehnten wir die Köpfe nach hinten und sahen zu den erleuchteten Dächern hinauf, die an uns vorbeizogen. An einer anderen Ampel schrie sich eine Gruppe puertorikanischer Jugendlicher in Baseballkluft über das Wagendach hinweg mit rauhen Stimmen an. In Chicago hatte es den Loop gegeben, aber nach Dunkelwerden war er praktisch menschenleer gewesen;

hier schienen die Leute in der Innenstadt zu wohnen, und ich erwartete fast, Wäscheleinen zwischen den Wolkenkratzern zu sehen.

Ich fand einen Job. Um mit der Arbeit anzufangen, mußte ich bis zur zweiten Septemberwoche warten, und erst sechs Wochen danach bekam ich Geld, aber wenigstens hatte ich auf diesem Eiland ein kleines Einkommen. Lou unterstützte mich, bis ich meinen ersten Scheck bekam, denn er schrieb jetzt in einer kleinen Agentur Werbetexte für eine erstklassige Wodkafirma. Beide zogen wir aus dem Y aus und in Wohnungen, er in sechs weitläufige Zimmer an der Upper West Side, ich in eine winzige, hintereinandergeschachelte Dreizimmerwohnung ohne Korridor im Village, und zwar in der MacDougal nördlich von der Houston Street.

Auf dem College hatte ich mich schon dran gewöhnt, in Verkleidungen zu schlüpfen und sie wieder abzulegen. In New York ging der Maskenball weiter. Zur Arbeit trug ich Jackett und Schlips und verhielt mich vorsichtig, aber im Village kleidete ich mich als »Hipster« (das allerneueste Wort). Lou hatte mir schon das Hip-Vokabular beigebracht, doch der alte Jazz-Hipster wurde durch das Bild von jemand Jungem, Weißem, Unschuldigem, Liebendem und Freizügigem ersetzt, von jemandem, der Wein trank und Pot rauchte, aber Heroin mied, von jemandem, der die sozialistischen Verbote persönlichen Eigentums in geistige Praxis umsetzte; wie die Blumen auf dem Felde plagte dieses Kind sich nicht.

Diese modische Entwicklung schien mir eine rein lokale Erscheinung zu sein. Ich wußte, daß das Detroit und Chicago meiner Kindheit sich niemals verändern würden. Sie repräsentierten die ewige, wenn auch abstoßenden Wahrheiten. Ich war mir sicher, daß das, was sich jetzt ereignete, nur ein neues Hervorbrechen des alten antibürgerlichen Geistes sei.

Ich hatte eine Stelle als Praktikant bei einer überregionalen Zeitschrift gefunden. Während der ersten sechs Monate mußte ich von einer Abteilung zur anderen wechseln, und so arbeitete ich zuerst als Rechercheur in der Bibliothek, dann als Expedient in der Poststelle oder in der Herstellung. Schließlich durfte ich eine einzige Bildunterschrift verfassen, die noch von drei verschiedenen Leuten redigiert wurde, ehe man das Foto im letzten Layout kurz vor Drucklegung kippte. Am Ende des Jahres hatte ich in der Redaktion mein eigenes kleines Zimmer samt Telefon und einer Tür, die man zumachen konnte. Immer noch recherchierte ich und verfaßte gelegentlich eine Bildunterschrift.

Einmal im Monat wurde ich zu einem Mittagessen für zwanzig Personen eingeladen, das in einem kleinen Speisesaal in der obersten Etage des Hauses abgehalten wurde; von hier aus hatte man einen Blick über ganz Manhattan. Die älteren Redakteure bestritten den größten Teil der Unterhaltung. An meiner Universität hatte ich Professoren gekannt, die natürlich Experten auf ihrem Gebiet waren, aber weder gesellig über dieses Wissen reden konnten noch von irgend etwas anderem eine Ahnung hatten. Diese Redakteure hier jedoch – scharfe Züge, geplatzte Äderchen von heimlichem Alkoholismus – schienen alles zu wissen und alles gemacht zu haben. Sie waren Jagdflieger gewesen, einer hatte für MacArthur in Japan als Dolmetscher gearbeitet, ein anderer war mit Margaret Bourke-White zum Südpol gefahren, hatte daran mitgewirkt, einen Rathausskandal an die große Glocke zu hängen, hatte einen mitleidigen Blick auf die »Hollywood Ten« geworfen oder den Bericht über Marilyn Monroe im Actors Studio recherchiert … Sie erwähnten Bücher über die Ballets Russes, die Gebrüder Wright, über Jeffersons Sklavengeliebte, über Churchill auf Malta, und jeder hatte eine witzige Bemerkung über den Autor parat, eine Anekdote darüber zu erzählen, wie er sich mal in Singapur oder Lissabon mit ihm oder ihr einen angedudelt hatte. Einer der Redakteure kannte den besten Fachmann, den man bei persischen Teppichen um Rat fragen konnte, ein anderer sprach über seine Hoffnungen auf den Bermuda Cup, ein dritter zählte die besten Golfplätze in Schottland auf. Der derzeitige Spesenskandal im Kongreß rief promptes Gelächter hervor, Mary Leakeys Datierungen der ersten Hominiden wurden skeptisch aufgenommen.

Das Ausmaß ihrer Kenntnisse war phantastisch und eigentümlich persönlich, da sie sich alles, was sie wußten, durch die Arbeit an einem Artikel erworben hatten. Eine kurze Vorbereitung und dann zweitausend Wörter über die gefährdeten Statuen von Abu Simbel oder zwei Spalten über Robert Moses' Plan, das südliche Manhattan zu überdachen. Ein rascher Besuch bei Sidney Janis und irgendein hübscher Text über diese neue Kunstrichtung namens Pop-art, ihren Star Andy Warhol, den Typen, der im Fernsehen gesagt hatte, Pop-art ist keine Satire, sie ist nur eine Art, die Dinge zu mögen.

So schnell wie diese Redakteure konnte ich nie reden. An dem bißchen Wissen, das ich besaß, trug ich schwer. Bis jetzt war mir noch nie der Gedanke gekommen, daß fast alle Nachrichten von einer kleinen Elite hergestellt und weitergeleitet wurden, die sich auf ein paar Ivy-League-Universitäten kennengelernt hatte.

Obwohl ich kaum genug Geld verdiente, um mich von einem Scheck zum nächsten durchzulavieren, von

Spaghetti lebte und mir meinen neuen Anzug nach einem Revolving-Kreditplan kaufte, dachte ich über Geld kaum nach. Kurz vor der Pleite zählte ich für eine Ballettaufführung neunundneunzig Cents für eine Eintrittskarte im obersten Rang im City Center hin und lief die fünfzig Blocks zu Fuß nach Hause; Wildes Gedanken, daß Luxus notwendig und das Notwendige Luxus sei, machte ich zu meinem Wahlspruch.

Viele meiner kunstbeflissenen Bohemefreunde aus der Universität waren ebenfalls nach New York gezogen, und wir gingen fast jeden Abend zusammen aus, normalerweise, um in einem riesigen großen Raum in der Bleecker Street herumzusitzen. Im neunzehnten Jahrhundert war hier ein Varietétheater gewesen, dessen Überreste, ein wackeliger Balkon und ein Deckenlüster mit geätzten Glasschirmen, die die Gasdüsen verdeckten, noch immer zu sehen waren. Nie stieg jedoch jemand zu dem Balkon hoch oder steckte den Kronleuchter an. Die Inhaberinnen, zwei alte Damen mit mütterlichen, vulgären Stimmen (»Was soll's sein, Schätzchen?«), schienen durch uns hindurch in frühere, blühendere Zeiten zu blicken. Sie trugen Hausschuhe und hatten die Nylons bis unter die Knie heruntergerollt, aber oberhalb vom Hals waren sie untadelig: gezupfte Augenbrauen und glühend rubinrote Lippen. Ein paar Faltwände teilten den größten Teil des düsteren Saales ab und umgaben ein halbes Dutzend Tische, die von den roten Neonbuchstaben im Fenster erleuchtet wurden.

Dort saßen wir stundenlang, nur innerlich gewärmt vom Bier, und hörten uns Barbra Streisands melancholische Platte *»Happy Days Are Here Again«* und die frühen Lieder von Dionne Warwick an. Überall um uns herum drehte sich eine uns gegenüber völlig gleichgültige Erwachsenenwelt; wir merkten nicht, daß sie existierte, und viel weniger, daß sie uns ausschloß. Da wir bisher nichts weiter als den Klassikern ausgesetzt und auf einen provinziellen Campus beschränkt waren, wußten wir wenig über die neuesten Bücher und Kunstrichtungen; die sogenannten »Jungen«, die die neuesten Moden repräsentierten, waren dreißig, nicht zwanzig.

Ein paar von den Frauen in unserer Clique schliefen sich in kultiviertere Kreise hoch, und wenn ich hübsch gewesen wäre oder gesellschaftlichen Ehrgeiz besessen hätte, hätte ich's vielleicht auch getan.

Wir waren so benommen von der Geschwindigkeit, in der wir uns veränderten, daß wir diese Virtuosität als Unaufrichtigkeit mißverstanden.

Meine Arbeitskollegen hatten keine Ahnung, was ich an meinen Abenden tat. Die verheirateten Männer fuhren hinaus zu ihren Familien auf Long Island; die alleinstehenden Frauen wohnten zusammengepfercht in von Portiers bewachten Häusern in der East Side. Und auch meine Schulfreunde wußten nicht, daß ich manchmal bis früh um drei auf der Suche nach Sex die Greenwich Avenue rauf- und runterspazierte, in »studentische Klamotten« gekleidet, wie ich sie auf dem College nie getragen hatte.

Wir waren natürlich alles Linke, machten uns zwar für Kuba und China stark, empfanden aber ein leichtes Unbehagen gegenüber Rußland. Unseren Sozialismus, der sich aus Sympathie, Rebellion und Begeisterung, keiner Nationalökonomie, wenig Geschichte und einem totalen Fehlen politischer Erfahrung zusammensetzte, hatten wir nie überprüft. Für uns war Sozialismus vor allem sozial, da jeder, den wir mochten, auf unserer

Seite stand – die armen Jungen (nicht aber die mittellosen Alten), ausländische Bauern (nicht aber bigotte amerikanische Farmer), das osteuropäische Proletariat (nicht aber Arbeiter der Detroiter Automobilfabriken), die geistvoll Wahnsinnigen (nicht aber die simpel Verrückten), unterdrückte Neger (nicht aber weißer Plebs). Homosexuelle würden wir niemals als eine politische Einheit gedacht haben, oder wenn überhaupt, dann als dekadente Söhne der *haute bourgeoisie,* das parasitäre Element, das jeder sozialistische Staat zu exekutieren oder zu vertreiben hatte. Meine Ernsthaftigkeit als Sozialist konnte ich genau dadurch unter Beweis stellen, daß ich Homosexuelle nicht einmal erwähnte.

Eines Tages zog Maria von Chicago weg und kreuzte tränenüberströmt nur mit ihrer schwarzen Katze Booboo und einem Karton, der die *Encyclopaedia Britannica* von 1911 enthielt, vor meiner Tür auf. Sie habe Maeve verlassen, sagte sie, weil Maeve so eine Herzensbrecherin, eine Intrigantin, eine Donna Juanna, eine irische Trinkerin sei, bezaubernd und unverbesserlich.

Wir saßen an meinem Küchentisch, der eine bedruckte Metallplatte hatte, die wie gemasertes Holz aussah, und eine vom Vormieter hinterlassene Hängelampe darüber, die durch einen Schirm aus gerafftem braunem Stoff gemütlich gedämpft wurde. Wir tranken Rotwein und aßen Lasagne und redeten und rauchten und hörten *Manon Lescaut.*

Maria hatte Chicago aufgegeben. Nie würde sie zu seinen kalten Winden, die vom See her wehten, zurückkehren, zu seinen ungezwungenen, niedergeschlagenen, geschundenen Lesben, seinen großen, sparsam möblierten Wohnungen. Sie sprach voll Verachtung von ihrer Affäre mit Maeve. »Es war so erniedrigend, die nicht gehaltenen Versprechungen, die tränenreichen Vorwürfe und die stürmischen Versöhnungen, diese besoffenen Streitereien in Kneipen, die mitternächtlichen Anrufe, das Hin-und-her-Gerase in Autos mit Schneeketten. All die Stunden voller Klatsch mit Freundinnen, voller Sympathie von anderen Frauen – oh, ich habe es so satt, so satt!« Sie lachte durch ihre Tränen hindurch, und ihre Schultern zuckten von Schluchzern oder vor Belustigung, ich wußte nicht, wovon.

Die drei Fenster meiner jämmerlichen kleinen Wohnung gingen auf eine schmale Gasse hinaus, wo geräuschvoll Wäsche flatterte, die am Tage Silhouetten wie schwarze Flügel auf unsere gelben Jalousien warf. Im Bad, der allerjüngsten Zutat, stand eine Wanne, die so klein war, daß man beim Baden die Knie am Kinn hatte. Das Waschbecken war für ein dreckiges Kind gedacht. Die Hausflure, die mit einer blanken Lasur gestrichen waren, rochen nach Schabenspray und wurden durch nackte Glühbirnen erhellt. Unsere Behausung betrat man durch die Küche, auf der einen Seite lag das Zimmer, das ich Maria gab und das auch Boo-boos Bett beherbergte – den leeren *Britannica*-Karton. Auf der anderen Seite war mein Zimmer, das Wohnzimmer, mit einer Couch, die man ausziehen konnte. Dort bewahrte ich meine chinesischen Wissenskärtchen in langen Kästen auf, denn ich erwartete noch immer den Tag, an dem ich meine Studien wieder aufnehmen würde; dieser Tag ist nie gekommen.

Maria besaß einen leuchtendroten Lodenmantel, den sie mit schwarzen Wellington-Stiefeln und einem schwarzen Schal trug. So gekleidet begleitete sie mich in die Taverne in der Bleecker Street und in die italienischen Kellerrestaurants. Sie versuchte, sich für New York zu interessieren, und in Gesprächen zwang sie sich zur Begeisterung durch die häufige Verwendung solcher Wörter wie »faszinierend« und »herrlich bizarr«, aber ihre Augen wirkten dabei so kalt wie zwei Löcher, die man zum Angeln ins Eis geschlagen hat.

Nachts wetterte sie gegen Maeve, bis irgendwann ein Ventil umschaltete und diese ganze hysterisch übersteigerte Abneigung sich als trostlose, verlorene Liebe erwies. Das Telefon klingelte jede Nacht: Maeve aus Chicago. Sie war dann betrunken in einer Bar und machte sich schreiend über eine Jukebox hinweg verständlich, oder sie war zu Hause, offenbar nüchtern, sehr spaßig aufgelegt und sprach ganz wie von Mann zu Mann mit mir: »Na, wie geht's euch im Big Apple? Ich glaube, ich packe meinen Thunderbird und komm auch da runterkutschiert. Ich kenne einen Typen, der bei *Variety* arbeitet und mir 'n Job versprochen hat. Kannste mir mal Maria geben?«

»Sie ist leider nicht da. Ich weiß nicht. Gut. Es geht ihr gut. Ja, ich sag's ihr.«

Maria verfolgte indessen meine Seite der Unterhaltung mit und achtete gespannt auf jeden von Maeves Schachzügen. Sie wurde rot, und ihre Augen funkelten, dann schüttelte sie traurig den Kopf.

Wenn ich aufgelegt hatte, sagte Maria: »Ich darf sie nie wiedersehen. Ich kann es nicht. Wenn ich am Leben bleiben will.« Und sie ging zurück an ihre Hausarbeit, lernte ihr neues Leben lieben.

Eines Tages gestand ich Maria auf der Straße, daß ich mir wahnsinnig gern die neue Zeitschrift *Grecian Guild* kaufen würde, die Jungen in Posingslips zeigte, daß ich aber zu schüchtern sei, sie von der Italienerin in dem

Zeitungskiosk an der Ecke zu verlangen. Ohne zu zögern lief Maria hinüber zu der Frau und sagte: »Ich hätte bitte gern diese nette neue *Grecian Guild*«, bezahlte sie, reichte sie mir und zog mich auf, weil ich rot geworden war. Spät in der Nacht saß ich dann im Badezimmer und bewunderte Bobby Phalens kunstvoll eingeölte Arschbacken, die langsam immer magerer und schmaler wurden.

Zwischen Maria und mir entwickelte sich eine neue Intimität, von ihr genährt, sogar von ihr definiert, denn ich war nicht so weltgewandt, um zu begreifen, daß eine Freundschaft nur blühen kann, wenn sie mit Takt gewässert und durch diplomatisches Schweigen zurechtgestutzt wird. Bei einem Freund erkennen wir Grenzen an, aber innerhalb dieser Grenzen reagieren wir mit Offenheit; bei einem Geliebten erwarten wir grenzenlose Gemeinschaftlichkeit, nehmen aber Zuflucht zu Kriegslisten. Maria erkannte, welche Art sexueller Intimität ich fürchtete, und beendete entschlossen diese Möglichkeit zwischen uns. Aber sie durchtrennte nicht den Faden des Umwerbens, der Ritterlichkeit, ja der Romantik, die unserer Liebe Lebenskraft verlieh. Wir prägten den Begriff »leidenschaftliche Freundschaft« und glaubten, unsere werde das ganze Leben dauern. Wenn unsere Freundschaft durch unsere Vergangenheit gestützt wurde und alle Kräfte gegenseitiger Familienbeziehungen aufsaugte, strebte ihr Tropismus der Zukunft zu. Damals war ich noch zu sehr auf Liebe aus, um Freundschaft würdigen zu können, aber auch so stellte ich mir vor, ich würde mein Leben mit Maria verbringen und nicht mit Mr. Richtig. Als meine Mutter mir sagte, ich tue ihr leid ohne eine Gefährtin, die mich trösten, oder Kinder, die mich im Alter unterstützen könnten, konnte ich nur denken: Ich habe eine Mutter und eine Tochter in einem – Maria.

Maria kaufte mir eine Kaffeekanne und zeigte mir, wie man sie benutzt. Als die Toilette verstopft war, rief sie den Klempner; ich dagegen fürchtete mich davor anzurufen, und es machte mir auch nichts aus, ins Waschbekken zu pinkeln oder über die Straße zur Toilette im Hip Bagel zu laufen. Ich hatte noch nie ein Girokonto gehabt, Maria erklärte mir, wie man eines eröffnet.

Kaum beherrschte ich diese neuen Spiele, spielte ich sie besser als sie. Sie hatte weniger Angst als ich vor Krediten, Beamten oder dem Gesetz, weil sie sie weniger ernst nahm. Ich nahm sie derart ernst, daß ich, hatte ich erst einmal meine Furcht überwunden, alles richtig machte – meine »Steinbock-Natur«, wie mir einer meiner neuen, mit allen aktuellen Trends vertrauten Freunde erklärte.

Maria war so verschwiegen, daß ich fürchtete, sie könnte dahinterkommen, daß ich Fremden von uns beiden erzählte, denn sie teilte ihre Gefühle niemandem mit außer mir, ihre Ideen aber verschenkte sie an alle. Bei mir war's genau das Gegenteil: Ich ließ meine Gefühle auf jeden niederprasseln und versuchte sie zu entschärfen, indem ich sie wieder und wieder abfeuerte, wogegen ich meine Gedanken – über Literatur, Sex, Gesellschaft – allein Maria anvertraute.

Marias Gefühle für mich bezweifelte ich natürlich nie. Ich wußte, sie liebte mich. Für mich bedeutete ihr Frausein immer ein Fremdsein – eben die Vorstellung, daß sie einem anderen Geschlecht angehörte, das für mich praktisch eine andere Gattung darstellte; aber es gelang uns, uns über diesen Ozean des Geschlechts hinweg verständlich zu machen. Wenn wir während unserer mitternächtlichen Unterhaltungen die Segel setzten, wurde unser Altersunterschied als nutzloser Ballast stillschweigend über Bord geworfen. In unserem häuslichen Umgang jedoch spielten wir ihn hoch, was noch einen besonders komischen Anstrich dadurch bekam, daß Maria ständig die Wohnung aufräumte. Differenzierter gesehen, verringerte sie unsere Verlegenheit darüber, auf so engem Raum Seite an Seite leben zu müssen: Sie wurde zu einer komisch belästigten, insgeheim aber nachsichtigen älteren Schwester und ich zu dem liebenswerten, doch schluderigen kleinen Bruder, der ständig über einem Buch träumte.

In dem Moment, wenn wir in den Schnee hinausgingen, sie in ihrem leuchtendroten Lodenmantel, ich in – was? Ich erinnere mich nicht und wußte es auch damals kaum –, verschob sich unser Altersunterschied aufs neue. Ich wurde der ernste junge Gatte, bebrillt und würdevoll, sie die schutzbedürftige Ehefrau, als habe mein Vorsprung von ein paar Wochen mehr in New York mich irgendwie zum Eingeborenen gemacht.

Eine richtige Frau an meiner Seite zu haben, lief meiner Phantasievorstellung, eine Frau zu sein, zuwider – einer Vorstellung, die so schmachvoll wie heftig war. Eines Tages, als ich auf dem Gotham Book Market herumstöberte, stieß ich auf ein Buch über die erste Geschlechtsumwandlung, geschrieben in den dreißiger Jahren. Ich ließ mich auf den Boden nieder und las, in meinem Mantel schwitzend, das ganze Buch auf der Stelle durch. Ich las den ganzen Nachmittag, bis das Sonnenlicht zu schwinden begann. Mein Gesicht brannte, weil ich voller Entsetzen diese Geschichte wiedererkannte, in der ein holländischer Maler berichtete, er habe das Gefühl, um jeden Preis die in seinem männlichen Kortex eingesperrte Dryade befreien zu müssen. Da waren Fotografien von seiner Handschrift *vorher* und *nachher* (energische Abstriche hatten sich zu gerundeten Kurven gewandelt) und den Gemälden *vorher* und *nachher* (Mondrian verwandelt zu Marie Laurencin) und den Körpern *vorher* und *nachher* (van Dyke und funkelndes Pincenez, verwandelt in ein fast ausgelöschtes Gesicht, das unter einem Glockenhut hervorspähte, während der schwache, magere Körper in dem winterlichen Garten der Klinik von einer deutschen Krankenschwester gestützt wurde). Der operierte Künstler bestand darauf, daß nicht nur sein Geschlecht in seinen Dokumenten geändert werde (eine Grille, der nachzukommen die mutigen holländischen Beamten bereit waren), sondern auch sein Geburtsdatum (abgelehnt). In den Augen des Malers war nämlich ein sich hinziehendes, unsicheres Alter, nicht bloß das Geschlechtsteil, der Missetäter gewesen; er hatte die Operation als Wiedergeburt angesehen.

Als er danach seine Mutter wiedersah, konnte er sich kaum noch an sie erinnern. Zum Mann nahm er einen alten Freund der Familie, der sich bereit erklärt hatte, ihn zu heiraten, sobald er eine Sie geworden sei. Ihr Wunsch, ein Kind zu bekommen, veranlaßte sie, sich einer zweiten Operation zu unterziehen, von der sie sich nie erholte. Die immer kürzer werdenden Tagebucheintragungen, der endlos ausgedehnte Urlaub des ausführenden Chirurgen, die schrecklichen Schmerzen der Patientin – alles führte zu den drei Auslassungspunkten am Schluß, drei Blutstropfen auf einer schneeweißen Buchseite.

Ich wurde zur Musterung bestellt. Zusammen mit all diesen bleichen, tätowierten Jungs zog ich mich aus und bückte mich, zog mich wieder an und füllte Formulare aus. Hier und da hörte ich in der Menge einen interessanten Tonfall, sah ich vor Verachtung blitzende Augen; für solche Anomalien wurde man am Ende des Tages ins Sprechzimmer des Psychiaters gerufen. Er war fast taub. Vielleicht aus Bosheit hatte er seinen Schreibtisch aus seinem Sprechzimmer mitten ins Wartezimmer geschoben. Jeden Abweichler hörte ich die Einzelheiten seines Problems herausschreien. Ich hatte das Kästchen »homosexuelle Neigungen« angekreuzt (die Armee erkannte nichts Eindeutigeres an), aber der Arzt tat so, als könne er nicht verstehen, warum ich zu ihm geschickt worden sei.

»Hier, hier!« schrie ich und zeigte.

»Wo? Was? Oh. Homosexuelle Neigungen. Haben Sie es mit einer psychiatrischen Behandlung versucht?«

»Ja«, brüllte ich.

»Und?«

»Nutzlos. Keinen Sinn.«

»Sind Sie der aktive oder der passive Partner?«

In diesen Kategorien hatte ich noch nie darüber nachgedacht. Bezeichnete »aktiv« denjenigen, der lutschte (das »Mädchen«), oder den, der fickte (den »Jungen«)? Ich fand keine Lösung, aber ich kam zu dem Schluß, »passiv« klinge weniger heilbar.

»Was?«

Mit hochrotem Gesicht schrie ich: »Passiv!«

Ich wurde aus medizinischen Gründen für militäruntauglich erklärt. Der Gedanke, daß mein Platz von jemand anderem eingenommen würde, vielleicht sogar von einem Schwulen, der zu ängstlich war, um seine

»Neigungen« einzugestehen, beunruhigte mich nicht im geringsten. Vertrauen auf Moral beruht auf Vertrauen in die Gruppe; ich mißtraute jedem. Hawthornes düstere Meinung über die menschliche Natur bestätigte meine, obwohl ich nicht an die *original sin*, die Erbsünde, glaubte, sondern bloß an die Sünde, die viel zu alltäglich war, um originell zu sein. Natürlich gab ich vor, normale Skrupel zu haben; ich wollte nicht, daß jemand auf mich herabsah.

Maria fand Arbeit in einem Lehrbuchverlag und zog in eine eigene Wohnung in der Upper West Side. Der Geruch nach Katzenpisse verflog allmählich, und nur die Katzenhaare an dem einzigen Paar Slacks, das ich nie trug (aus irgendwelchen Gründen zu eng), und die mit den Krallen aus der Polsterung herausgezogenen Fäden an der Rückseite eines Sessels blieben als Erinnerungen an ihre Gegenwart – dies und die Verbesserungen (der elektrische Dosenöffner in meiner Küche mit nur zwei Tellern, die Kaffeekanne, die gerahmte Zeichnung von mir beim Lesen).

Nachdem Maria ausgezogen war, lebte ich eine Zeitlang mit einem russischen Ballettänzer zusammen, der, als wir uns auf einer Party kennengelernt hatten, nur muskulöser Hintern, Strahlelächeln und Puschkinzitate gewesen war, nach dem Einzug aber selten ohne seinen fleckigen »Kuschelrock«, einen Minimorgenmantel aus Tokio, und ein großmaschiges Haarnetz zu sehen war. Er haßte alles Amerikanische, erzählte deprimierende Geschichten von Kleinkariertheiten unter den Kollegen und sehnte sich in den Ostblock zurück, diesmal allerdings nach Budapest. Folglich mußte ich ihn jeden Abend ungarische Vokabeln abfragen. Er lebte von nichts anderem als mit Kümmel bestreuten Kartoffeln und verhöhnte meine Verschwendungssucht (essen gehen, Taxifahren). Er sparte jeden Penny für eine einfache Fahrkarte nach Budapest. Ab und zu ließ er mich in sein Bett, aber das Haarnetz und der Kuschelrock hatten ihn von einem jungen Prinzen in so etwas wie eine unordentliche Minnie Mouse mit dicken Schenkeln von käsiger Blässe verwandelt.

Dann war er plötzlich und verärgert verschwunden (ich hatte unüberlegterweise die *ganze* Versiegelung von der Öffnung eines Instantkaffeeglases abgerissen, statt die *Hälfte* zum Abstreichen des Teelöffels dranzulassen), und ich ließ mich in ein geschäftiges, unbefriedigtes Leben mit amateurhafter Büroarbeit am Tag und professioneller Sexpartnersuche in der Nacht treiben. Die Schwulenbars wurden gerade zugemacht, weil der Bürgermeister in Erwartung der Weltausstellung in der Stadt aufräumte. Eines Tages machte eine neue Kneipe weit im Westen auf, in einem Niemandsland südlich von der Canal Street, und wir rasten alle dort runter: Adresse und Uhrzeit waren mit Buschtrommeln verbreitet worden. Nur drei Tage später jedoch wurde die Bar von der Polizei gefilzt. Wir rannten die Hintertreppe hinauf, sprangen von einem Dach zum nächsten und polterten bei einem Nachbarn die Feuertreppe hinunter und hinaus in die Nacht, wo die lautlos wirbelnden roten Lichter der Streifenwagen und das gedämpfte Gemurmel aus den Funkgeräten hektische Unruhe verbreiteten.

Dann machte gleich hinter dem Times Square eine Kneipe auf, nicht weit von der Peppermint Lounge, in der es mit dem Twist losgegangen war, und wir waren da oben und tanzten auf einer kleinen Tanzfläche hinter einem spanischen Metallgitter; es war mit Christbaumkerzen behängt, die zu flackern begannen, sobald ein verdächtiger Mensch in Zivil hereinkam; das war unser Signal, uns voneinander zu lösen. Aber auch dieses Lokal wurde zugemacht.

U-Bahn-Toiletten, die zum letztenmal kurz vor dem Ersten Weltkrieg gereinigt und mit Papierhandtüchern ausgestattet worden waren, waren plötzlich Zugänge zu den dreckigen, erregenden Tropen. Auf dem Heimweg vom Büro, mit von Kaffee, Frustration und Langeweile saurem Magen, taumelte ich gegen Fremde und las die U-Bahn-Reklamen zum zehntenmal.

Weil ein Roman – diese Wörter hier – gemeinsame Erfahrung ist, ein unbeholfenes, aber manchmal komisches Gespräch zwischen zwei Menschen, bei dem einer die Unterhaltung allein bestreitet, wird er stets komprimierter und einleuchtender sein als dieses Objekt, das Leben heißt. Das Leben hat etwas so Geistloses an sich, daß Heldentum oder Dummheit vonnöten sind – wahrscheinlich beides –, um es überhaupt zu führen. Das Leben ist all die Tage und Jahre, der Rohfilm; das Gedächtnis besorgt den Schnitt; diese Seite hier ist die endgültige Kopie samt Musik. Aber stelle dir für einen Moment das Verfahren umgekehrt vor, gehe mit mir durch die Jahre zurück, *sei* dann ich, ich ganz allein, wenn ich mich der Last unterwerfe, dem atmosphärischen Druck der Jugend, denn als ich jung war, hat es mich erschöpft, ständig gegen diesen dicken Trottel zu stoßen, den ich eigentlich nicht kannte – mich selbst. Es war, als sei ich zur Einzelhaft mit einem Fremden gezwungen, der unberechenbare Vorlieben, Abneigungen, Rhythmen hatte.

Komm also mit mir mit, die Betonstufen hinauf zu der Toilettentür, werfe ein Zehncentstück ein, drehe den

Chromgriff herum, öffne die Tür einen Spaltbreit und schlüpfe hinein.

Dich wird überraschen, wie viele schweigende Männer herumstehen. Der Geschäftsmann dort hat seine teure Lederaktentasche auf das schmutzige Waschbekken gestellt und lehnt an der Kachelwand. Auf dem Boden liegt ein Säufer, der nach süßem Rotwein riecht, seinen Rausch ausschläft und laut schnarcht, ein Geräusch, das einen roten Strich unter das auffällige Schweigen zieht. In beiden Kabinen, die eine ohne Tür, die andere mit halb geöffneter Tür, sitzen Männer direkt auf dem Porzellan (die Brillen sind seit langem gestohlen). Beide Insassen haben die Hose auf den nassen Boden herabgelassen, beugen sich aber vor, um ihre Erektionen zu verbergen. Die Atmosphäre in dem Raum ist eine billige Mischung aus Spannung und Langeweile. Ein Zug rattert herein, man hört die Türen sich öffnen und schließen, dann Schritte, die in dem höhlenartigen Bahnhof widerhallen.

Und dann lehnst du dich gegen die Wand und streckst, was Sekunden dauert, die dir im Ohr pochen, die Hand zum Schritt des Mannes neben dir aus. Dein Tun löst überall um dich herum Lebendigkeit aus. Im Nu hat sich am Pinkelbecken dieser primitive Junge vom Lande mit den rosigen Unterarmen und den roten Fingerknöcheln, die Sichel einer Ader über dem Hammer seiner Hand, zu dem Raum herumgedreht und schwenkt seinen dicken roten Penis. Einen Augenblick später haben sich alle um ihn versammelt, die Männer aus den Kabinen kommen heraus, einer küßt ihn, der zweite leckt ihm die Testikeln, ein dritter den Penis und ein anderer steht neben ihm und hat ihm den Arm um die Taille gelegt, als spreche er ihm Mut und Beistand zu.

Der Geschäftsmann mit der teuren Aktentasche hat ohne jede Rücksicht auf seine teure Hose, die am mit zurückgeflossenem Abwasser überschwemmten Boden feucht und schmutzig wird, sein Gesicht zwischen die Arschbacken des Bauernburschen gedrückt. Er schleckt und schleckt; ich kann sehen, wie seine Augen ruhig von einer Seite zur anderen wandern, traumhaft losgelöst von der Schleckerei.

Dann kommt der Mann, der an dem Schwanz lutscht, hoch, um nach Luft zu schnappen, und du nimmst seinen Platz ein, schmiegst dich um eine Schwellung, die noch warm nach der Spucke des anderen schmeckt. Du siehst nach oben, als jemand anderer dem Landjungen das Hemd aufknöpft und eine unbehaarte Brust zum Vorschein bringt, die mit blauen Adern marmoriert und wie ein Stück Hochzeitstorte mit zwei Kerzenhaltern aus rosa Zuckerguß dekoriert ist – den steifen Brustwarzen.

Nun ist jeder gleichzeitig an ihm am Werk, Atem in seinem Ohr, Lippen auf seinen Lippen, Münder an seinen Eiern, am Schwanz und Hintern, dieser Arm um seine Taille, als sei er wirklich eine Braut und dies das Gewirbel der Näherinnen in allerletzter Minute, um ihm sein Kleid anzupassen.

Als er kommt, stößt er einen Schrei aus. Sein Körper wird steif, und er lehnt sich zurück. Du schluckst dankbar den erstaunlich kärglichen, doch süßen Samen, und die Ekstase des Jungen bringt sein Brautgefolge zur Explosion, das im Chor um ihn herum losspritzt und losschreit. Der Betrunkene schnarcht noch immer.

In zwei Sekunden hast du deine Hose zugeknöpft, deinen Regenmantel um dich geschlungen und dich hinaus in die Flut der Fahrgäste gestürzt, die die Treppen hinaufströmen und sich in der Nacht verlaufen. Dein

Haar ist zerwühlt, dein Gesicht gerötet, und deine Hand riecht noch immer nach dem Jungen vom Lande. Am U-Bahn-Eingang erblickst du den Geschäftsmann gleich hinter dir. Ohne nachzudenken siehst du auf seine Hose – gar nicht so schlimm –, er sieht im selben Augenblick auf deine nassen Knie, und du und er, ihr tauscht das winzigste Lächeln frostiger Komplizenschaft.

Eine hübsche junge Frau im Büro, der ich das Geheimnis meiner Sexualität anvertraut hatte (sie hatte geschworen, mein Vertrauen niemals zu mißbrauchen), sah mich nun in den Kaffeepausen voll Mitleid an, hielt meine Hand und behandelte mich, als hätte ich Leukämie. Ihren gelegentlichen Bemerkungen entnahm ich, daß sie meinte, Homosexualität sei ein Elend, eine Wunde, eher eine poetische Veranlagung als perverse Aktivität. Was hätte sie gedacht, wenn sie mich auf den Knien in einem unterirdischen Stück Dschungel gesehen hätte, das sich unter dem blattlosen, baumlosen Wald des grauen Manhattan befand.

In der Mittagspause sah ich in der Klappe am alten Whitney Museum (als es noch unmittelbar neben dem Modern lag) einen Malstudenten wieder, den ich an der Kunstakademie in Eton kennengelernt hatte.

Er schaute mich mißbilligend an und sagte: »Ich habe dich ehrlich kaum wiedererkannt, so fett, wie du geworden bist – was für eine Schande, seine Figur so zu ruinieren, wenn man noch so jung ist. Wie alt bist du denn?«

»Dreiundzwanzig.«

»Also, du siehst grauenhaft aus, mindestens wie dreißig; du solltest genießen, was von deiner Jugend übrig ist.«

Eine Woche darauf sagte ich zu Maria, daß mein neuer, auf Raten bei Rogers Peet gekaufter Anzug aus minderwertigem Stoff sein müsse, weil er sich bereits direkt unter meinem Schritt durchscheuere.

»Das liegt daran, daß du so dick geworden bist, Wonneproppen. Deine Beine reiben beim Gehen aneinander.«

Bis jetzt hatte ich immer so viel gegessen, wie ich mochte und wann immer mir danach war, und ich war immer schlank gewesen. Obgleich ich den Sportunterricht gehaßt hatte und körperlicher Bewegung mit Freuden aus dem Weg gegangen war, hatte das normale Hin und Her auf dem Campus genügt, die gewaltigen Nahrungsmengen zu verbrennen, die ich zu mir nahm. Natürlich war uns in meinem Verbindungshaus Roastbeef gereicht worden; jetzt war ich zu arm, um mir etwas anderes als Spaghetti leisten zu können.

Die Katastrophe, zu dick geworden zu sein, entsetzte mich, erstens, weil ich sie nicht bemerkt hatte, zweitens, weil sie unumkehrbar schien. Ich konnte mir nicht vorstellen, Diät zu halten. Ein bitterer Fatalismus ergriff Besitz von mir; Resignation konnte man meinen Zustand noch nicht nennen, dazu war ich zu unruhig. Jeden Morgen stellte ich mich auf das Toilettenbecken, um meinen Körper im einzigen Spiegel in der Wohnung zu inspizieren, dem winzigen Spiegel über dem Waschbecken, aber ich konnte nie ausmachen, ob ich dünner oder dicker geworden war. Ich weigerte mich, eine Waage zu kaufen und den Tatsachen ins Gesicht zu sehen; lieber griff ich auf Gefühle aus meinen erdichteten Geschichten zurück, schwoll an vor Verzweiflung, schwand vor Freude, blieb standhaft gegen die sanfte Unruhe, die Freud als »Langeweile« bezeichnet hatte.

Und dann war da noch etwas Halsstarriges an mir, das sich weigerte abzunehmen, nur um einen Mann anzulocken. Wenn der Richtige daherkäme, würde er meine Vorzüge wie durch Zauberkraft von selbst erkennen. Beim ersten Kuß würde der Frosch sich in einen Prinzen verwandeln. Ich war zu einer Fangfrage geworden, einer undurchdringlichen Maske, aber hinter dem ungefälligen Äußeren steckte das freundliche Kind, das ich immer sein würde. Natürlich hatte ich vergessen, daß ein Liebhaber kein Parsifal war und ich nicht der Gral; meine Vorstellungen waren zu mittelalterlich, um mich erkennen zu lassen, daß der Geliebte ein Käufer war und ich ein Produkt.

In kalten Winternächten streifte ich, von innen erleuchtet wie ein Kürbis durch die Flamme des Alkohols, um die Ecke der Christopher und einer Nebenstraße, die Gay Street heißt (irgendeine Möglichkeit, dort jetzt mit einer Gedenktafel an meinen hungrigen Geist zu erinnern?). Ich prägte mir die Schaufenster ein und rannte um die Ecke in eine Nachbarschaftskneipe, um noch etwas zu trinken.

Das war die ehrwürdigste Schwulenbar in der ganzen Stadt; ihre schmierige Decke war mit einer zolldicken Schicht Staub überkrustet, die Fotos von Sport- und Theaterprominenten seltsam beziehungslos zur Kundschaft. Die Besitzer fürchteten, daß auch ihre Kneipe von der Polizei geschlossen werden könnte, und führten merkwürdige Vorschriften ein: Nicht mehr als drei Männer durften sich zu einem Gesprächsgrüppchen zusammenstellen, Frauen erhielten Gratisdrinks, und gemischte Paare wurden herzlich willkommen geheißen, wogegen der Türsteher jeden zweiten einzelnen Mann wegschickte. An manchen Abenden bestand er darauf, daß alle der Bar den Rücken zudrehten und den Blick zum Fenster und auf die Straße richteten, als befänden wir uns in einer Auslage und täten nur so, als tränken und lachten wir, während wir eigentlich die neue Linie von Sackleinwandhosen oder Wheatjeans, Sattelschuhen oder Mokassins und Surferhaarschnitt vorführten. Ich hatte mir meine leicht lockigen Haare mit derselben gefährlichen Chemikalie gefügig gemacht, die die Schwarzen damals zum »Plätten« ihrer Haare benutzten; waren sie erst einmal richtig schlaff, hingen sie mir in einer trägen Tolle über die Augen.

Daß ich dick war, hob den Abstand zwischen meiner Mutter und mir auf. Sie war tausend Meilen weit weg in Chicago, aber die Entfernung zwischen uns war dünn wie ein Fingernagel. Wie sie jonglierte ich mit innerlicher Melancholie und äußerer Fröhlichkeit herum. Wie sie stand ich ständig auf der Bühne in einer Rolle, die erfreuen sollte. Die Fremden, die ich für mich erobern wollte, waren sämtlich Männer – gleichgültige Männer, deren wilde Gelüste aufeinander genau über meinem Kopf pulsierten.

Ich erinnerte mich an die Zeit, als ich ein kleiner Junge war und meine Mutter sich hatte scheiden lassen. Es war mein achter Geburtstag. Sie meinte, wir sollten ihn in einem italienischen Restaurant in der Rush Street feiern. Sie ging gern dorthin, weil sie an der Bar Männer kennenlernen konnte. Wir teilten uns eine Portion grüne Nudeln, und sie trank Chianti. Sie lächelte unentwegt zu einem Mann an der Bar hinüber. Als meine Geburtstagstorte gebracht wurde, war dies ein Vorwand für den Mann, an unseren Tisch herüberzukommen. Meine Mutter bot ihm rasch ein Stück Torte an, und er bestellte für sie noch eine kleine strohumhüllte Flasche Chianti.

Sie verabredeten sich für später. Eine Zeitlang ging sie mit ihm aus, aber eines Tages erwiderte er ihre Telefonanrufe nicht mehr.

»Es liegt daran, daß ich zu fett bin«, sagte sie. »Dabei esse ich nicht viel; ich esse wie ein Spatz. Es ist mein Stoffwechsel. Manche Leute sind mit einem langsamen Stoffwechsel geschlagen. Essen muß ich. Wenn ich nicht esse, werde ich schwach und kann nicht arbeiten. Ich habe weiß Gott schon wenig Freuden genug. Essen ist ein Trost. Aber ich esse wie ein Spatz. Du siehst ja, was ich esse. Esse ich zuviel?«

»Nein«, sagte ich, »sehr wenig.«

Nun war ich genau wie sie. An manchen Tagen hielt ich mein Fett für männlich, dachte an den Schmerbauch der Arbeiter, mit denen ich malocht hatte. Aber meistens schien mich das Fett zu verweiblichen, machte mich zu einem rosigen, zitternden Rubens mit Brüsten, die wakkelten, wenn ich Treppen hinunterlief.

Ich jammerte mich bei Lou aus. Er war starr und mitleidlos. Er sagte: »Es ist einfach, all das zu sein, was du willst. Bestimmt *willst* du fett sein. Es ist eine Form von Loyalität deiner Mutter gegenüber, oder vielleicht hast du bloß Angst davor, schwul zu sein. Das ist logisch. Fette schwule Jungs gibt es nicht. Du bist fett. Also bist du nicht schwul. Sicherlich bewahrt dich das Fett davor, schwulen Sex zu haben.«

Ich dachte voll Bitterkeit an seinen Magen, der ihm zur Hälfte entfernt worden war und ihm erlaubte, ständig zu essen und doch mager zu bleiben.

Lou lebte in Extremen. Nach dem Debakel seiner letzten Tage in Chicago fand er hier in New York eine gutbezahlte Stellung, trat in ein Sportstudio ein, kaufte sich eine Luxusgarderobe aus dunklen Kaschmiranzügen. In seinem Büro arbeitete er zwölf bis vierzehn Stunden pro Tag, und an den Wochenenden ebenfalls. Seine Wohnung in der West Side füllte er mit bequemen Möbeln unbekannter Hersteller und Vergrößerungen seiner Idole Ezra Pound, Bobby Phalen und Cassius Clay. Er hatte keine Pflanzen, die man hätte gießen müssen. Sein elegantes, blaues Fahrrad hängte er an die Decke, wenn er nicht damit fuhr. Jeden Donnerstagabend machte er gründlichen Hausputz, um sich für ein solides Bumswochenende zu rüsten. Er mochte seine schwarzen und puertorikanischen Nachbarn, die fröhliche Musik, die Kinder, die auf der Treppe spielten, die Fiesta auf den Straßen, den Geruch von Safran in den Hausfluren – von Safran oder einem billigeren Ersatz, Bimol.

Lou hatte einen kleinen, wasserstoffblondierten Jungen namens Misty kennengelernt, den er bei sich einziehen ließ. »Oh, Kleiner«, sagte er und berührte meine Hand, als wir in einem Coffee Shop am Broadway aßen. »Hier, genau hier, bin ich ihm eines Nachts begegnet.«

»Früh um drei.«

»Vier. Die Kneipen waren schon zu. Ich hatte keinen abgekriegt, und ich konnte mir sowieso nicht noch eine Nacht mit einem erwachsenen Menschen vorstellen, irgendeinen Buchhalter aus Jersey City mit einer verschraubbaren Kragennadel, der Neunundsechzig machen will, weil er das für *nett* hält!« Entsetztes Lachen. Er hatte sich über den klebrigen Resopaltisch gebeugt, um mich eingehend zu mustern, sein Gesicht in meinem, aber nun fuhr er mit einem solchen Ruck zurück, daß er den Mann hinter sich anstieß. »Entmutigt und ziemlich beschwipst« – eine Grimasse, um seinen Abscheu vor sich selbst anzudeuten – »kam ich also hier rein, bestellte mir ein trauriges *Stack* und zwei verkohlte Würste, schaute in die Ecke und sah eine Gottheit, einen kleinen blonden Gott oder eine Göttin, die mir zulächelte. Ich sah ihn nur scharf, wenn ich ein Auge zukniff, und ich schämte mich so über mich, daß ich nach Hause rennen und mich verstecken wollte. Ich war so tief gefallen, daß ich vollkommen niedergeschmettert und paranoid war und eigentlich dachte, er und seine kleinen Fummeltrinenfreunde, alle so chic und begehrenswert, hätten beschlossen, auf mir als einem komisch jammervollen Exemplar herumzuhacken. Aber diese kleine Göttin – ich war wirklich nicht sicher, welchen Geschlechts sie war, sie war mit grünem Garn in weiße Jeans eingenäht und hatte ein Hermès-Tuch an ihr Schultertäschchen gebunden –, jedenfalls kam sie schließlich rüber, und ich spendierte ihr eine Tasse Kaffee, und jetzt ist sie zu mir gezogen, ich kann mein Glück nicht fassen, ein perfekter kleiner Mädchenjunge ganz für mich allein, er kocht mir Abendbrot wie eine kleine Ehefrau, und wenn er schlafen geht, hört er Rock'n'Roll aus einem Radio unter dem Kopfkissen, alle unsere Nächte schwimmen auf einem Meer aus Rock'n'Roll-Weisheiten.«

Ich war mehrere Male bei Lou und Misty zum Abendessen, aber Lou beteiligte sich nie an der Unterhaltung. Lieber beobachtete er mich, während ich Misty ausfragte. Dann beobachtete er Misty, der in ermüdender, kindlicher, verlogener Ausführlichkeit antwortete – ich sage »beobachten«, weil er ein Stück von uns entfernt saß, als wären wir Schauspieler, die noch einen raschen Durchlauf machen und ihre Texte vor sich hinflüstern. Seine Freude, so ein wunderbares Wesen bei sich in der Wohnung zu haben, wurde offenbar noch gesteigert, wenn er Misty aus einer gewissen Entfernung betrachtete.

Als es Sommer wurde, fuhren wir drei zusammen in den Riis Park, wir nahmen die U-Bahn bis zur Endstation, dann stiegen wir in einen Bus um, der uns an dem großen öffentlichen Strand in Brooklyn absetzte.

Eine Abteilung war schwul, und dort fingen dann später an dem langen heißen Nachmittag diese niedlichen puertorikanischen Burschen zu einem Kofferradio oder auch zu einem Stapel der neuesten 45er-Schallplatten zu tanzen an.

Biere gingen von Hand zu Hand, ein Kreis sammelte sich, die späte Sonne starrte in ihr eigenes Spiegelbild, dazu der Geruch von Seetang, untermischt mit den Kochgerüchen, die von den Imbißbuden entlang der Strandpromenade herübergeweht kamen, dem Geruch von Würstchen und gedämpften Muscheln. Schwule Jungs saßen da und kämmten sich gegenseitig die Haare oder tollten in der fast ruhigen Brandung herum, während jemandes Mutter, eine Mrs. Meyer, sich »bespritzte«, indem sie sich mit diamantengeschmückten alten Fingern Wassertropfen über die Schultern schnippte.

Jemand hatte im Sand ein weißes Zelt errichtet, nicht die übliche Pfadfindersorte, sondern ein vornehmes Zelt direkt aus einem Film übers Mittelalter, und drei schwarze Fummeltrinen gingen in einem fort rein und raus, um sich umzuziehen. Misty geriet aus dem Häuschen über eine, die Dionne Warwick zum Verwechseln ähnlich sah. Die Tanzerei kam in Fahrt. Wir waren zu träge von der Hitze und dem Bier und dem Starren der Sonne, um rüberzuflanieren, aber wir lagen auf der Seite und beobachteten die virtuosen Drehungen, die jeder Solist vollführte und mit denen er den nächsten Tänzer zu noch größeren Schwierigkeiten herausforderte. Ich schloß die Augen, horchte auf das rhythmische Händeklatschen der Clique. Als ich wieder hinsah, hatte der rothaarige Puertorikanerjunge drüben auf dem nächsten Handtuch, der eine Badehose trug, auf der »Made in USA« stand, endlich mit seinen Sit-ups aufgehört und schien zu schlafen.

Ich fühlte mich weit entfernt von dem Privatstrand vor unserem Sommerhaus in Michigan, wo ich als Kind gewesen war. Jetzt erregte es mich, unter so vielen armen Leuten zu sein, und gleichzeitig fürchtete ich, ich sei zu einem von ihnen geworden. Natürlich wollte ich gern mit ihnen schlafen, mit ziemlich vielen von ihnen, und sie waren stark und braunhäutig und zu Hause an diesem Strand und in dieser Stadt, wogegen ich ein Fremder war.

Gleichzeitig empfand ich in einem anderen Winkel meines Inneren einen Ekel darüber, hier zwischen so vielen geschmacklosen Tunten zu sein, unter diesen Fummeltrinen mit ihren gezupften Augenbrauen und den Baßstimmen, mit den silbernen Zehennägeln an riesigen Füßen – enttäuscht war ich, fasziniert und verängstigt.

Lou hatte keine solche Bedenken. Er behielt seinen gutbezahlten Job und wußte, wie man dem Präsidenten einer Gesellschaft einen Bericht auftischt, so wie er in Gruppentherapiesitzungen Freuds Unterscheidung zwischen Trauer und Melancholie zu zitieren wußte. Aber er hatte diese Zugeständnisse an die Mittelschicht ausgeklammert, war in eine Gegend am Stadtrand gezogen und hatte sich sogar Mistys Initialen in einem blauroten Herz auf seine Schulter tätowieren lassen.

Auf der Fahrt zurück in die Stadt kam die U-Bahn über die Erde herauf und fuhr ein langes Stück über niedrige Gerüste. Das Acht-Uhr-Sonnenlicht fiel auf ein Mädchen, das an der Stirnseite des Waggons stand. Ihr blondes Haar verfing sich im Wind, der durch ein offenes Fenster hereinströmte und um sie herum tanzte wie die Energie im Herzen der Sonne. Ich legte meinen Kopf auf Lous tätowierte Schulter und nickte halb ein. Ein paar von den schwulen Jungs ließen immer noch Platten laufen, und zwei tanzten Jitterbug. Ich hatte Lust auf eine Cola. Als meine Augen sich flatternd öffneten und wohltuend schlaftrunken wieder schlossen, fuhr unser Zug über ein Sumpfgebiet hinweg, und das Mädchen drehte sich langsam träge um einen Haltepfosten, während ihr Haar den massiven silbernen Zylinder in das goldenste Filigran verwandelte.

# ACHT

Ein Jahr lang lebte ich als dicker Mensch. Manchmal wurde ich von einem Älteren oder einem Schwarzen aufgegabelt. Beide Arten schienen nachsichtiger zu sein als die Weißen meines Alters, die sich bemühten, so dünn und knabenhaft wie möglich zu sein, und ausschließlich untereinander Kontakt hatten. Einmal nahm mich ein sympathisches Paar mit. Sie wollten, daß ich es ihnen abwechselnd besorgte, während sie sich umarmten. Ich kam mir vor wie ein Haushaltsgerät, das man sich selten kauft, sondern nur mietet, wenn man es braucht, so etwas wie ein Teppichshampoonierer. Trotzdem war ich enttäuscht, als sie mich nicht noch einmal einluden.

War ich nach einer langen ergebnislosen Suche niedergeschlagen, kaufte ich mir im Deli eine große mitternächtliche Fressalientüte – englische Muffins, Schokoladenriegel (die großen, teuren, europäischen), Peperoni, Schmalzkrapfen – und eilte schuldbewußt nach Hause.

Im November nahm Lou die Sache mit dem Abnehmen für mich in die Hand. Er schickte mich zu einem Diätarzt, der mich einmal die Woche zu sich kommen ließ und mir Steak, Salat, Weißwein und Amphetamine verordnete. Damals nahmen Studenten vielleicht mal ein Dexedrin, wenn sie sich eine ganze Nacht um die Ohren schlugen, aber das Mittel wurde wenig benutzt, obgleich Dr. O'Reilly natürlich drauf geschworen hatte.

Mein Gewicht schmolz nur so dahin. In acht Wochen verlor ich fast zwanzig Kilo und wurde schlank. Gleichzeitig bestand Lou darauf, daß ich mit ihm in ein Fitneßstudio ging. Als Halbwüchsiger war ich mal von einem Baseball am Kopf getroffen worden; ich war immer der einzige gewesen, dem beim Seilklettern übel wurde und der beim Runterrutschen ernste Verbrennungen davontrug; so war ich zum Dauersimulanten geworden, obgleich ich mich regelmäßig in meine Sportlehrer verliebte. Jetzt, im Fitneßstudio, wurde mir schwindlig, wenn ich nur ein paarmal im Liegen die Beine gehoben hatte, und ich mußte mich aufsetzen und den Kopf zwischen die Knie nehmen. Im Umkleideraum bekam ich einen regelrechten Anfall von Minderwertigkeitskomplexen.

Aber ein Gewichtheberstudio für Erwachsene ist ein demokratischer Ort. Man tut, was man kann, je nach Größe, Alter und Kräften. Kein großmäuliger Riese mit einem T-Shirt, das er aufgerissen hat, damit er reinpaßt, wird sich weigern, selbst dem schwächsten Jammerlappen dabei zu helfen, Hanteln aus dem Gestell zu heben. Mein Studio war einmal ausschließlich das Revier italienischer Hetero-Bubis gewesen, die von nichts anderem als Football redeten und Witze übers Fotzelecken machten. Aber jeden Monat traten mehr und mehr Schwule ein, die sich zuerst diskret und zurückhaltend gaben, ziemlich bald aber völlig unverblümt. Ein Revuetänzer mit einem Gummiknie, der mit achtundzwanzig seinen Beruf an den Nagel hängen mußte, war der erste, der in unserem Studio richtig voll einstieg. Wie die Italiener trainierte er drei Stunden pro Tag, sechs Tage die Woche, rannte runter zum Deli und brachte ganze gegrillte Hühner mit herauf, die er mit Litern Milch, direkt aus dem Karton, hinunterspülte. Er machte sogar das Experiment, Ochsenblut zu trinken, und litt deshalb vorübergehend an Gicht. Als er bei hundertfünf Kilo angelangt war, war er der Meinung, er sei eindrucksvoll genug, um am Samstagnachmittag die Musik im Radio von Rock auf die Metropolitan Opera umschalten zu können. Und mit seiner enervierend hohen Stimme fing er an, die Vorzüge des Schwanzlutschens gegenüber dem Fotzelecken zu preisen. Den italienischen Burschen war das völlig egal. Sie hielten es für komisch. Sie waren im Village groß geworden.

Langsam nahm mein Körper im Studiospiegel Gestalt an. Bauchmuskeln traten hervor, der Brustkorb, Bizepse, Trizepse, Latissimi – der ganze Kram eben. Der Studiotrainer maß meine Arme (die dicker wurden) und meine Taille (die schrumpfte). Die Diätpillen verliehen mir eine verbissene Kraft. Wenn ich um acht am Abend anfing, etwas in den Gelben Seiten nachzuschlagen, las ich noch um vier Uhr früh die Spalten mit den Namen, wobei ich gehorsam den Querverweisen nachging (siehe Haushaltsgeräte; siehe Sanitärtechnik). Wenn ich meinen Kopf aufs Kissen legte, tauchte ich gerade eben unter die Wasserlinie, aber ich war wie ein Fisch in einem Kescher, der durch die Wellen gezogen und von der Geschwindigkeit durchgerüttelt wird. Ich schrieb mit der Akribie eines Buchmalers, aber nach Hunderten von Stunden brachte ich nur einen gnomischen Einakter über ein Liebespaar zustande, der in manchen Szenen von zwei Männern, in anderen von einem Mann und einer Frau gespielt wurde. Ich hatte da so seine Idee: Mein Drama sollte beweisen, daß die Triebkräfte der Liebe immer die gleichen seien, ganz egal, welche Geschlechter beteiligt sind.

Und dann lernte ich Sean kennen.

Er klingelte eines Tages an meiner Tür, weil er den russischen Tänzer suchte, der bei mir gewohnt hatte. Ich bat ihn zu einer Tasse Kaffee herein. Er zog sein Jackett aus und setzte sich. Er sagte kein Wort, sondern schien auf etwas zu warten und von zurückgehaltener Energie zu platzen. Er trommelte mit den Fingern auf der Tischplatte herum.

Er war einsachtzig groß und hatte weißblondes Haar, das dunklere Schichten darunter bedeckte, als wäre sein Kopf ein Heuhaufen. Er hatte eine gradlinige Art, die sich nicht um seine Umgebung kümmerte, denn während ich auf meine übliche, verschwommene, ironische Art und Weise vor mich hin murmelte, antwortete er mit lauten, merkwürdig betonten Hervorhebungen, als sei er dafür bezahlt worden, in einem Werbespot etwas anzupreisen. Er machte den Eindruck, sehr sauber geschrubbt worden zu sein. Selbst seine Wangen glühten rötlich. Ich vermutete, er würde nach gar nichts riechen, wenn ich an seinem Körper schnupperte. Als ich etwas irgendwie Amüsantes sagte, lachte er, aber sein ruheloser Blick schweifte dabei unablässig in meiner kleinen Küche umher, als fände er nichts, was seiner Aufmerksamkeit wert wäre. Er beugte sich vor, wenn er sprach, und schien einer von denen zu sein, die so ängstlich sind, daß sie niemand anderem zuhören und sich nur um ihre eigene nächste Äußerung Gedanken machen.

Er kam mir wie ein Pole vor oder wie meine Vorstellung von einem Polen. Sein Hinterkopf war flach, als habe eine polnische Großmutter ihn so geformt, damit der Junge nicht aus seiner Wiege rollte. Seine Augen waren zu klein, um schön zu sein, doch die Haut war so straff, daß man unter seinen Augen nur eine einzige Falte sah und keinen Hauch von einem Schatten. Die makellose Haut erstreckte sich bis direkt an den Saum der bleichen Wimpern und rahmte die blaßblauen Augen ein – solche, die auf einem Blitzlichtfoto rosa wie die von einem Kaninchen erscheinen. Seine Haut erinnerte mich daran, daß das französische Wort für Hautfarbe *carnation* ist.

Beim Herumlaufen in meiner kleinen Küche schmiß er zackig seine Beine. Durch Zufall erwähnte er, daß sein Vater einen Brieftaschengroßhandel in Ohio betreibe, und ich bemerkte, daß, obwohl er über Bücher und geistige Vorstellungen sprach, er es wie ein Vertreter tat – eindringlich, unaufhaltsam. Wenn ich ihm ins Wort fiel und Einwände machte, hatte er eine nonchalante Art, die Schultern zu zucken, vor sich hin zu lachen und es auf eine andere Tour zu versuchen, als wolle er sagen: »Da du auf den nicht reingefallen bist, versuch doch mal, ob dir der hier paßt.« Wenn ich ausführlicher das Wort ergriff, zog er die Stirn kraus. Er zuckte vor innerer Anspannung, gerade so, als wäre er ein Nußknacker und meine Worte eine riesige Nuß.

Alles, was er sagte, verarbeitete ich auf mehreren verschiedenen Ebenen.

Vor allem fürchtete ich mich vor ihm. Noch nie hatte ich einen so hübschen Menschen so nahe bei mir gehabt. Doch, natürlich hatte ich das, aber das Erlebnis war so durchschlagend, daß es mir einzigartig vorkam. Dieser Junge – aber, ich habe zu sagen versäumt, daß er überaus attraktiv war, selbst auf den ersten Blick, nicht wie ein Model, denn er war nicht sehr zierlich und seine Nase hatte etwas Seltsames, vielleicht war sie ja zu dick, die gleiche Dicke vom Ansatz bis zur Spitze – dieser Junge jedenfalls überwältigte mich. Ich fürchtete mich vor ihm, weil ich ihn haben wollte. Ungewißheit mochte ich nicht. Weil ich kein hübscher Junge war, konnte ich den Luxus nicht genießen, zu wissen, daß er endlich vorbeigekommen und das Spiel inzwischen Spaß geworden war. Für mich war das Spiel unerträglich.

Und doch, als er ging, stand er noch einen Moment lang in seinem dunkelblauen Militärmantel an der Tür, berührte meine Hand mit seiner, hielt sie einfach ganz normal fest und fragte mich, ob ich später nicht eine Kleinigkeit essen gehen wollte. Ich sagte, warum nicht.

Dann war er weg. Ich preßte meine Lippen auf die Stelle, wo seine die Kaffeetasse berührt hatten. Ich war selig, weil das alles war, was ich mir schon immer gewünscht hatte – geliebt zu werden –, und keiner hatte es jemals getan. Ich zog meine Aufrichtigkeit in Zweifel. Warum verknallte ich mich in so einen hübschen Menschen? Dann dachte ich: Warum nicht? Schönheit ist etwas Vornehmes, wie ein alter Familienname, und ich würde sie auch dann noch in ihm sehen, wenn er sie eingebüßt hat. Ich hielt es für ganz natürlich, daß er bereit sein würde, seine Schönheit meiner Intelligenz zu treuen Händen zu übergeben (jetzt, wo er weg und ich wieder ängstlich war, schätzte ich meinen Geist wieder höher ein). Als er meine Hand in seiner gehalten hatte, war sogar ein achtungsvolles Lächeln über seine dunkelroten Lippen gehuscht.

Sean und ich gingen in ein Café im Village, am Sheridan Square. Der Schnee war geschmolzen, und es regnete. Wir saßen in einer Ecke am Fenster und beobachteten all die Leute, die vorbeihasteten und im Wind mit ihren Regenschirmen kämpften. Für uns war es sehr behaglich, drinnen zu sein. Für die Vorübergehenden war es jedoch auch nicht schlimm: Es waren meistens Paare, die miteinander verabredet waren und an ihrem Kampf mit dem Wind Spaß zu haben schienen; nichts ist verbindender als ein Regenguß. Eines nach dem anderen kamen diese lächelnden, nassen Paare mit ihren frischen Gesichtern, in gespielter Belästigung die Köpfe schüttelnd, herbeigerannt und stellten sich unter unsere Markise. Wir konnten sie durch die Scheibe nicht hören.

Es stellte sich heraus, daß Sean den russischen Tänzer durch Lou kennengelernt hatte, dem er in der öffentlichen Badeanstalt in der Carmine Street begegnet war.

»Ich glaube, Lou ist wahnsinnig intelligent. Er ist wirklich der intelligenteste Mensch, den ich kenne«, sagte Sean sonderbar aufgeregt, als stünde etwas auf dem Spiel. Dann sang er, um seine Verlegenheit zu kaschieren, drei tiefe Töne vor sich hin: »Uhm pah pah.« Nach einem kurzen Schweigen sagte er: »Ich weiß nicht, warum er mich fallengelassen hat.«

»Vielleicht warst du ihm zu männlich. Kennst du Misty?«

»Ich langweile Lou. Ich habe ihn am Montag angerufen, und er hörte sich an, als schlafe er gleich ein. Ich wartete drei Tage, daß er mich anriefe – er hatte gesagt, er würde es tun. Uhm pah pah.«

Ich bekam ein merkwürdiges Gefühl, als mir langsam klar wurde, daß diese tiefe Stimme mit ihrer übertrieben deutlichen, durchdringenden Vertreterdiktion die Wahrheit sagte und eine Gefühlsregung mitteilte. »Er hatte diese Woche sehr viel zu tun«, erwähnte ich.

»Nicht doch.«

»Du scheinst dich vor mir zu fürchten«, sagte ich in einer plötzlichen Eingebung. Bis zu diesem Augenblick, in dem er seine Gefühle für Lou verraten hatte, hatte ich nicht vermutet, daß er unsicher sein könnte.

»Stimmt.«

»Warum?«

»Lou hat mir gesagt, daß du sehr intelligent bist.«

»Aber *du* bist viel intelligenter als ich. Du liest Bücher in mehreren Sprachen; du weißt alles über die Überlieferung der Hirtendichtung und die mittelalterliche Allegorie.« Wie ich die Dinge sah, war Wissen natürlich nicht Intelligenz. Ich glaubte an dieses reine, strahlende Isotop namens »umfassende Intelligenz«, etwas so Abstraktes, daß jedes konkrete Wissen es nur herabwürdigt.

»Komisch, daß du das so einfach zugeben konntest«, sagte Sean. Während wir sprachen, ging mir seine Schönheit, die mir eucharistisch erschien, nicht aus dem Kopf. »Bist du denn nie unsicher?« fragte er.

»Ich kann Ungewißheit nicht ausstehen«, sagte ich.

»Wovon redest du?«

»Tja, wenn ich erst mal richtig befreundet bin, bin ich wirklich sehr gelassen und – tja, ich bin ein guter Freund, denke ich. Aber am Anfang, wenn man nicht weiß, ob der andere einen mag oder nicht ...«

»Oh, ich verstehe.« Sean schmierte den Kringel breit, den seine Tasse auf dem Tisch hinterlassen hatte. Er sagte sehr leise: »Ich mag dich sehr gern. Dih-dih-dih dum.«

Am liebsten hätte ich ihm gesagt, daß ich so viel gar nicht erwartet hatte. Ich hatte solche Bange, gierig zu erscheinen. Und ich wußte, ich konnte warten. Er war zu gut für mich, das erkannte ich nun. Ich war sicher, mittelalterliche Ritter wußten, daß sie ihrer Dame unwürdig waren, und deshalb nahmen sie so gern Strapazen, Prüfungen und Plagen auf sich.

Der Gedanke, er könnte mich mögen, änderte radikal meine Auffassung davon, wer wir seien. Plötzlich war ich einer dieser komischen, verrückten, gescheiten Burschen, die genau darum gern gesehen sind, weil sie in die himmlische Langeweile übermäßiger Schönheit Bewegung bringen. Oder wir waren alte Freunde, und unsere Kameradschaft löschte den Unterschied zwischen uns aus; wer konnte das Aussehen eines Freundes aus der Kindheit beurteilen? Wer würde das wollen? Oder er dachte, ich sei das Hirn und er der Langsamdenker ... Ganz gleich, welches Szenario die nächsten paar Minuten oder Jahre bestätigen würden, ich war zumindest in allen *drin*.

Ich begleitete ihn zu sich nach Hause. Der Regen hatte aufgehört, aber immer noch zogen dicke, weiße Wolken über den Nachthimmel, die die Lichter der Stadt reflektierten, Wolken, die beleuchtet waren wie innere Organe, die gleich untersucht werden, damit man den tödlichen, mikroskopisch kleinen Defekt feststellt.

Unsere Schultern stießen beim Gehen gegeneinander. Ich glaube, Sean war doch nicht so groß; nur meine Vorstellungskraft ließ ihn groß erscheinen. Gegeneinanderstoßende Schultern machten uns zu Kumpeln, und wir lächelten uns verstohlen, zaghaft und verlegen an und blickten auf unsere Füße. Sich verlieben macht ein bißchen verlegen, weil Liebe etwas Auffälliges und Schwerwiegendes ist. Sie ist ein Wunder. Ich fühlte mich wie ein Jäger, der ein Einhorn gefangen hat und damit durch die Straßen der Stadt stolziert, aber die Menschenmassen waren so diskret, nicht zu gaffen.

Marilyn Monroe war tot, Präsident Kennedy war erschossen worden, und jeder redete und redete damals über sie, als habe er sie tatsächlich gekannt. Leute stritten darüber, ob Marilyn »sittsam« gewesen sei oder nicht, aber der Streit war nichts als semantischer Müll, nie eine Frage von Gefühl oder Zuneigung, weil wir ja alle unseren Märtyrern freundlich gesinnt waren. In der chemischen Reinigung bei mir an der Ecke hatte jemand ein Webbild von Kennedy aufgehängt, aber der Künstler oder die Künstlerin hatte sich in der Perspektive vertan, so daß er schielte. Es war unfreiwillig komisch, aber es drückte dennoch meine Verehrung aus. Genauso waren meine Gefühle für Sean. Ich kannte ihn nicht, aber ich fühlte mich vollkommen im Recht, Ansichten über ihn zu haben; er war »mein« Sean geworden, genauso wie sie »meine« Marilyn war.

In seiner kleinen Wohnung, meiner ganz ähnlich, wenn auch weniger vollgestopft und sauberer, küßte ich ihn. Er sagte: »Das ist schön.« Seine Haut schmeckte und roch nach gebrannten Mandeln; seine Haut schien Hirngewebe zu sein, so direkt registrierte sie seine Gefühle. Sie begann sich zu färben.

Sanft, ganz sanft befreite er sich aus meiner Umarmung. Im selben Moment kam ich mir wieder dick vor. »Ich hoffe, du verstehst es«, sagte er, »aber ich denke, wir sollten warten, bis wir uns besser kennen.«

Am Abend darauf kochte Sean für mich Spaghetti. Während ich ihm zusah, wurde ich immer lockerer, während er immer verschlossener wurde. Er trug eine blaue Schürze über seinen frisch gebügelten Khakihosen; diese vage Andeutung eines Rockes stach gegen seinen prallen Hintern in dem militärischen Beige ab. Ich hatte Sean noch nicht nackt gesehen. Da ich saß und er stand, sich umherbewegte, dachte ich über seinen Körper nach. Ich fragte mich, ob diese ausdrucksvolle Haut unter seinem Hals weiterging – ob sein Brustkorb erröten könne, seine Lenden erbleichen. Und ich fragte mich, wie wohl sein Penis aussehe, wie groß er sei.

Zu der Zeit las ich gerade *Giovannis Zimmer* von James Baldwin, wo David in dem Moment nicht mehr reizvoll ist, in dem er seine Heterosexualität aufgibt. Gegen diese Absolutheit der Heterosexualität behaupteten sich wenige Vorzüge. Ein großer Penis oder ein muskulöser Körper oder viel Geld hatten etwas für sich, aber sie waren eine arglistige Täuschung, wenn sie einem anderen Schwulen angehörten.

Andächtig hörten wir uns die ellenlange Liste all der berühmten toten Tunten der Geschichte an, aber wenn jemand einen lebenden Dirigenten oder Pianisten erwähnte, sagten wir verächtlich: »Who, *her?* – Wer, *sie?*«, als bedeute »ihre« (»her« oder auf newyorkisch »huh«) Homosexualität augenblicklich und unwiderruflich eine Ächtung. Noch schädlicher für den Ruf eines Mannes war die Behauptung, man habe tatsächlich mit ihm geschlafen. Dann würde eine New Yorker Queen auf ihre vorgeblich frisch lackierten Fingernägel hauchen und sagen: »Who? *Huh*? *Had* huh? – Wer? *Sie*? Hat sie *gehabt*?«

Ich hatte Sean noch nicht »gehabt«, und ich wollte dieser unvermeidlichen Enttäuschung zuvorkommen. Auch wenn mir damals alle zu meinem neuen Körper, den Kontaktlinsen und der Surferfrisur gratulierten, frage ich mich heute, ob nicht meine Verwandlung eine Kapitulation vor einer gefährlichen Warenpsychologie war. Natürlich ist es besser, hübsch statt häßlich zu sein, aber mit mir selbst hatte ich nie ein gutes Gefühl. Ich hatte mir das Muttermal zwischen den Schulterblättern wegbrennen lassen, jeden Abend machte ich ein Gesichtsmuskeltraining, ich stutzte die Haare um mein Skrotum, um meinen Penis klarer hervortreten und größer aussehen zu lassen, aber melancholischer Eigennutz wechselte sich weiterhin mit einem generellen Schuldbewußtsein als Hintergrund aller meiner Gefühle ab.

Nach dem Abendessen erzählte mir Sean über Catull. Er mühte sich, die richtigen Worte zu finden. Wie ich kam er aus dem Mittelwesten, wo die Leute nicht gewandt über Ansichten reden können. War Nonchalance gegenüber dem Thema und Aggressivität gegenüber dem Zuhörer der New Yorker Stil, so war unser Stil im Mittelwesten, anzunehmen, der Zuhörer sei neutral, und sich rückhaltlos in die Frage zu vergraben. Sean war ernst, sehr ernst, und wenn er sprach, zuckte er.

Er führte mich zu seinem Bett. Er zog mich aus, zündete eine Kerze an und stellte sie neben einen Spiegel am Boden. Ich betrachtete mich in dem Spiegel. Ich war nun vollkommen, bis auf die weißen Seidenstiche seitlich an meinem Körper, die Dehnungsmarken, wo ich dick gewesen war. Mein Traumbild von uns, von Sean und mir, war so umfassend, daß es unsere Gesten oder jeden Augenblick, den wir durchlebten, kleiner erscheinen ließ, als sei unser eigentliches Medium der Mythos, nicht die Geschichte. Wir konnten nicht aufhören, einander anzulächeln.

Ich war so glücklich. Dankbarkeit und Liebe brannten mir im Herzen. Ich hatte das Gefühl, Sean sei ein höheres Wesen, das mich zu sich heraufzieht und neben sich auf einen Thron setzt. Vielleicht, weil ich noch nie ein glückliches Paar erlebt hatte, hatte ich keine Vorstellung von häuslicher Liebe; Alltäglichkeit bedrohte sogar, nach meinen geringen Erfahrungen, den Taumel der Gefühle. Ich lebte nun im Taumel der Gefühle, aber das Empfinden war nicht das einer Krise, eher das einer langsamen Drehung in schräg einfallendem bernsteinfarbenen Licht. So wie die Musik unsichtbar ist, aber Gefühl evoziert, so brachten unsere Muskeln eine Art Musik hervor, die wir im Kerzenlicht sehen konnten.

Seine Schultern waren breit, zu breit im Vergleich zu seinem schlanken Körper, als steige ein Mann aus dem Jugendlichen heraus. Wir blickten im Spiegel hinunter auf uns, nicht wie man vielleicht Pornographie betrachtet, indem man sich selbst anstarrt, sondern um die erfreuliche Fiktion zu bestätigen, daß wir uns gegenseitig im Arm hielten. Das erregende Glücksgefühl klingelte so laut in meinem Kopf, daß ich kaum hörte, was passierte.

Solche Augenblicke sind in einem ganzen langen Leben weder so selten, wie man zuerst fürchtet, noch so häufig, wie man später hofft.

Wenn sein Penis erigiert war, war er krumm. Er war groß und bog sich zu einer Seite.

Am Tag darauf sagte ich: »Lou sagt, es sei falsch, jeden Tag als neuen Beginn zu sehen. Es sei falsch, die Zeit in Tage und Wochen zu unterteilen. Er sagt, man solle leben, als wäre die Zeit ein ununterbrochener Strom.«

»Stimmt das?« Wieder dieser ängstliche Blick, dieser zuckende Blick innerer Anspannung.

»Ja, und ich habe kein Recht, dies jetzt zu sagen, nachdem ich dich gerade kennengelernt habe, aber ich habe das Gefühl, daß du mein Leben in so etwas verwandeln wirst. Heute war ich den ganzen Tag im Büro so voller Erwartung.«

Sean nickte. Wir aßen unseren Salat aus einer angeschlagenen Kasserolle und teilten uns Seans einzige Gabel.

»Erzähl mir von Lou«, sagte Sean.

Was bin ich für ein Dummkopf, dachte ich. »Oh, er ist wunderbar; ich liebe ihn sehr.«

»Wart ihr mal ein Liebespaar?«

»Ja.«

»Wann?«

»Ungefähr vor hundert Jahren. Die besten Freunde sind alte Geliebte, meinst du nicht auch?«

»Ich weiß nicht. Ich hatte noch nie einen Geliebten.«

»Das glaube ich nicht.«

»Na ja«, sagte Sean, »ich hatte eine Affäre mit einem Jungen namens Ted. Aber wir sind jetzt keine Freunde mehr. Er hat mich zum Wahnsinn getrieben. Er ist unentwegt verzweifelt. Schmachtet die ganze Zeit herum, droht mit Selbstmord, ruft mich an, wenn er betrunken ist.« Sean sprang auf und öffnete den Kühlschrank. Während er hineinsah, sagte er: »Das ist es wohl, was ich denke. Es ist das, was mein Freund Julio sagt. Es klingt richtig.«

»Du weißt es nicht?«

Er setzte sich wieder hin. »Ich weiß überhaupt nichts. Sag mir irgendwas, und ich glaube es. Und *das* ist nicht mal wahr.«

»Wer ist Julio?«

»Oh, ein toller Kerl, den ich durch Ted kennengelernt habe. Du wirst ihn kennenlernen. Er ist ein berühmter Modemacher.«

Den ganzen Abend fragte ich Sean nach jeder Einzelheit seines Lebens aus. Ich prägte mir jeden Namen ein. Ich wollte sofort Seans ganze Geschichte wissen.

Jedes Wort, das er äußerte, steigerte oder zerschlug meine Hoffnungen, je nachdem. »Ich bin heute abend sehr müde« – schlecht, er will mich loswerden. »Aber wer braucht schon Schlaf? Wichtiger ist, mit dir zu reden und« (strahlendes Lächeln) »noch mehr Spaß« – gut, sehr gut. »Ich sollte ein bißchen Latein lernen« – schlecht.

»Kannst du lesen, während ich arbeite? Ich möchte nicht, daß du gehst. Ich mag's, wenn du hier bist« (tätschelt absichtsvoll die Couch und sieht mir in die Augen) – gut. Ausgezeichnet.

Wochenlang waren wir jeden Abend zusammen, manchmal bei mir, manchmal bei ihm. Sex hatten wir nicht sehr oft, aber Sean hatte es gern, wenn ich die Nacht bei ihm blieb. Er nahm mich gern nachts im Bett in seine Arme. Er mochte meinen Verstand und nötigte mich, Ansichten zu äußern, was nicht meine Art war. Romane wollte ich genau aus dem Grund schreiben, weil ich die Dinge nur dramatisch sehen konnte, nicht politisch oder abstrakt. Ich nahm an, er mochte meine Nettigkeit; einmal aber wurde ich bei einem Buchhändler, der noch nie etwas von Ronald Firbank gehört hatte, sehr spitz. Der Verkäufer sagte immer wieder: »Ist das der *Krimi*autor? Das ist doch der *Krimi*typ, stimmt's?« Ich sagte etwas Gehässiges und Arrogantes. Als wir wieder auf der Straße waren, gluckste Sean vergnügt vor sich hin und sagte, das gefalle ihm; er kam sogar später mehrere Male auf den Vorfall zurück. »Mann, du kannst aber ein arrogantes Arschloch sein, was?« Seine Bewunderung verwirrte mich. Ich dachte, es sei sehr unfair, wenn er mich dazu drängen wollte, ein Draufgänger zu sein, wenn ich doch nur sein liebevoller Kumpel sein wollte.

An einem Samstagabend versuchte Sean, still für sich zu arbeiten, aber in seiner Wohnung ging nach zehn die Heizung aus, und wir beschlossen, einen Spaziergang zu machen. Er hatte mir von dem Speicherviertel südlich von der Canal Street erzählt. Ich war noch nie da unten gewesen. Tagsüber wimmelte es dort von Lastwagen und Arbeitern, und nachts war es völlig ausgestorben, soweit ich wußte. Aber er liebte es. Er liebte die Architektur und erzählte über die Gußeisengebäude. Er wußte, wie New York zur Zeit des Bürgerkriegs ausgesehen hatte, und während wir Straße für Straße an dunklen, schmutzigen, unbeleuchteten Lagerhäusern vorbeischlenderten, beschwor er die Vergangenheit herauf. Wir spazierten eine regennasse Straße hinunter; sie wurde von einer einzigen Lampe erleuchtet, die hoch über unseren Köpfen an einer Freileitung baumelte. Ihr Licht fiel schimmernd über die glänzenden Brüche im nassen, schwarzen Pflaster.

Ich fürchtete mich vor Sean, versuchte aber, die Geschichte mit ihm auf die leichte Schulter zu nehmen. Ich machte mich über seine Pietät vor alten Gebäuden lustig, als ich mit Lou telefonierte, aber Lou sagte nur: »Klingt, als wenn du dich grade verliebst.« Ich besuchte Maria und Boo-boo in ihrer Gartenwohnung in der Upper West Side, war aber während des Abendessens furchtbar nervös, konnte mich nicht auf die Unterhaltung konzentrieren und rannte in einem fort hin und her. Ziemlich schrill für meine Ohren spottete ich über Sean, erzählte Maria, daß ihm jeder Sinn für Ironie abgehe und er der Meinung sei, ausgerechnet Catulls Gedicht auf den Tod von Lesbias Sperling sei *ernst* gemeint.

»Wonneproppen«, sagte Maria, »das ist das zehnte Mal, daß du heute abend von diesem Jungen redest. Es klingt, als hätte es dich schlimm erwischt. Und der Tod eines Vogels *ist* eine ernste Sache.«

Eines Nachts, als wir im Bett lagen, sagte Sean, daß er an dem Nachmittag eine öffentliche Toilette benutzt habe und in eine Orgie reingeplatzt sei.

»Oh, wie schrecklich«, sagte ich.

»Was machen die denn da?« fragte er.

»Was meinst du?«

»Natürlich weiß ich, daß sie wegen Sex da sind, aber wie können sie das nur tun? Es ist vollkommen menschenunwürdig.«

»Absolut menschenunwürdig«, sagte ich.

# NEUN

Lou rief mich eines Tages an und sagte: »Kleiner, ich möchte heiraten.«

»Eine Frau?«

»Misty ist ausgezogen. Er hatte die Gelegenheit, mit 'ner Transi-Show nach Miami in irgendein runtergekommenes Hotel zu gehen. Ich will nicht mehr alleine sein. Ich möchte zur Ruhe kommen und 'nen Hausstand gründen, und Jungs sind zu unzuverlässig. Aber der wahre Grund ist, daß ich mehr Geld verdienen will. Ich habe mir die Burschen angesehen, die in der Werbebranche die Hunderttausend-Dollar-Schallmauer durchbrechen, und die sind alle verheiratet.«

»Es ist nicht ganz so einfach«, sagte ich, »zu heiraten.«

»Sicher ist es das. Mein Psychologe sagt, man sollte immer seinen Gefühlen vorauseilen. Tu die Dinge jetzt, von denen du weißt, daß du sie in sechs Monaten machen wirst – was das beste für dich ist. Aber die Frage ist eigentlich, *wie* heiratet man?«

»Erst lernst du eine Frau kennen«, sagte ich. Bei Lou war ich nie sicher, wie simpel ich etwas darstellen mußte. »Dann verabredest du dich mit ihr. Dann bittest du sie, dich zu heiraten.«

Langes Schweigen. »Wie süß ...«

Ich hielt mein Versprechen, ihn zu einer Party mit »Heteros« mitzunehmen, Leuten von meiner Uni, die in

New York wohnten. Alle tranken Gimlets, und die Gastgeberin ließ kistenweise Austern und einen Mann zum Schalenöffnen von Baltimore hochkommen. Die prominenteste Person auf der Party war der Jazzkomponist Charles Mingus, der sich in einer fettleibigen, paranoiden Phase befand. Dennoch sprach er zu uns allen in seiner eindringlich-originellen Art. Er schaltete die Musik aus und forderte uns auf, den Schichten der Stille zu lauschen. Er behauptete, daß es totale Stille nicht gebe und er das ganze Gesumme und Geraschel einer Großstadtnacht sogar orchestrieren könne. Dann wurde wieder Musik gespielt (es war *»My Guy«*), und die Gastgeberin und ich nahmen große Holzlöffel aus Mexiko, hielten sie vor uns wie Penisse und tanzten unseren berühmten Löffeltanz – du hättest dabeisein müssen. Wir waren sehr betrunken.

Ich machte Lou mit Ava bekannt, einem Mädchen, das ich seit Jahren kannte. Ich war ihr in Eton zum erstenmal begegnet; sie hatte unsere Schwesterschule besucht.

Eine Woche später rief mich Lou an. »Kleiner, Ava und ich – Moment mal!« Er senkte rumpelnd den Hörer und murmelte: »Baby, gib mir mal 'ne Banane. Nicht die, die ist mir zu braun. Wenn du runtergehst, bring mir doch Pall Malls mit ... Hallo?«

»Ja, was machst du?«

»Heiraten! Ava wird meine Frau.«

»Oh, Lou, ich freue mich ja so für euch beide.«

»Tja, du weißt ja, du hast uns miteinander bekannt gemacht. Wir wollten, daß du's als erster erfährst. Baby, bring doch auch einen Karton Cola mit. Oh, mein Leben verändert sich. Die einsamen Zeiten sind vorbei. Ava wird meine Frau, sie wird wunderbares Essen kochen und meine Kinder gebären. Bye, Baby. Da geht sie hin, meine Frau. Meine *Frau!* Ich werde ihr König sein. Kennst du das alte weise Sprichwort: ›Das Haus eines Mannes ist seine Burg‹?«

»Das ist toll, einfach toll, ich freue mich so für dich.«

»Yeah, ist es nicht toll? Endlich habe ich dieses beschissene schwule Leben hinter mir.«

Trotzdem erschien es gerade in dem Moment nicht allzu beschissen. Wir hielten natürlich die Prämisse aufrecht, daß wir krank seien, daß unsere Erfahrung begrenzt sei, daß wir die guten Dinge des Lebens verpaßten und unser Alter einsam sein würde. Schlimmer noch, wir sahen mit den Jahren einer ständigen Verweiblichung entgegen. Ich wußte, ich würde als siebzigjähriger Kellner mit blondierten Haaren enden, mit meiner schwulen Kundschaft herumtölen und haßerfüllt alle weiblichen Kunden beäugen, die ich noch nicht kannte (wenn ich sie kannte, teilte ich Schönheitsgeheimnisse mit ihnen), ein schrumpliger, alter Vogel, durch exzessives Diätverhalten verhutzelt und aus Angst vor Rowdys nicht willens, abends das Haus zu verlassen.

Aber gerade jetzt schien da noch lange hin zu sein. Bei Sean tat ich natürlich so, als sei ich sehr fleißig und ernst und kenne mich in der Schwulenszene überhaupt nicht aus, aber in Nächten, in denen ich frei war, begab ich mich auf die Suche nach Sex.

Nach dem Großreinemachen für die Weltausstellung wurden wieder Schwulenbars eröffnet, jeden Monat eine neue. Das schwule Leben im Village, das sich bis dahin an der Greenwich Avenue konzentriert hatte, begann sich langsam die Christopher Street hinunter auszubreiten. Das Frühjahr kam, und junge Männer saßen bis fast zum Hudson hinunter auf den kleinen Veranden.

Jeden Tag erschien ich später zur Arbeit. Eigentlich sollten wir um zehn da sein, aber ich kam nie vor elf. Niemand sagte etwas. Ich hatte meine Bildunterschriften zu schreiben, später ganze Absätze, aber die Firma war so überbesetzt, daß wir für hundert Zeilen zwei Wochen Zeit hatten. Wir tippten auf liniertes Papier, von dem man die genaue Buchstabenzahl ablesen konnte, aber das hieß gar nichts, denn jeder Textblock wurde von all den untätigen Redakteuren über uns umgeschrieben. Ich machte die Tür zu und schlief an meinem Schreibtisch ein, rief alle meine Freunde an, ging mittags zwei Stunden lang essen, ließ mir von einem Mann die Schuhe putzen, der mit seinem Arbeitsgerät von einem Stockwerk zum anderen zog und der mir einmal sogar anbot, jeden, den ich wollte, für zweihundert Dollar umzulegen.

Ich lebte für meine Nächte. Ich eilte nach Hause und schlief in meinen Kleidern ein. Stunden später wachte ich auf, aß Hüttenkäse aus der Schachtel und eine ganze Tomate, dann zog ich mich zum Flanieren um und rannte los in die Nacht.

Der Reiz des Schwulenlebens lag für mich darin, daß es so viele *flüchtige* Kontakte mit anderen Männern bot. Im Fitneßstudio war ich langsam zu einem alten Hasen geworden, und nun war ich derjenige, der den Neuen zeigte, wie man an der Latissimusmaschine arbeitet oder Kniebeugen mit Gewichten macht, ohne sich am Rücken zu verletzen, aber ich wußte nie ihre Namen. An der Bar spendierte ich »Freunden« zu trinken und sie mir, aber wiederum kannten wir uns selten beim Namen. Wenn wir damals aufgefordert worden wären, uns zu dieser

Anonymität zu äußern, hätten wir gesagt, es sei »traurig« oder »erbärmlich«, aber eine Sekunde später hätten wir gelächelt und diese Woge allgemeiner Bekanntheit empfunden, während wir die Christopher entlangspazierten, einen Typen nach dem anderen grüßten und dem Geheimdossier, das wir über jeden Bekannten zusammentrugen, ein weiteres Detail hinzufügten (Oh, Blondy geht mit Ersatzteile – ich frage mich, ob Ersatzteile ihn behalten wird. Keiner hat bisher rausgekriegt, wie Blondy sich von einem Zahnarztgehilfengehalt so viele neue Kaschmirpullis leisten kann. Oh, und da ist ja Mike, der Friseur, mit seiner Bubigang. Ich wüßte gern, ob Mike hallo zu mir sagt, wenn er mit dieser Schönlingsclique zusammen ist – er hat!).

An einem Samstagnachmittag kam, während ich trainierte, ein hübscher Fremder in einer Bomberjacke herein, spazierte langsam und arrogant durch das Studio und den Umkleideraum, ging direkt auf mich zu, gab mir die Hand, stellte sich vor und bat mich, mein T-Shirt hochzuziehen, was ich wie benommen auch tat. Er fuhr mit dem Handrücken über meine neuen Waschbrettbauchmuskeln und sagte: »Nett, du wirst genügen. Hier. Ruf mich an.« Und er ging. Und ich rief die Nummer auf der gedruckten Stricherkarte an und ging hin, aber das Wichtigste dabei war für mich, daß im Sportstudio einfach so die Wahl auf mich gefallen war.

Sean sah niedergeschlagen aus, und ich sagte es ihm. Er lächelte und stand auf. Er schwankte leicht und stützte sich auf meine Schulter, als er auf dem Weg zum Fenster an mir vorbeiging. Er kletterte auf die Feuerleiter hinaus und pinkelte in die Dunkelheit.

»Habe ich was Falsches gesagt?« rief ich zu ihm hinüber.

Er kletterte zurück und sagte: »Es ist nur –«

»Was?«

Sean zuckte die Achseln. »Ach, nichts.«

»Ich bin stark. Hab keine Angst, mir weh zu tun.«

»Ich verstehe einfach nicht, warum du an mir interessiert bist. Alle deine Freunde hören sich an, als wären sie ungeheuer gescheit – ich weiß, Lou *ist* es. Außerdem hast du viel gelesen und bist älter.«

»Was meinst du denn, warum ich an dir interessiert bin?«

»Ich weiß nicht.« Er stellte sein Glas auf den Boden und lächelte, aber mit einem so ängstlichen, verwirrten Blick, als würde er gleich geschlagen.

Ich ging hinüber, setzte mich neben ihn und legte ihm den Arm um die Schultern.

Er räusperte sich. »Findest du, ich bin intelligent?«

»Natürlich.«

»Weißt du, dieser Ted? Er hat mir gesagt, ich sei schwer von Begriff.«

»Ted wußte, daß du besessen darauf bist, intelligent zu sein, deshalb sagte er dir, du seist schwer von Begriff. Es war ein Weg, dich zu halten.«

»Sag mir ehrlich, was du von mir hältst.«

»Ich *bin* ehrlich. Offenbar bist du sehr intelligent.«

»Ich glaube dir nicht.«

»Du bekommst doch gute Zensuren, oder?«

»Das heißt doch gar nichts.«

»Weißt du, wie hoch dein IQ ist?«

»Nein.«

»Das ist natürlich sowieso völlig bedeutungslos. Ich merke, daß du klug bist, aber das ist nicht der Grund, weshalb ich dich mag.«

»Warum denn dann?«

»Weil du hübsch und stark und natürlich bist.«

»Ich weiß nicht mal, was das heißt – natürlich. Du bist hübsch und genauso stark wie ich.«

»Ich finde nicht, daß ich gut aussehe.«

Sean erhob sich und zog mich hinauf in seine Arme. Er nahm meinen Kopf in seine Hände, sah mich lange an und küßte mich. Wir gingen ins Schlafzimmer. Die Laken waren kalt.

Es war Ende April, aber an dem Abend war es merkwürdig kühl. Ich hatte ein Viertel meines Wochenverdienstes für eine Gardenie für Sean ausgegeben. Ihre Knospen würden sich wahrscheinlich nie öffnen; eine Blüte war bereits braun, aber die übrigen drei verströmten ihr berauschendes Parfüm, so schwer, daß es geradezu verwirrend war. Es war fast so, als hätte ich zwei Geliebte in dem Zimmer, den Mann und die Blume, aber ich bin immer schon jemand gewesen, der eine Ablenkung braucht, um sich zu konzentrieren, Musik muß ich lautdrehen, um meine Gedanken zu ordnen.

Nun hatte es den Anschein, als ginge unsere Unterhaltung weiter. Küsse, die bei anderen Männern nur leere Formen waren, füllten sich jetzt mit Inhalt. Sexuelle Handlungen dienten als Bedeutungsnuancen, ebenso wie ein Verdunkeln oder ein Aufhellen der Stimme.

Hinterher sagte ich: »Du hast so wunderbare Hände. Sie sind so warm und sanft. Ich könnte mein ganzes Leben lang in deinen Händen schlafen.« Als ich das sagte, spürte ich, wie die Spannung in meinem Körper sich zusammenzog. Ich wollte wirklich in Seans Händen schlafen. Ich stellte mir vor, wie die Finger und Daumen mich in den Schlaf wiegten, während ich in der Höhlung der gewölbten Hände lag. Ich sagte: »Ich meine es ernst: mein ganzes Leben.«

Er lächelte, seine Lippen wirkten noch röter als sonst, rot wie Médoc. Er zog mich in seine Arme und zeigte auf unser Bild im Spiegel. Es ereignete sich tatsächlich.

Als wir in die Küche gingen, wo die Duschkabine stand, hoch und schmal wie ein Wachhäuschen, sagte Sean: »Findest du, ich sehe schwul aus?«

»Nein, natürlich nicht.«

»Warum nicht?«

»Weil schwule Typen steif sind. Sie marschieren schnurgerade die Straße runter, die Arme gegen die Seiten gepreßt und die Beine so dicht beieinander wie möglich.«

Wir stellten uns in die Dusche, zogen den braunen Plastikvorhang zu und blickten einander in die Augen.

Blaue Flammen von den Brennern im Gasherd lieferten das einzige Licht im Zimmer, zwei weiche Übergänge von hell zu dunkel, die in dem braunen Vorhang glühten und eine nasse Unterlippe betonten, die Rundung von Seans Brustkorb, den glänzenden Rücken seiner sich bewegenden Hand. Er wusch mich von oben bis unten, drehte mich herum und schrubbte mich mit einem Sisalhandschuh.

Dann umarmten wir uns, und das Wasser entdeckte einen neuen Körper, den ich streicheln und umschmeicheln konnte, als wären wir in Marmor verewigt worden. Da meine Liebe den statischen Mythos der sich verändernden Geschichte vorzog, die Ewigkeit der Zeit, kam mir Marmor vollkommen zustatten – ein Marmorbrunnen, dessen bewegungslose Figuren in einer ewigen Umarmung erstarrt sind, doch das Wasser schafft die Illusion von Bewegung.

Eine Woche darauf saß ich gerade an meinem Schreibtisch und dachte an Sean. Eine Bekannte, die am

Ende des Korridors arbeitete, war vorbeigekommen, um mir unter vier Augen von ihrem neuen Freund zu erzählen, und ich hatte schon ein halbes dutzendmal sagen wollen: »Ja, das stimmt. Das ist genau wie bei mir und meinem Freund.« Aber ich traute mich nicht. Ich wußte, ich mußte meine Sexualität vor den meisten Menschen verbergen, obgleich ich so stolz auf Sean war, so froh, wenn wir die Straße entlanggingen und mit den Schultern aneinanderstießen. Ich konnte mich nicht mehr genau erinnern, warum wir uns schämen sollten.

»Hallo, Kleiner? Hier ist Lou.« Am anderen Ende der Leitung trat eine Pause ein, und meine Besucherin warf mir stumm einen Abschiedskuß zu, ging hinaus und zog meine Tür hinter sich ins Schloß.

»Lou! Wie geht's dir? Wie war deine Reise nach Chicago?«

»...«

»Hast du Avas Eltern kennengelernt?« Schweigen. »Sie haben sicher auch deine kennengelernt, hä? Ein riesiges Familienpalaver?« Schweigen. Ich beschloß, weiter herumzualbern, bis ich auf eine Erzader stoßen würde. »Es muß grauenhaft gewesen sein.« Ich flog blindlings in sein Schweigen hinein: »Ich weiß gar nicht, warum du da hingefahren bist. Die eigenen Eltern besuchen ist schon schlimm genug ...« Aber was, wenn die Reise ein Erfolg war? Ich ließ ein langes therapeutisches Schweigen sich zwischen uns ausbreiten.

Lou pfiff. »Das ist von Miles Davis, ›*Funny Valentine*‹.«

»Ach?«

»*My... funny... val...*«

Ich fing noch mal ganz von vorn an und sagte leise, mit genau dem gewinnenden, hauchigen, förmlichen, doch zärtlichen Singsang, den Lou dem Satz verleihen konnte, als habe er ihn eben geprägt: »Wie nett, deine Stimme zu hören.«

»Danke, Kleiner ... Es waren furchtbare Leute.«

»Avas Eltern?«

»Weißt du, was ihre Mutter zu mir gesagt hat?«

»Nein, was?«

»Sie fragte mich, ob wir noch mehr Kinder wären. ›Haben Sie noch Geschwister?‹ Ich sagte, ich hätte einen Bruder gehabt, der Selbstmord begangen habe. Sie sagte: ›Ich weiß wirklich nicht, ob ich das akzeptieren kann.‹«

»Wie entsetzlich.«

»Ich bin nicht sicher, daß ich ihre Tochter als meine Frau akzeptieren kann.«

»Wie war die Reise sonst?«

»Schön, bis auf die Tatsache, daß ich auf einem Auge erblindet bin, mir die Angst so auf den Magen geschlagen ist, daß ich weder essen noch gehen konnte, und von einem Taxi überfahren wurde, nachdem mir mein besoffener Vater einen Vortrag darüber gehalten hat, was für eine verstockte Höllenbrut mein Bruder und ich als Kinder gewesen seien.«

»O nein! Ist immer ein großer Fehler, New York zu verlassen!«

»Ava, kann ich etwas von der leckeren Suppe haben?« Ava machte irgendeine Bemerkung, und Lou flüsterte: »Ava ist die Suppe angebrannt. Diese Wohnung ist eine Müllhalde. Seit einem Monat haben wir keine Heizung. Dieser blöde Itaker-Hausmeister. Heute wurde ich im Büro aufgehalten und kam dann eine halbe Stunde zu spät zu meinem Psychiater. Ich raste also schnell mit meinem Fahrrad rüber, hatte meine Stunde, von der nur fünfzehn Minuten übrig waren, und dann fragte ich den

Nigger-Fahrstuhlführer, ob ich das Klo im Haus benutzen könnte, aber –«

»Mußt du denn diese Schimpfwörter benutzen –«, fragte ich.

»Komm mir nicht mit diesem blöden Heulsusen-Scheiß: Itzig-Analytiker, Nigger-Fahrstuhlführer, Itaker-Hausmeister ... Du weißt, wir sagen diesen ungezügelten Mist, aber halten wir jemals inne, um uns zu fragen, warum diese Bazillen schon seit Jahrhunderten als minderwertig angesehen werden? Wie dem auch sei. Ich komme raus auf die Straße, und das Vorderrad von meinem Fahrrad ist gestohlen.«

»Das ist ja ein –«

»Es ist *kein* Alptraum, Baby. Das ist New York City. Genau so ist es. Ich winkte also ungefähr vierzig Taxis. Sie bremsen, aber dann sehen sie das Fahrrad und geben Gas. Wenn du Radfahrer wärst, würde dir klarwerden, wie interessant es ist, daß wir die kriminellsten Elemente unserer Gesellschaft nehmen, ihnen die Lizenz als Taxifahrer erteilen und sie hinter zehntausend Steuerrädern auf unsere Straßen loslassen. Und *nicht einer* von ihnen spricht Englisch.«

Er seufzte. »Also, ich lief, ich *lief* den ganzen Weg durch die Stadt, und mittlerweile mußte ich so dringend scheißen, daß ich runter in die U-Bahn ging, schließlich ein Zehncentstück ausfindig machte, und was finde ich auf dem Klo: Da gibt's zwei Toiletten und auf jeder hockt eine dicke grinsende Tunte!« Lou hielt nach diesem Blitzschrei inne und wartete darauf, daß der Donner seines Abscheus über ihn hinwegrollte. »Bä! Ich könnte jede Scheiß-Tucke erwürgen. Weißt du noch, wie wir die Bemühungen, Ordnung auf dem Times Square zu schaffen, immer bedauert haben? Tja, stellt sich raus, die

Bullen haben recht, Tunten *sind* Untermenschen, sie *wollen* unsere Kinder verführen. Der Mann arbeitet hart für den Lebensunterhalt und versucht in einer kleinen Wohnung für seine Familie zu sorgen – kein Wunder, daß er jeder *Dolce-vita*-Trulle eins in die Fresse hauen will, diesen grinsenden, glucksenden *Ungeheuern* direkt vom Dach von Notre-Dame! Keine wollte mich mein Ei legen lassen. Ich ging wieder rauf auf die Straße, schloß mein Fahrradwrack von der Straßenlaterne los, und schob es nach Hause wie einer von Becketts Tramps.

Ich hatte alle Hoffnung aufgegeben, noch mal ins Büro zu kommen – möglich, daß sie mich feuern –, und war schon fast zu Hause angekommen, da schiß ich mir in die Hosen. Ich konnte den Fahrstuhl nicht benutzen: In meinem Zustand konnte ich ja nicht mit normalen Leuten mitfahren. Ich stieg die vier Treppen zu Fuß nach oben, zog meinen Dreihundert-Dollar-Anzug von Meledandri aus, wusch ihn mit Seife und Wasser und nahm dann eine Dusche. Du wolltest doch wissen, wie's mir geht.«

»Oh, Lou«, sagte ich, »ich weiß gar nicht, was ich sagen soll.«

»Warum habe ich Durchfall bekommen?«

»Könnte es nicht einfach ein Unglück gewesen sein?«

»Ach, komm, Kleiner. Du hast doch 'ne Therapie gehabt.«

Gerade, als ich anfangen wollte, Vermutungen anzustellen, flüsterte Lou ins Telefon: »Kleiner, du bist der Richtige. Ich möchte Ava nicht heiraten. Ich sehe, was für einen Fehler ich gemacht habe. Wirst du auf mich warten?«

»Was meinst du damit?«

»Du bist die wahre Liebe meines Lebens. Liebst du diesen Jungen?«

»Wen?«

»Wie heißt er gleich?«

»Sean? Ich glaube, ja.«

»Und mich liebst du nicht mehr?«

»Lou, du bist mein bester Freund.«

»Wirklich?«

»Ja.«

»Ich habe nie einen Freund gehabt. Ich mag diesen Wie-heißt-er-noch-gleich nicht.«

»Warum nicht?«

»Ich bin eifersüchtig. Du bist *mein* Geliebter. Er hat dich mir weggenommen.«

»Er hat mich nicht weggenommen. Ich bin dein Freund. Ich liebe dich.«

»Wirklich?«

»Ja.«

»Baby, ich kann nicht mehr reden. Ava ruft mich zum Essen. Bye.«

»Paß auf dich auf. Bye.«

»Bye. Du bist wunderbar.«

# ZEHN

Sean wollte nicht schwul sein, und neben mir aufzuwachen war ihm ein zu starker Beweis dafür, daß er homosexuell wurde. Ich schlug vor, daß wir eine Therapie beginnen und zusammen normal werden sollten – langsam, wie ich hoffte. Durch Ava fand ich eine Psychotherapeutin namens Dale. Sie hatte sich auf eine Behandlung spezialisiert, die von dem Gedanken ausging, daß jeder Mensch ständig Spiele spielte.

Sean und ich wurden in getrennten Gruppen untergebracht, in denen alle anderen Teilnehmer heterosexuell waren. Die Gruppe traf sich einmal die Woche bei Dale in der Praxis und einmal an einem anderen Abend ohne sie in der Wohnung eines der Teilnehmer. Unglückliche Ehen, Ehelosigkeit, Impotenz, Ehebruch, Alkoholismus, Scheidung, gescheiterte Karrieren, die Gefühlskälte von Männern und die Hysterie von Frauen, Konkurs, durch Bosheit und Neid zerrüttete Freundschaften – wir sahen zu, wie alle diese Probleme schmerzlich ans Tageslicht kamen. Wie eine Horde Hebammen förderten wir die Geburt jeder Erinnerung.

Was sich als mühsamer erwies, war die Theorie der Psychologin, daß wir unter uns die Feindseligkeiten wieder auferstehen lassen müßten, die unsere Familien gespalten, aber auch aufrechterhalten hatten. Sich die jeweiligen Geschichten anzuhören war kein Problem;

das appellierte an die bekannte amerikanische Fähigkeit zu schockierenden Beichten einerseits und mitfühlendem Zuhören andererseits. Komplizierter aber war es, mit dem Finger auf eine Teilnehmerin, eine Hausfrau aus Scarsdale, zu zeigen und zu schreien: »Du versuchst uns in Schuldgefühle zu stürzen, indem du ›Ich Ärmste‹ spielst.«

Gewöhnlich suchten wir die Wurzeln unserer Nöte in den ungelösten Konflikten der Kindheit. Diejenigen unter uns, die böse Erinnerungen hatten, mußten ständig zwischen denselben alten Teeblättern herumstöbern. Ich kam glimpflich davon. Weil ich homosexuell war, wußte jeder, was der Auslöser meiner Krankheit war (abwesender Vater und überfürsorgliche Mutter), und so stocherte niemand nach weiteren Erklärungen.

Mein einziger Feind war Simon, ein vor kurzem eingewanderter Russe von über sechzig Jahren. Er hatte die Therapie begonnen, um seine Frau davon zu überzeugen, daß er sich bemühte, seinen Jähzorn unter Kontrolle zu bringen; dabei verdrosch er sie immer noch regelmäßig, hatte ihr sogar einen Zahn ausgeschlagen. Als Russe war Simon die amerikanische Art, mit Menschen sorgsam umzugehen, nicht gewohnt. Er haßte unser Wohlfahrtssystem, verabscheute arbeitslose Schwarze und war der Ansicht, sie sollten nach Afrika zurückgeschickt werden. Er meinte, sexuelle Perversionen sollten mit Kastration oder Lobotomie bestraft werden, wurde aber von den anderen Gruppenmitgliedern davon überzeugt, daß ich mir ernsthaft Mühe gab, normal zu werden. Nach seiner Vorstellung war die Heilung ganz einfach. Ich solle mit Mädchen ausgehen, ihnen Bonbons kaufen, sie verprügeln, kein Zweifel, und schließlich heiraten. Sobald ich meine analytischen Fäden zu spinnen begann, sagte er jedesmal: »Aber woss is mit die Mädels? Ich will cheren von die Mädels.«

Dales System nahm ich mit Leidenschaft und peinlicher Genauigkeit in mich auf. Ich machte mir Gedanken über die Spiele, die Menschen nicht nur während meiner Therapiesitzungen, sondern auch bei der Arbeit spielten. Auf meine bescheidene Art und Weise nahm ich sogar bei ein paar meiner Kollegen die Funktion eines Therapeuten auf mich. Wir waren alle so nutzlos – und so frustriert davon, daß die Firma unsere Arbeit doppelt ausführen ließ (oder negierte) –, daß wir die Zeit und die schlechte Laune hatten, die der Selbstanalyse förderlich sind.

In der Therapie wurde ich so geschickt im Aufspüren verborgener Spiele, daß Dale mich manchmal höchstpersönlich um meine Meinung bat. Bloß ab und zu einmal bemerkte jemand, daß ich schon seit Ewigkeiten nichts mehr über mich selbst gesagt hatte, aber ich war als Verbündeter zu wertvoll, um es sich mit mir zu verderben. Im Geiste verdiente ich mir Chips, die ich eines wundervollen Tages würde einlösen können, wenn dann ich aller Aufmerksamkeit und Mitgefühl nötig haben würde.

Eines Abends, während eines Essens mit Maria, gähnte ich und sagte: »Natürlich hat Maeve nichts weiter als ›Ja, aber‹ gespielt.«

»Was meinst du damit?« fragte Maria.

»Das ist eins von den Spielen, die die Leute spielen«, und ich erklärte es ihr voller Stolz.

Maria legte ihr Besteck hin und verstummte. Ohne den Blick zu heben, sagte sie: »Als ich dich kennenlernte, warst du einer der scharfsinnigsten, offensten, skeptischsten Typen, die mir je begegnet sind. Inzwischen bist du die allerfadeste Betschwester, die ich kenne. Du siehst absolut jede Neuigkeit durch diese lächerliche Therapeutenbrille. Du bist so selbstgefällig wie ein katholischer Konvertit oder ein amerikanischer Marxist, ohne an der intellektuellen Breite und Tiefe ihrer Systeme Vergnügen zu haben.«

»Warum findest du meine Therapie so bedrohlich, Maria?« fragte ich, während ich bereits versuchte, dem Spiel, das sie spielte, ein Etikett aufzukleben.

»Du bist mein bester Freund, Wonneproppen, aber ich glaube nicht, daß ich diese Freundschaft fortsetzen kann, wenn du dich nicht änderst. Ich kann den Anblick des Trümmerhaufens nicht ertragen, den du aus deinem Verstand gemacht hast. Und das alles nur, weil du nicht hinnehmen kannst, daß du schwul bist, was ja nun wirklich keine weltbewegende Angelegenheit ist. Du bist noch immer ein Weißer, ein Mann, hübsch, charmant, aus einer wohlhabenden Familie, intelligent – alles hast du mitgekriegt, aber du –«

Sammel du nur immer weiter Ungerechtigkeiten, dachte ich, womit ich eines der Spiele meinte, das die Teilnehmer an der Therapie manchmal spielten.

Marias Fall interessierte mich. Ich bemerkte, wie sie ihre prorussische Einstellung langsam zugunsten des Feminismus aufgab. Frauenrechte. Ich fragte sie, welche Rechte auf Erden den Frauen denn abgingen. Sie könnten doch bereits wählen, sich scheiden lassen, arbeiten. Maria regte sich dermaßen über mich auf, daß sie eine zusätzliche Pille gegen ihren hohen Blutdruck nehmen mußte. Mit zitternder Stimme erzählte sie mir, daß Frauen die Hälfte dessen verdienten, was Männer für die gleiche Arbeit bekämen, daß ihnen normalerweise die besseren Stellungen verwehrt würden. »Das Frauenproblem ist ein Armutsproblem«, sagte sie. »Du witzelst darüber herum, ob's nun *Miss* oder *Ms.* heißen soll, aber das wahre Problem ist die Armut. Das Oberhaupt der meisten armen Familien in Amerika ist eine unverheiratete Frau, meistens schwarz.«

Wir bestellten uns Brandys. Sie sagte: »Weißt du noch, wie wir immer Buddy und Betts belächelt haben, die beiden alten Lesben in Solitaire? Wir hielten es für so amüsant, wie Betts den eingebildeten Kranken spielte. Ich habe eben einen Brief von der Direktorin der Kolonie erhalten, in dem sie mir schreibt, daß Betts' Krankheit Hunger war. Die beiden alten Mädchen hatten kein Geld, und Buddy wurde zu alt für den Sheriffposten. Sie hatten nie viel Geld. Dann fing Buddy an zu trinken. Letzten Winter sind sie beide erfroren.« Marias Augen füllten sich mit Tränen. »Diese liebenswerten alten Exzentrikerinnen waren am Verhungern! Die wahre Frauenfrage ist die Armut.«

Als mir Maria zum erstenmal begegnet war, hatte sie alles verachtet, was sie selbst war – Angehörige des Mittelstandes, Amerikanerin, Künstlerin –, und ein fernes Ideal vorgezogen, eine Sowjetunion, von der wir beinahe nichts wußten, außer daß sie für Prinzipien eintrat, die wir für fortschrittlich hielten: Achtung von Arbeit, Teilung des Wohlstands, gleiche Chancen für Frauen, Atheismus, Wissenschaftlichkeit. In den letzten Jahren aber hatten wir immer mehr Berichte über Rußland gelesen, die uns enttäuscht und schließlich entsetzt hatten.

Gleichzeitig war Maria klargeworden, daß Frauen in jedem Land unterdrückt wurden, ohne Rücksicht auf die jeweilige Politik oder Wirtschaft. Sie wurde wütend auf mich, als ich den Gedanken äußerte, daß ihr Lesbentum sie für Demütigungen von Frauen besonders sensibel mache. »Warum mußt du nach einem persönlichen Motiv für politische Überzeugungen suchen, die durch rationale Argumente begründet werden können? Es ist so erniedrigend.«

Marias Feminismus mag objektiv gewesen sein, wie sie behauptete, trotzdem verschaffte er ihr subjektive Vorteile. Weil sie jetzt verteidigte, was sie war, nämlich eine Frau, zeigten ihre politischen Einstellungen Stolz, nicht Schuldgefühle, Zustimmung, nicht Verdruß.

Sie begann wieder zu malen. Kunst war nicht mehr ein Zeichen von Privilegien, sondern eine stille, geschickte Art, etwas herzustellen, so wie man vielleicht einen neuen Blumenkasten baut. Sie malte, während sie den *Rosenkavalier* hörte, jenem Tag, als ich sie vor so vielen Jahren zum erstenmal gesehen hatte, wie sie in ihrem farbbespritzten Männeroberhemd mit geschlossenen Augen in ihrem Atelier in der Kunstakademie in Eton herumtanzte.

Durch Zufall lernte ich eine junge Frau kennen, die in Seans Gruppe war. Ich beschwatzte sie, die Regel der Geheimhaltung zu brechen und mir zu erzählen, was er über mich sagte. Sie und ich, wir saßen in einer behaglichen, schmutzigen Nische in einem Café am oberen Broadway.

»Aber er ist wirklich krank«, sagte sie. »Er läuft hin und her und sagt, er fühle Flammen an seinen Armen hochschlagen – ›bizarre somatische Täuschungen‹ nennt das Dale. Er gibt sich solche Mühe, einen heterosexuellen Drang in sich zu entdecken, daß er sogar so tut, als bringe ihn Dale in Erregung. Dabei könnte sie seine Mutter sein und hat Fesseln, die dicker sind als seine Taille.«

»Ich weiß, es wird weh tun«, sagte ich, »aber was sagt er über mich?«

»Er hat kein einziges Mal von dir gesprochen.« Sie war so höflich, ziemlich lahm hinzuzusetzen: »Das ist ja das Kränkste von allem.«

Von der Gruppe unter Druck gesetzt, sich mit Mädchen zu verabreden, sagte Sean zu mir, der sexuelle Teil unserer Beziehung sei zu Ende. Er sah so jämmerlich, so *gerupft* aus, daß ich keine Einwände erhob. Ich dachte, eine wirkliche Persönlichkeit würde an meiner Stelle »Leck mich. Bis dann« gesagt haben und ein für allemal gegangen sein. Aber mir tat Sean leid. Was ich über sein Verhalten in der Gruppe gehört hatte, ließ mich fürchten, daß er in viel größerer Verwirrung steckte, als ich mir vorgestellt hatte.

Außerdem tat ich mir selber leid. Seit ich Sean kannte, hatte ich meine manischen Klappenwallfahrten aufgegeben. Daß er mich sexuell akzeptierte, hatte mir paradoxerweise den Mut gegeben, andere junge Männer zu becircen und nach Hause mitzunehmen.

In unserer Mythologie war eine richtige Nummer nämlich anständiger als ein Pißbuden-Quickie. Einer, der mitging, vertraute einem genügend viel von seiner Zeit an, um mit nach Hause zu gehen, die Treppe hinaufzusteigen, einen selbst zu besteigen, einem seinen ganzen Körper, nicht bloß seinen Penis, zu zeigen, hinterher eine gemeinsame Zigarette zu rauchen und die zwar normalerweise nichtssagende, aber höfliche Zeremonie zu vollziehen, daß man die Telefonnummern austauschte.

Sollte Sean mich verlassen, wäre ich wieder auf die Toiletten angewiesen, auf mein schmuddeliges, schlafwandlerisches, straßenwandlerisches Leben. Da er die erste Unterbrechung in meinem Unglück gewesen war, nahm ich an, er sei auch die letzte.

Wenn wir zusammen waren, hatte ich nichts als Taktik im Kopf. Ich weigerte mich, Sean irgendwelche Versicherungen zu geben, weil ich hoffte, er käme zu mir zurück und bettelte darum.

Womit ich aber nicht gerechnet hatte, war, welch kleine Rolle ich in Seans Leben spielte. Wenn er überhaupt an mich dachte, hielt er mich wohl für einen netten Kerl, wenn auch manchmal für eine Nervensäge, die ihm ständig auf die Pelle rückte. Aber er sann über die Flammen nach, die ihm auf der Haut tanzten, fuhr auf seine Geldsorgen und die Schule ab und brütete darüber, normal zu werden. Er wurde immer magerer und magerer, und Dale mußte ihn, wenn er Therapiestunden bei ihr hatte, was inzwischen täglich war, mit dem Löffel füttern, weil er sonst überhaupt nicht aß.

Dann steckten sie ihn ins St. Vincent's, in die psychiatrische Abteilung. Dort lief er auf den Korridoren hin und her, schlug Krankenschwestern und Patienten nieder und mußte mit Medikamenten vollgestopft und unter Aufsicht gestellt werden. Er weinte, wenn er nicht gerade schlief. Dale übertrug seinen Fall einem Arzt in der Abteilung, der prompt auf Urlaub ging.

Lou, ein alter Hase, was das Leben in Klapsmühlen anging, besuchte Sean mit mir.

»Hör zu, Sean, du mußt rund um die Uhr mit jeder und jedem reden«, sagte er. »Mach deine eigene Therapiegruppe im Fernsehzimmer auf. Analysiere deinen Zimmergenossen. Quatsch den Psychologie-Examenskandidaten die Ohren voll. Das ist die einzige Möglichkeit, gesund zu werden und rauszukommen. Klinikbetten sind knapp und kosten die Stadt Geld; sie wollen dich hier drin keine Sekunde länger haben als nötig. Es findet keine Verschwörung statt.«

»Stimmt das?« fragte Sean tonlos. Seine Lippen waren von den entwässernden Beruhigungsmitteln aufgesprungen.

Ich weinte in der Gruppe, doch Simon brachte meine Tränen mit der Frage zum Stocken: »Woss is mit die Mädels?«

Schließlich wurde Sean, aufgedunsen von seinen Leiden und den Pillen und vollkommen schweigsam, nach Hause zu seinen Eltern im Mittelwesten verfrachtet.

Ich überlegte, inwieweit ich für seinen Zusammenbruch verantwortlich war. Das Schlimmste war meine Unfähigkeit gewesen, mich daran zu erinnern, daß er schwach war. Einen Augenblick lang begriff ich, daß er zerbrechlich war, aber eine Sekunde später verübelte ich ihm seine Unnachgiebigkeit, schmollte ich darüber, daß er mich wieder ins Dunkel zurückgestoßen hatte.

Ich vermißte Sean so sehr, daß ich daran zu verfaulen begann. Ich lag im Bett und beweinte *es* und sielte mich in *ihm*, bis ich mich mit *ihm* besudelt hatte. Alles sprach leise von *ihm*, sogar die Wäsche der Nachbarin, die zitternde Schatten auf meine Jalousien warf. »*Woke up this morning, blues around the bed. Sat down to eat, blues in my bread*«, hieß es in dem Lied, und ich sang es. Ich hatte ein Spiel gespielt, in dem ich so tat, als verliebte ich mich, doch jetzt hatte das Spiel mich ausgetrickst, ich war gefangen.

Ich begann an Hyperventilation zu leiden, obwohl es sich so anfühlte, als bekäme ich zu wenig Luft, nicht zu viel. Dornen und Nadeln begannen in meinen Händen und Füßen zu stechen und breiteten sich nach oben aus. Wenn das taube Gefühl mein Herz erreichte, dachte ich, würde ich sterben. Ich hatte immer eine braune Papiertüte bei mir und atmete in der U-Bahn in sie hinein, um die Menge des Sauerstoffs einzuschränken. Meine Hände zuckten und flatterten von ganz allein in der Luft herum, und wenn ich unter Menschen war, versteckte ich es, indem ich so tat, als drückte ich meine Haare fest.

Als es warm wurde, legte ich mich im Park auf ein Handtuch, in der Hoffnung, braun zu werden. Ich machte mir vor Kummer Selbstvorwürfe. Wenn Sean mich nicht mehr liebte, war ich nicht liebenswert. Meine Erinnerung wanderte zurück in seine Wohnung, zu den blauen Gasflammen, in deren Licht wir geduscht hatten, zu dem Salat, den wir aus einer Kasserolle gegessen hatten, zu unseren auf vergängliche Weise jungen Gesichtern in dem kerzenbeleuchteten Spiegel – doch dann weckte ich mich mit Ohrfeigen, wie man es mit jemandem machen muß, der zu viele Beruhigungstabletten geschluckt hat.

Auf meinem Handtuch im Park suchte ich nach etwas, das ich lieben konnte. Wenn ich eine einzige Sache auf der ganzen Welt finden könnte, die ich liebte, wäre ich in der Lage, wieder von vorn anzufangen. Ich sah einen Polizisten auf einem Pferd auf mich zu reiten und dachte, während ich zu diesem Zentauren aufblickte, die glänzenden Flanken und die schimmernden Lederstiefel bewunderte und jetzt das Knarren des Sattelzeugs hörte, das ist etwas Schönes, etwas, das ich lieben kann. Der Polizist ritt heran, blickte auf mich herunter und sagte: »Zieh dein Hemd an, wir sind hier nicht am Strand. Du übertrittst das Gesetz.«

Sean schrieb mir zweimal. Banale Briefchen, und in jedem Satz erkannte ich einen sicheren Kompromiß zwischen mehreren gefährlichen Möglichkeiten, etwas zu sagen. Der Witz war, daß die große Liebe meines Lebens ein Mann war, der nichts von mir und fast nichts von sich selber wußte.

Leiden macht uns feinfühliger, bis es uns vollkommen zermalmt. Ich begann über Sean zu schreiben, und das Schreiben fing, wie ein Scheinwerfer, der wild umherschwenkt, meine flüchtigen Gefühle beinahe alle wieder ein. Fast die Rettung, doch auch wieder ein Scheitern, denn ich hatte solche Angst, sentimental oder kopfhängerisch zu sein, mich durch die angemessene Ironie und Übertreibung und Objektivität nicht genügend zu distanzieren, daß ich über mich in der dritten Person schrieb. Ich erfand einen Ersatzmann für mich, aber mit einer um zehn Punkte geringeren Intelligenz. Doch wie konnte ich mich mögen oder den Leser bitten, eine Liebe zwischen zwei Männern ernst zu nehmen? Die Bitte um Toleranz war das Beste, was ich mir hätte einfallen lassen können, aber ich war zu stolz, um um irgend etwas zu bitten.

An Frühsommerabenden in der Stadt ließ ich mich die Christopher Street hinab zu einem Tanzlokal treiben, dem Stonewall, in dem die heißeste Jukebox stand. Die Kundschaft war ein bißchen vulgär, alle diese schwarzen und braunen Jungs und Fummeltrinen, die mich im Riis Park fasziniert hatten, aber sie tanzten am besten, kleideten sich am raffiniertesten und waren die großzügigsten Liebhaber. Viele meiner alten Freunde interessierten mich nicht sehr, weil sie mich nicht mehr über Sean reden lassen wollten. Nur Maria und Lou ließen mich gewähren.

Für mich war das Stonewall ein Lokal, in dem ich in dem inneren, dunkleren Raum Menschen beobachten, an der Wand sitzen und mich zugleich allein und getröstet fühlen konnte. Gern sah ich einem riesenhaften Schwarzen zu, der beim Herumwirbeln die Luft mit seinen weggespreizten Armen und ausgestreckten Zehen gefährlich durchschnitt, eine dreschflegelnde Todesmaschine von Ballerina. Ich war so froh, daß ich mir die Mühe gemacht hatte, mir einen hübschen Körper zuzulegen, denn so hatte ich etwas, das ich jeden Abend einem anderen Mann anzubieten hatte – dem ergrauenden High-School-Direktor, dem puertorikanischen Lockenprinzen, der Todesmaschine. Ich ging mit jedem ins Bett, der mich wollte.

Eines Abends unterhielt ich mich mit einer Frau, die mir erklärte, sie habe ihr Geschlecht gewechselt. »Mein Mann hat nicht mal den Verdacht, daß ich früher 'n Kerl war. Wir wohnen in einer riesigen Wohnsiedlung. Wir haben sogar unser eigenes Einkaufszentrum, das kannst du glauben. Eines Tages sehe ich dort 'ne andere Operierte langgehen. Sie hat's ihrem Alten auch nie erzählt. Jedenfalls, wir sind dicke Freundinnen, wir sehen uns in der Glotze die Serien zusammen an. Aber manchmal kriege ich Sehnsucht nach schwulen Kerlen. Ihr Schwulen wißt wirklich, wie man seinen Spaß hat.«

Ein Mann, den ich in einer Bar kennengelernt hatte, lud mich in sein Haus ein, das er in Cherry Grove auf Fire Island gemietet hatte. Das Haus hatte einen Namen, »The Wicked Witch's Ding-Dong«, und wir waren kaum angekommen, da zog sich mein Gastgeber einen seidenen Kaftan an und fabrizierte im Mixer Cocktails aus Pfefferminzlikör und Milch. Er machte eine eisgekühlte Cognactorte mit einer Vollkorn-Kräcker-Kruste und setzte sein berühmtes, in Rum mariniertes Key-Lime-Huhn auf, aber dann lud er seine Nachbarn Bill und »Dot« zu diesen Cocktails ein. Wir saßen alle vorn auf der kleinen Veranda, und die anderen hechelten jede vorbeigehende Mieze durch. »Sie kauft sich ihre gepunkteten Fetzen bei F.A.O. Schwarz.« »Die da hat mir gesagt, sie verfüge über innere Schönheiten, aber von mir aus könnte sie sterben mit ihrem Geheimnis.« »Da kommt Edwina – sie hat ihren Mann an so 'ne Schlampe drüben am Tuna verloren«, womit eine Strandpromenade in der Nachbargemeinde, dem viel hochklassigeren Pines, gemeint war, wo die meisten Mieter noch Heterosexuelle waren.

Und so redeten sie immer weiter und tratschten jeden Vorbeigehenden durch. Mein Gastgeber, inzwischen betrunken und streitsüchtig, sagte zu mir, eigentlich sei er es von einem Gast gewohnt, daß der zum Wochenende eine große Flasche J & B-Whiskey mitbrächte. Schamrot rannte ich hinunter zum Schnapsladen und brachte den geforderten Tribut.

Das verkohlte Huhn wurde um Mitternacht serviert, aber wir waren alle viel zu voll, um was anderes zu tun, als in der Asche herumzustochern. Wir gingen in eine Disco tanzen, in der die örtlichen Vorschriften bestimmten, daß jeder männlichen Gruppe zumindest eine Frau angehören müsse. Schließlich rückte ich aus und ging zum Meat Rack, diesem mit Krüppelkiefern und Sassafras bewachsenen Streifen zwischen dem Meer und der Bay.

Ich war so traurig über den Verlust von Sean, daß ich das Gefühl hatte, mein Leben sei zu Ende. Im Spiegel hatten wir auf unser Abbild geblickt, als sännen wir über eine Allegorie nach, deren Symbolgehalt sich verloren hatte, die aber noch immer von Bedeutung erfüllt war, eine Serenade auf das Gras, das von göttlicher oder weltlicher Liebe oder von der platonischen Liebe zur

Weisheit oder von Meleagers Liebe zu Atalanta sprechen mochte – aber von Liebe auf jeden Fall, einer starken Form von Liebe.

In den Dünen fühlte ich mich durch Leiden geheiligt. Wenn ich als Kind gewußt hätte, daß mein ganzes langes Leben so schmerzlich sein würde, hätte ich mich nie bereit erklärt, es weiter zu führen. Bei jedem Schritt hatte ich freudig größerer Freiheit entgegengesehen. Paul hatte mir eines Tages gesagt, daß ich zuviel Freiheit haben würde, und er hatte recht. Zumindest hatte ich zuviel freie Zeit. Ich hatte mit anderen Schwulen meinen Spaß haben und eigenes Geld verdienen wollen. Nun hatte ich das getan und meinen Körper verschönert, jedenfalls sagte man mir das; aber ich liebte Sean, und er gehörte nicht einmal mehr zu meinem Leben. Mein Leiden hatte mich erniedrigt, und seines hatte mir etwas Wesentliches entrissen. Ich trainierte jeden Abend im Fitneßstudio, weil ich mir wünschte, ich könne eine Unterhaltung mit einem anderen Mann beginnen, aber mir fehlte das Zutrauen oder die notwendige Hoffnung. Ich schnappte nach jeder Nummer der *Post*, die eine Serie über die Liebe brachte, wie man sie schenkte und empfing, und ich las jedes Wort.

Sean kam mir wie eine Krankheit vor, die ich mir zugezogen hatte, eine Krankheit wie Malaria, die man nie los wird und die einem einen Fieberanfall beschert, wenn man am wenigsten darauf gefaßt ist. Weil ich immer die Echtheit meiner Gefühle bezweifelt hatte, war ich über die Macht meiner Liebe entsetzt. Nun konnte ich nur noch in der Welt umherziehen, charismatisch vom Leiden, und mich jedem überlassen, der mich haben wollte, so wie ein buddhistischer Mönch alles essen muß, was ihm in seine Bettelschale gelegt wird, auch wenn es Fleisch ist, sogar vergiftetes Fleisch (eben das Gericht, das Buddha selbst getötet hatte).

Dort in den Kiefern unter dem Mond horchte ich auf die Brandung – die nicht zu sehen war, weil sie auf der anderen Seite der Dünen war, wo sie sich langsam und mächtig brach –, und ich spürte die Erschütterung jeder Welle im Boden unter meinen Mokassins, zog umher, ein Bettler, und aß, was immer man mir gab. Ich hatte alle Männer im Mund und achtete nicht drauf oder bemerkte es nicht einmal richtig. Ich weinte, wenn ich an einem Schwanz lutschte, der zu einer Seite gebogen war wie Seans.

Ich kam in die Stadt zurück, und meine traurige Ruhe schwand. Nachts, wenn ich gerade in den Schlaf wegdröseln wollte, saß ich plötzlich kerzengerade im Bett und rang nach Luft. Die Zeitschrift, bei der ich arbeitete, brachte aus einem besonderen Grund einen Leitartikel über Homosexualität. Er verurteilte den »schicken neuen Trend, die Homosexualität so zu behandeln, als sei sie eine *andere* Möglichkeit und keine *schlechtere* Möglichkeit«. Der Artikel mißbilligte die durch die Homosexuellen »raffiniert zur eigenen Rechtfertigung vorgebrachten Verweise auf die Antike«. Wörtlich hieß es: »Wir müssen uns vor dem Athen des 5. Jahrhunderts schämen.« Der Schluß das Artikels lautete: »Sehen wir der bitteren Wahrheit ins Gesicht: Die Homosexualität ist keine subtile oder unanständige Verwirrung, sondern eine bemitleidenswerte Krankheit. Wir müssen sicherstellen, daß in diesem Zeitalter von Drogen, freizügigem Sex und salopper, ungezügelter Sprache die internationale Homo-Mafia, dieses Komplott erbitterter Homosexueller, die bereits Theater, Mode und Dichtung fest in ihrem Würgegriff haben, nicht das Leben anständiger

Menschen pervertieren, indem sie Laster verherrlichen, den weiblichen Körper in den Schmutz ziehen und die schöne alte Kunst, ein echter Mann oder eine echte Frau zu sein, fad erscheinen lassen – oder wie *sie* sagen würden: *campy*.«

Als ich in der Gruppentherapie über Sean weinte, über die Hilflosigkeit, die ich nun empfand, sagte Simon: »Ich will cheren von die Mädels.«

Eine Wut, die ich nicht bremsen konnte, kochte in mir hoch. Die anderen Männer der Gruppe mußten mich von Simon wegreißen. Ich kippte seinen Stuhl um, setzte mich auf den Mann, würgte ihn mit beiden Händen und schrie immer wieder: »Wag es *niemals*, wag es *niemals* –«, aber ich wußte nicht, wie ich den Satz beenden sollte.

Ich hatte immer meine Schwester als die Norm betrachtet. Ihr war es gelungen zu heiraten, Kinder zu bekommen, sich im Grünen niederzulassen und ein anständiges Leben zu führen. Ich sah sie nur gelegentlich, wenn ich in den Ferien zu Hause war, und dann schob sie immer schüchtern ihre drei Kinder vor sich her.

Eines Weihnachtsabends blieben sie und ich die ganze Nacht auf, weil wir mit vereinten Kräften dahinterzukommen versuchten, wie die Einzelteile eines Dreirads nach einer von einem Japaner auf englisch verfaßten Bauanleitung zusammenzusetzen seien. Über meine wahren Gefühle, meine Erfahrungen oder mein wirkliches Leben sprach ich nie mit ihr, aber ich nahm an, ich wüßte alles von ihrem.

Dann verkündete sie, daß sie mich in New York besuchen wolle. Sie komme ohne ihren Mann, aber mit ihrer Nachbarin Peg. Da ich inzwischen einigermaßen verdiente, kaufte ich für sie ein neues Schlafsofa.

Meine Schwester war in Peg verliebt. Linkisch, Brille tragend, gehemmt, blickte meine Schwester voll Bewunderung auf die hübsche Peg und erzählte mir kleckerweise den traurigen Roman von Pegs Leben (gefühllose Eltern, älterer Ehemann, pflichtvergessene Kinder, unerfüllte künstlerische Ambitionen). Es war mir klar, daß Peg meine Schwester nicht liebte, aber all die Aufmerksamkeit genoß, die ihr Mann ihr nicht schenkte.

Die beiden Frauen tranken in einem fort. Am Morgen mixten sie sich als erstes einen Schwung Bloody Marys und erklärten, sie seien schließlich auf Urlaub und entschlossen, auf den Putz zu hauen. Ich entdeckte, daß meine Schwester nicht mehr der Meinung war, ich sei ein Verrückter, sondern jemand, der den Mut habe, ein freies Leben zu führen. Sie schien seltsam erfreut darüber, daß ich Peg hübsch fand – meine Schwester war von körperlicher Schönheit offenbar genauso besessen wie ich. Ich denke, sie hoffte auch, daß in meiner Gegenwart die Dinge zwischen Peg und ihr irgendwie auf mysteriöse Art und Weise ins reine kämen.

Ich war entsetzt. Ich rief Maria an und sagte: »Ich hatte meine Schwester ad acta gelegt. Sie war die Mutter von drei Kindern und Mitglied des Elternbeirats. Meinst du, sie ist wirklich lesbisch? Oder imitiert sie mich bloß?«

Maria lachte. »Hast du mir nicht erzählt, daß sie sich ständig in andere Mädchen verknallt hat? Daß sie nie Rendezvous mit Männern hatte und den ersten Typen geheiratet hat, der ihr einen Antrag machte?«

Meine Schwester und Maria verbrachten zusammen einen langen, alkoholreichen Abend in New York, nachdem Peg vorzeitig heimgeflogen war. »Deine Schwester ist eine Wucht«, berichtete Maria. »Sie ist so ungeheuer offenherzig – so offenherzig, daß sie sogar mich altes

Weibsbild schockiert hat. Aber sie hat überhaupt keine Vorstellungen von ihren Rechten als Frau. Sie ist furchtbar durcheinander. Sie sagt die schlimmsten Dinge über sich, in der Meinung, sie sei ehrlich. Sie haßt ihren Mann, säuft ohne Unterbrechung und ist absolut verzweifelt wegen Peg, aber gleichzeitig auch komisch. Es klingt so, als wären die Stadtrandsiedlungen eine einzige lesbische Brutstätte. Morgen abend gehen wir in eine Lesbenkneipe; deine Schwester hat sich schon Stiefel und Hosen gekauft.«

An einem anderen Abend bat mich meine Schwester, sie in ein von schwarzen und weißen Lesben besuchtes Tanzlokal zu begleiten, in dem eine Lesbenband spielte. Und da standen wir nun, ich in Jackett und Schlips, sie in ihrem provinziellen grauen Plisseerock samt Schultertäschchen (wir waren im Theater gewesen), und versuchten, am Rausschmeißer vorbeizukommen, obwohl wir wie ein Ehepaar vom Lande aussahen, das an die falsche Adresse geraten war. »Aber wir sind schwul!« protestierten wir lachend. »Wir sehen normal aus, aber wir sind hundertprozentig schwul.« Und dann setzte ich hinzu: »Sie ist meine Schwester. Sie versucht gerade ihr Coming-out und fürchtet sich, allein hier reinzugehen.« Damit war der Bann gebrochen.

Ich hatte mich meiner Schwester noch nie so nahe gefühlt. Ich war nicht mehr der kleinere Bruder, sondern der ältere Mentor, trotz meiner Zweifel. Wir saßen in einer Ecke, sahen den Tanzenden zu und beobachteten gebannt, wie eine Frau stehend ihrer sitzenden Freundin die Haare, Haar für Haar, mit einem breitzähnigen afrikanischen Kamm kämmte. Ihr Gesicht war starr wie eine Bronze aus Benin, während ihr Haar von einem lavendel-und-goldfarbenen Schlaglicht eingefangen war. Ich fragte meine Schwester, wie sie die Sicherheit ihrer Ehe aufgeben könne.

»Am Elend ist nichts Sicheres«, sagte sie. »Dick ist frustriert und verletzt. Er will unentwegt Sex; ich wußte gar nicht, daß Menschen so geil sein können, und ich ertrag's nicht, wenn er mich anfaßt. Stundenlang sitze ich am Fenster und hoffe, einen Blick auf Peg zu erhaschen. Ich erfinde Vorwände, um rübergehen zu können. Für die ganze Gegend da bin ich so eine Art Anführerin, alle Frauen bewundern mich; aber ich denke mir Aktivitäten aus, nur um Peg daran zu beteiligen und noch eine Entschuldigung zu haben, mit ihr zusammen zu sein. Und die Kinder – ich liebe meine Kinder, aber sie machen mich nervös, und manchmal schnauze ich sie wohl bloß deshalb an, weil ich denke, daß ich ohne sie Dick verlassen könnte.«

Ich fürchtete, meiner Schwester würden jahrelange Leiden bevorstehen. Obgleich ihr Bekenntnis zum Schwulsein bedeutete, daß ich mein einziges Unterpfand gegenüber der Normalität verloren hatte, entlastete mich ihre Homosexualität auch gleichzeitig. Es gab etwas – genetisch oder psychologisch – in unserer Familie, das uns beide schwul gemacht hatte. Ich fragte sie, ob sie es unserem Vater erzählt habe. Ich wollte, daß sie meine Schuld in seinen Augen teilte. Aber sie weinte und bat mich, sie nicht zu verraten. Ich verstand, daß so, wie ich mit unserer Mutter verbunden war, sie es mit unserem Vater war.

Wenn Maria heim nach Iowa fuhr, machte sie nun jedesmal Zwischenstation in Chicago, um meine Mutter und meine Schwester zu besuchen. Als ich heranwuchs, hatte meine Mutter einen Horror davor gehabt, abends mit Frauen auszugehen, und hatte oft mit einem Lächeln gesagt: »Ich mag *Männer.*« Doch jetzt wurde sie, ohne diese theoretische Vorliebe jemals zu verleugnen, mit Maria immer vertrauter. Und meine Schwester, verwirrt von der rüden lesbischen Welt, die sie in den Kneipen sah (sie und Maria gingen wieder ins Volley Ball in Chicago), fand in Maria jemanden, dem sie nacheifern konnte.

Ich reiste nicht.

Ich lernte nicht die Melancholie von Trampschiffen oder des morgendlichen Erwachens im eiskalten Zelt kennen.

Ich blieb in New York.

Ich ging viel aus und erlebte neue Abenteuer, aber Sean vergaß ich nie. Schließlich schrieb er mir, er habe einen Holzfäller als Freund gefunden, und sie hätten in Arizona eine Ferienranch aufgemacht. Er schrieb, ich sei für ihn »zu schwul« gewesen. Ich hätte zu sehr im »Getto« gelebt. Aber ich sei nicht die Ursache seines Zusammenbruchs gewesen. Er habe unter finanziellem Druck gelitten, unter intellektuellem Selbstzweifel und den »üblichen« Coming-out-Ängsten. Was er an seinem Holzfäller möge, schrieb er, das sei, daß niemand je annehmen würde, er sei schwul, nicht in einer Million Jahren.

Eine Million Jahre vergingen.

Lou rief mich eines Tages an. »Willste 'ne Nummer schieben? Ich hab 'n Doppel für uns. Zwei Typen aus Akron, in einem Midtown-Hotelzimmer.«

Er nannte mir die Adresse, und ich traf ihn dort.

Lou war die letzten paar Monate trocken geblieben. Ava hatte ihn verlassen, nicht wegen der Jungs, sondern wegen der Drogen und des Suffs. Er war eines Tages bei sich im Treppenhaus bewußtlos zusammengebrochen. Nachbarn (er wußte nicht, wer) hatten ihn in seine Wohnung geschleppt und ihm ein Heftchen der Anonymen Alkoholiker auf seinen Brustkorb gelegt. Noch am selben Tag trat er bei. Seine Patin bei AA, eine achtzigjährige Krimiautorin, sagte ihm, ihr sei klar, daß, ganz gleich, welche psychischen Probleme ihn zum Trinken gebracht hätten (etwa das Heranwachsen in einer völlig dem Alkohol verfallenen Familie), die Krankheit sich jetzt aus sich selber fortsetze und die Probleme schaffe, die sie zu lösen vorgebe. Als Lou ihr sagte, er fürchte, das solide Leben werde aus ihm einen braven Bürger machen, schlug sie ihm vor, er solle seinem Leben ein neues Laster hinzufügen, das mit Saufen nichts zu tun habe, aber vollkommen inakzeptabel sei.

Lou hatte sich der Prostitution zugewandt. Obwohl er mittlerweile in der Werbung mehr als hunderttausend Dollar im Jahr verdiente und Ende Dreißig war, konnte er immer noch wie ein dummer, halbwüchsiger Herumtreiber aussehen. Nachdem er einen ganzen Tag an einer Werbekampagne gearbeitet hatte, schlüpfte er in T-Shirt und Jeans, direkt aus dem Trockner, und setzte sich einen Cowboyhut von der Sorte auf, wie man ihn westlich von Jersey nie zu sehen kriegt. Und dann stand er mager und verloren an der Ecke Third Avenue und Fifty-first und wurde von verheirateten Männern aufgelesen, die in ihren Wagen vorbeikamen.

Ich traf ihn in dem Hotel gleich hinterm Times Square. Unsere Kunden waren bereits betrunken und spielten ein Band mit Beethovens Fünfter, das sie mit bizarren Einschüben aus Joni Mitchells redseligen Balladen frisiert hatten. Lou und ich wußten, wer Joni Mitchell war, aber wir taten so, als hätten wir noch nie was von

Beethoven gehört. Über unseren Köpfen zwinkerten unsere Klienten einander zu.

Ich mußte ein Ledergeschirr anlegen, meinem Freier eine Schwanenfeder in den Hintern stecken und »schöner Pfau« zu ihm sagen, während er im Zimmer herumstolzierte, den Kopf wie ein Vogel von einer Seite zur anderen neigte und sich dabei auf nur allzu menschliche Weise einen herunterholte. Fünfzig Dollar für mich und siebzig für Lou, der schließlich die Party organisiert hatte.

Danach schlenderten Lou und ich gemächlich zum Village. Wir verachteten unsere Freier nicht. Vielmehr war ich geschmeichelt, daß ich in meinem vorgerückten Alter (ich war neunundzwanzig) mich noch hatte erfolgreich an den Mann bringen können. Im Moment hatte ich endlich das Gefühl, als wäre ich einer von diesen harten Burschen, die ich im Riis Park und hier im Stonewall bewundert hatte.

Die Nacht war heiß. Wir Schwulen hatten die ganze Christopher Street in Beschlag genommen; selbst die Läden waren schwul. Die Kneipen gehörten zwar der Mafia, aber wir betrachteten sie irgendwie als unsere. Genauso hatten wir das Gefühl, als sei diese Straße, diese eine Straße in einer Stadt mit zehntausend Straßen, unsere.

Natürlich machten immer noch Geschichten von Polizeiübergriffen die Runde.

Im Stonewall war die Tanzfläche von Latinos besetzt. Ich hatte einen Freund, Hector Ramirez, einen Kindergärtner, der sich, weil er bei seinen Eltern in der Bronx wohnte, jeden Nachmittag nach seinem Dienst meine Wohnung lieh, um neue Tanzschritte mit einem anderen Latino zu üben; der war wie er zweiundzwanzig und trug den gleichen Schnurrbart, die gleichen sorgfältig gebügelten beigefarbenen Baumwollhemden über violetten T-Shirts und die gleichen Bügelfaltenhosen mit hochgezogener Taille, die von einem schmalen, schwarzen Krokoledergürtel gehalten wurden. Sie waren an diesem Abend da, drehten sich aus einer engen Umklammerung heraus, die Hüften arbeiteten wie auf kurzen Kolben, die Gesichter blickten undurchdringlich und distanziert. Ein anderer Freund, die Todesmaschine, trat an mich heran, legte mir seine schwarzen Hände Größe zwölf auf die Schultern und starrte mir mit einem wahnsinnigen Funkeln in die Augen: »... ist tot.«

»Wer?« schrie ich über die Musik hinweg.

»Judy. Judy Garland.«

Dann verstummte die Musik, und die Bar war voller Polizisten, die hellen Lampen gingen an, und wir wurden auf die Straße geschickt, wo alle, bis auf die Polizei in Bewegung waren. Ich nehme an, die Polizei erwartete, daß wir in die Nacht davonliefen, wie wir es bisher immer getan hatten, aber wir standen auf der anderen Straßenseite auf dem Bürgersteig vor dem kleinen drekkigen Park. Hinter dem Metallzaun erhob sich die würdevolle, unterlebensgroße Statue des Bürgerkriegsgenerals Sheridan.

Unsere Gruppe lockte eine noch größere Menge an. Die Bullen stießen die Hälfte der Barkeeper in einen Streifenwagen, fuhren davon und ließen mehrere Beamte zurück, die sich mit der übrigen Belegschaft im Stonewall verbarrikadierten. Alle buhten die Polizisten aus, gerade so, als begingen sie etwas Anstößiges. Aufgeregt und verängstigt tauschten wir vorsichtige Blicke. Ich spürte den Drang, verantwortungsbewußt zu handeln und die Menge friedlich zu zerstreuen, alle nach

Hause zu schicken. Wofür protestierten wir denn schließlich? Für unser Recht auf unsere »bemitleidenswerte Krankheit«?

Doch gegen meinen Willen ergriff mich eine ausgelassene Heiterkeit, das fröhliche Gegenstück zu der Wut, die mich dazu gebracht hatte, daß ich Simon an die Gurgel ging. Lou half bereits mehreren Schwarzen, eine Parkuhr aus dem Pflaster zu reißen. Sie bogen daran herum, bis das Metallrohr nachgab. Durch Zufall brach die Meßuhr auf und Zehncentstücke kullerten über das Pflaster. Alle lachten und stürzten sich auf die großzügige Spende. Die Parkuhr war unsere *piñata*, die bei dieser immer größer werdenden Party aufgeschlagen worden war. Zwei weiße, bürgerlich aussehende Männer in Lacoste-Hemden traten zu mir und schüttelten mißbilligend die Köpfe. »Das könnte unsere Sache um Jahrzehnte zurückwerfen«, sagte einer von ihnen. »Ich bin nicht gegen Demonstrationen, aber für friedliche, von verantwortungsbewußten Leuten in Sakkos und Krawatten, nicht diesen miesen, gewalttätigen Fummeltrinen.«

Ich nickte in nüchternem, sorgenvollem Einverständnis. Aber einen Augenblick später schob ich mich näher heran, um zu sehen, was Lou tat. Jemand neben ihm rief: »Schwul ist gut« als Nachahmung des neuen Slogans »Black is beautiful«, und wir lachten alle und drängten näher zur Tür. Der Verkehr auf der Christopher war zum Erliegen gekommen.

Mit einem schwarzen Schmierfleck auf seinem T-Shirt stand Lou neben mir, hielt mich bei der Hand und sang: »Schwul ist gut.« Alle sangen wir es, wissend, wie lächerlich wir wirkten in dieser Parodie auf eine richtige Demonstration, dennoch auf schwindelige Weise zuversichtlich und selbstbewußt. Jetzt sagte jemand: »Wir sind die Rosa Panther«, und das brachte uns erneut zum Lachen. Dann ertappte ich mich bei der albernen Vorstellung, daß die Schwulen eines Tages vielleicht eine Gemeinschaft statt einer kollektiven Diagnose darstellen könnten.

»Das hier könnte die erste komische Revolution sein«, sagte Lou. »Sind die Jungs da nicht toll, Kleiner? Lily Law hätte sich eben niemals mit uns anlegen sollen am Tag, als *Judy* starb. Kuck mal, sie haben aus der Parkuhr einen Rammbock gemacht.«

Die hölzerne Doppeltür vom Stonewall brach krachend auf. Drinnen hörte ich die Polizisten in ihre Walkie-talkies brüllen. Einer von ihnen kam mit erhobener Hand heraus, um die Menge zu beruhigen, aber alle buhten ihn aus und fingen an zu schubsen, und er zog sich wieder in sein Fort zurück.

Die städtischen Mülltonnen quollen über von Pappbechern, vollgeschmierten Servietten, weggeworfenen Zeitungen. Ein neuer Trupp Schwuler rannte herbei, entleerte eine Tonne in die aufgebrochene Tür, besprengte das Ganze mit Feuerzeugbenzin und zündete es an. Eine schwarze Rauchwolke zog in Schwaden nach oben. »Sie sind zu weit gegangen«, sagte ich.

Ein großer Polizeiwagen kam an der Seventh Avenue um die Ecke und in falscher Richtung die Christopher hoch. Die Bullen räumten den Bürgersteig, bildeten einen Kordon und trieben die restlichen Barkeeper an dem qualmenden Müll vorbei in den Polizeiwagen, aber die Menge buhte nur noch lauter. Als der Wagen weggefahren war, drängten uns die Beamten langsam von dem Bareingang zurück.

Ein Stück die Straße hinunter legten ein paar von uns einen geparkten Volkswagen auf den Rücken. Die Bullen rannten dorthin, während hinter ihnen ein zweiter Wagen umgekippt wurde. Seine Fenster zersprangen und fielen heraus. Inzwischen sangen alle das Bürgerrechtlerlied »*We Shall Overcome*«.

Die Bereitschaftspolizei wurde zu Hilfe gerufen. Vom Frauengefängnis her, das widerhallte von Pfiffen, Buhrufen und dem Geschepper von metallenen Trinkbechern, die gegen stählerne Gitterstäbe geschlagen wurden, marschierte sie wie ein römisches Heer hinter Schilden die Christopher runter und trieb mit gezückten Schlagstöcken die Schwulen vor sich her, aber die wichen durch die Gay Street zur Seite aus und tauchten in einer Reihe Cancan tanzend hinter den Bullen wieder auf. »Juh-huh, juh-huh«, riefen sie.

Lou und ich blieben die ganze Nacht auf den Beinen, wir jauchzten wie Kinder, drängten uns in Scharen zusammen, um die Strategie für den nächsten Tag zu besprechen und das Heer der Polizisten zu provozieren, das den ganzen Sheridan Square als Aufruhrgebiet abgesperrt hatte und dem Auto- und Fußgängerverkehr den Durchgang verwehrte.

Zum Schlafen blieb ich bei Lou. Im Bett umklammerten wir uns wie Brüder, aber wir waren zu aufgeregt, um schlafen zu können. Wir rannten hinunter, um uns die Morgenzeitungen zu kaufen und zu lesen, was über den Stonewall-Aufstand berichtet wurde. »Das ist wirklich unser Tag der Bastille«, sagte Lou. Aber wir fanden in der Presse nicht eine einzige Zeile über den Wendepunkt in unserem Leben.